1. 열도 내에서 활동한 인명·직함명

가능한 일본식 발음이 아닌 한국식 한자로 표기하였다.
한반도와의 인연이 깊다고 생각해서이다.
예컨대 응신천황(應神天皇)은 일본식 '오진'이 아닌 '응신'으로 표기한다.
다만 독자들의 이해를 돕기 위해 필요한 경우 일본식 발음을 병용하였다.

2. 열도 내 지명

열도의 지명은 현재까지도 지속되는 경우가 많고
독자들이 일본식 지명에 익숙한 점을 감안해 가능한 현지음대로 표기하였다.
예컨대 '九州'는 '구주'가 아니라 '규슈'로 하였다.
다만 '혈문(穴門)'을 비롯하여 현재는 잘 쓰이지 않은 고대지명인 경우
국내 독자들의 이해를 돕기 위해 한국식 한자발음으로 표기한 경우도 있다.

한일
고대사의
재건축

왜(倭)와 임나(任那)의 진실

한일 고대사의 재건축 ①
왜(倭)와 임나(任那)의 진실

초판 인쇄 2021년 7월 24일
초판 발행 2021년 8월 1일

지은이 장한식
발행인 권윤삼
발행처 도서출판 산수야

등록번호 제2002-000278호
주소 서울시 마포구 월드컵로165-4
전화 02-332-9655
팩스 02-335-0674

ISBN 978-89-8097-539-6 04910
        978-89-8097-538-9 (전3권)

값은 뒤표지에 있습니다. 잘못된 책은 바꿔드립니다.

www.sansuyabooks.com
sansuyabooks@gmail.com
도서출판 산수야는 독자 여러분의 의견에 항상 귀 기울입니다.

왜(倭)와 임나(任那)의 진실

한일 고대사의 재건축 ①

장한식 지음

韓日古代史再建築

산수야

한일 역사전쟁의
종지부를 찍고 싶다

『총균쇠(Guns Germs Steel)』의 저자인 진화생물학자 재레드 다이아몬드(Jared Diamond)가 한일 고대사에 관한 논문을 쓴 사실은 특이하고도 교훈적이다. 다이아몬드는 「일본인은 어디에서 왔는가」라는 논문을 통해 한일 간의 역사적인 화해를 촉구하였다. 일본인은 한반도에서 건너간 이주자의 후손이라고 결론 내린 다이아몬드는 "한국인과 일본인은 성장기를 함께 보낸 쌍둥이 형제이므로 고대에 쌓은 유대관계를 성공적으로 재발견할지 여부에 두 나라의 정치적 미래가 달려 있다."고 충고하였다. 서양의 석학이 동양의 고대사를 언급한 이유는 무엇일까? 2019년 한일갈등의 반(反)경제효과에서 보듯 경제대국으로 성장한 두 나라가 '과거사를 놓고 깊이 갈등하는 현대사'가 동북아시아는 물론이고 지구촌의 두통거리가 되었기 때문이다. 『한일 고대사의 재건축』 시리즈는 이 문제에 대한 필자 나름의 시각과 해법을 담은 글이다. 부족하지만 제법 오래된 고민의 결과물이다.

왜(倭)라는 단어의 생경함

"옛날 왜놈들 배는 통구밍이와 완전히 달랐어. 이물(배 앞머리)을 뾰족하게 만들어서 잘 나가더라고…" 내가 왜놈이라는 단어를 처음 들어보기는 초등학교에 입학하기도 전인 예닐곱 살, 만 5~6세 때의 일이다.

1969~1970년 즈음, 바닷가에 위치한 고향마을의 선창가에서 새로 건조한 '통구밍이'를 진수(進水)하는 작은 의식이 진행되고 있었다. 통구밍이는 이물이 비교적 넓고 바닥이 평평한 통영지방의 전통 한선(韓船)인데 통상 1톤

통구밍이

안팎의 목선이다. 방향을 쉽게 바꿀 수 있고 수심이 낮은 곳에서도 조업 가능한 장점이 있는 반면 속도가 느리고 파도에 쉽게 흔들리는 단점도 있다. 지금은 모두 사라졌지만 1970년대만 해도 50~60호쯤 되는 반농반어(半農半漁)의 우리 마을에 통구밍이가 20척가량 있었다. 원래는 돛단배였지만 1970년대 이후 발동기를 장착한 기관선들로 바뀌었다.

진수식은 배 임자가 고사(告祀)를 위해 술밥과 떡, 과일, 고기 등을 준비하는 마을잔치였고 참석한 이웃들은 "배가 튼튼하게 잘 만들어졌다.", "고기를 많이 잡겠네."라는 등의 덕담을 건넸다. 잔치에 조무래기들이 빠질 수 없었으니, 바닷가 언덕 위에서 건조한 배를 수십 명의

장정이 힘을 합쳐 선창가로 밀고 간 다음 물속으로 밀어 넣는 장면은 장관이었다. 게다가 평소에는 구경하기 힘든 맛난 음식들을 양껏 맛볼 수 있는 신나는 기회였다.

진한 나무향을 풍기는 새 통구멍이를 바라보면서 어른들이 선창가에서 이런저런 대화를 나누었는데 곁에 있던 필자가 문제의 '왜놈 발언'을 들은 것이다. 당시 몇몇 사람이 일제강점기에 접했던 '왜놈의 배'에 대한 경험담을 주고받았다. 50년의 세월이 흘렀지만 그런 대화가 오가던 장소와 상황이 비교적 온전하게 기억된다. 첫음절에 강한 악센트가 들어간 '왜~놈'이라는 소리의 생경함 탓인지 모르겠다.

'왜놈이란 게 뭐지?'… 사람이라기보다 배를 타고 바다를 쏘다니는 도깨비 같은 이미지가 떠올랐던 것 같다. 일본이라는 외국을 몰랐고, 일제강점기가 있었다는 사실조차 모르던 나이였으니 왜놈의 의미를 당연히 알지 못하였다. 그러나 난생처음 들은 왜놈이라는 단어는 목구멍에 걸린 떡처럼 기분 나쁘고 부정적으로 다가왔다. 일본인들에게 황금어장을 빼앗겼던 남해안 해변민들에게 '왜'는 결코 긍정적인 단어가 되지 못하였을 것이다. 어른들의 대화투에서 왜놈이라는 존재에 대한 적대적인 느낌이 묻어났다. 지금도 '그 느낌의 기억'이 생생하다.

그러하였다. 왜(倭) 내지 왜놈은 한반도인들에게 오랜 세월 동안 역겹고 추악하고 적대적인 이미지였다. '왜구의 침탈' '임진왜란' 등의 역사는 지워지지 않는 상처의 기록이 되어 후대에 넘겨졌다. 한국인 대다수가 언급하기조차 불편해했던 왜… 그런데 필자는 지난 수년간 '왜 문제'에 매달렸다. 한일 고대사의 수수께끼를 파헤치는 시리즈를 기획하게 된 원천 역시 왜에서 비롯하였고 '재건축'의 첫 삽은 당연히 왜 문제로 시작할 것이다. 왜를 처음 들었던 날의 부정적인 기억은 일단 묻어두었다.

마름모꼴 바다와 해인족 '왜(倭)'

왜의 진실에서부터 시작하는 이 글의 출발지점은 한반도와 일본열도 사이에 자리한 바다이다. 한반도와 열도 중간의 바다를 말하는데 대체로 마름모꼴이다. 대한해협을 포괄하는 광의의 해역으로 이 바다를 일컫는 이름이 따로 없어 필자는 '마름모꼴 바다'라는 가칭으로 개념화한다. 이 바다는 한동안 양안(兩岸)에 자리잡은 인간집단 공동의 생존공간이었으나 아득한 전설이 되었다. 역사의 전개과정에서 양안의 인간집단은 철저히 찢어졌고 국경의 바다 위에 갈등과 충돌의 파도가 굽이쳤다.

한일 고대사를 다룬 이전의 연구들을 보면 마름모꼴 바다에서 활동한 해변인의 역할은 무시되거나 지나치게 저평가된 느낌이다. '기원전부터 많은 한반도인이 일본열도로 건너가 선진문물을 전수해 주었다'고 기술하면서도 배를 부려본 경험이 없는 내륙의 농민들이 어떻게 파도 험한 바다를 건너갔을지에 대한 분석과 고민은 찾아보기 어렵다. 대한해협을 횡단하기 위해서는 튼튼한 선박과 노련한 뱃사람이 필수적이다. 인력과 장비들은 어떻게 확보하였을까? 이에 대한 시원한 설명은 들어보지 못하였다.

필자는 한반도와 열도 사이의 바다를 터전으로 삼았던 해인족(海人族 특정한 종족이라기보다 지리적·직업적인 특성을 강조한 말이다. 본문에서 상술한다.)이 한일 고대사에 끼친 영향은 기술된 것보다 클 것이라는 시각에서 기존의 연구들을 재검토하였다. 긴 사색과 추적의 과정에서 문제의 해인족이 바로 '왜(倭)'라고 불린 인간집단이라는 결론에 도달하게 되었다. 두터운 편견을 제거한 채 왜란 무엇인가, 왜인은 누구인가?에 대해 수없이 질문하고 검산한 결과이다. 마침내 마름모꼴 바다의 원(原)주인, 한일 고대사에 원초적 영향을 끼친 해변인은 역사서에 왜인(倭人)으로 표현된 집단이라는 확신을 갖게 되었다. 본문에서 충실히 설명하겠지만 왜는 곧 우리 자신의 뒷모습이요 우리의 역사이다. 불편하고 적대적인 느낌으로 다가왔던 '왜'의 첫 이미지와는 극적으로 달라진 셈이다.

한일 고대사연구의 비극 '역사전쟁'

역사기술을 둘러싼 한일 간의 갈등은 뿌리가 깊다. 특히 고대사는 타협이 불가능한 수준이다. 그래서 한일 고대사에 관한 글쓰기는 헤어나기 힘든 수렁에 빠져드는 일이다. 지혜로운 사람이라면 해답 없는 역사전쟁에 아예 뛰어들지 않는 것이 좋다. 이 싸움은 복잡하고 혼란스럽고 지극히 고통스러운 반면 반대급부는 사실상 없다. '돈이 되는 일'이 아니고 명예나 권력을 얻는 일은 더더욱 못 된다. 부귀영화와 무관한 영역이니 애당초 관심을 두지 않는 편이 여러모로 이롭다.

전쟁의 단초는 일본학자들이 열었다. 그들에겐 한일 고대사를 정치적으로 재단한 책, 일본서기라는 강력한 무기가 존재하였다. 학자의 타이틀을 단 '식민주의자들'이 한국사를 요리하였다. 그들이 한일 고대사를 '연구'한 이유는 군국주의의 식민통치에 '봉사'하기 위함이다. 이른바 황국사관(皇國史觀)이다. 황국사관에서 한국사는 처음부터 중국 한사군(漢四郡)과 임나일본부(任那日本府)의 지배를 받는 식민지로 출발하였다고 가정한다. 한반도의 운명은 힘센 외부세력이 지배해온 역사인 만큼 20세기에도 일본의 지배를 받는 것은 당연하다는 논리로 귀결되었다. 식민지배를 합리화하는 논리로 개발된 황국사관은 학문이라는 타이틀을 붙이기조차 민망하다. 그나마 조금 양심적이라는 평가를 받는 고대사학자 이노우에 히데오(井上秀雄)는 "역사서는 어느 시대에나 현실의 정치동향에 민감하여 종종 역사 사실을 넘어 현실을 과거에 투영하기도 한다."라고 실토하였다.[1]

일제강점기 이후 한국의 많은 수재들이 고대사 연구에 뛰어든 이유는 명백하다. 일제의 한반도 침탈에 이용된 황국사관을 극복하겠다는 민족적 분노 때문이다. 그런 점에서 한일 고대사연구는 흘러간 과거사가 아니라 현재와 미래의 국격이 걸린 치열한 전투현장이었다. 수많은 '애국 학자들'이 일생을 바쳐가며 한일관계사에 천착하였고 그 결과 일본열도의 고대사는 한반도인들이 이룩한 것이라는 반격을 하는 수준에 이르렀다. 애국 연구자들은 일본서기에 나오는 임나는 대마도를 지칭한 것이라는 학설도 세웠고[2] 열도에 삼한삼국의 분국(分國)이 존재하였다는 창의적인 학설로 일본의 역사학계를 긴장하게 만들었다. 금강유역에 비류백제(沸流百濟)라는 또 하나의 백제가 존재하

1. 井上秀雄 외, 김기섭 편역, 고대 한일관계사의 이해-倭, 이론과실천, 1994, p29.
2. 이병선, 일본을 바로 알자, 아세아문화사, 2002.

고 있었고 이들이 일본열도로 건너가 야마토조정을 일으켰다는 신선한 학설도 제시하였다. 그러나 거기까지였다.

두 나라의 수많은 인문학 천재들이 '전사(戰士)'를 자처하며 지난 100년 동안 날카로운 공방을 펼쳤지만 거대한 숲에서 나무 몇 그루씩 타격한 수준일 뿐 싸움의 양상에 변화는 없었다. 전투적 연구집단 간에 진행된 한일 역사전쟁은 오랜 시간이 흘렀지만 승패는 갈리지 않았고, 승부 없는 전장에서 승자의 영광이나 전리품은 찾을 수 없었다. 책과 논문으로 펼친 한일 고대사전쟁… 이제는 흘러간 옛 노래처럼 지겹고 따분하고 왜소해진 느낌마저 든다.

길고도 치열했던 역사전쟁 탓에 고대사를 둘러싼 한일 간 인식차이는 쉽게 좁혀질 것 같지 않다. 한국은 일본열도가 AD 6세기까지만 해도 맨발로 다닐 정도로 후진적이었다고 본다. 통일정부가 없었고 가야와 백제의 도움을 받아 나라꼴을 갖춰 갔다는 입장이다. 야마토왜를 천자국으로, 한반도를 조공국으로 묘사한 일본서기는 모조리 부정한다. 반면 일본학자들은 굳이 열도의 사서를 인용하지 않더라도 고구려가 세운 광개토대왕 비문과 중국의 역사서가 왜를 강국으로 묘사하고 있으며, 5세기에는 세계적 규모의 고분을 조성할 실력을 보여주었다는 입장이다. 한반도 남부가 왜의 군사적 영향을 받았다는 논리를 굽히지 않는다. 평행선을 달리는 양측의 시각에서 접점을 찾기란 요원해 보인다. 한일 고대사는 식민지배라는 역사적 비극에다 양쪽 국가의 현실정치적 목적에 의해 더욱 오염되고 심하게 왜곡되었다. 1945년 이후에도 한일 양국의 고대사 통제는 여전히 강고하다. 기존 학설의 권위가 굳건해지면서 참신한 연구와 해석은 억압되었고 공식

사관에서 벗어난 역사 논의는 거의 불가능한 지경에 이르렀다. 한국과 일본의 정통역사학자들은 어느 누구도 새로운 시각을 피력하는 모험과 손해를 감수하려 들지 않았다. 앞으로도 그럴 것이다.

21세기에도 한일 역사전쟁은 진정되기는커녕 더욱 심화될 조짐마저 보인다. 특별히 예민하고 위험한 지뢰밭들이 이미 폭발하였다. 첫째는 '한반도 왜'를 둘러싼 논쟁이고, 둘째는 임나일본부설을 둘러싼 오랜 공방전이다. 그리고 셋째는 임나일본부설과 관련해 새롭게 뜨거운 감자가 된 영산강유역 전방후원분 문제이다. 『한일 고대사의 재건축』 시리즈는 이들 문제에 대한 해답 차원에서 마련되었다.

21세기 인공지능(AI)시대에 고대사 문제를 들고나온 이유는 무엇인가? 역사문제가 한일관계의 근본이기 때문이다. 근본이, 기초석(基礎石)이 바로 서지 않으면 하늘에 닿는 큰 탑도 붕괴하게 된다. 한국과 일본, 세계적 두 경제대국이 진정한 협력을 위해서는 이제 근본으로 돌아가서 재정비를 해야 한다. 근본의 재정비란 고대사에 대한 엇갈린 해석과 시각을 바로잡는 일이다. 동일한 사료를 다르게 읽어내는 양국의 역사해석은 장차 또 어떤 비극을 잉태할 것인가? 근본을 뒤집는 역사 연구가 없이는 황국사관의 논리를 극복하기란 불가능하다. 한국사학계 역시 식민사관을 청산하겠다는 의지는 굳세지만 자료는 불비하고 합리적 상상력은 부족하다. 심하게 헝클어져 해결의 실마리를 놓쳐버린 한일 고대사는 적당히 손봐서 고쳐 쓸 수준을 넘어섰다. 철저히 해체한 뒤 다시 지어야 한다.

일본의 역사왜곡을 극복하기 위해 일생을 투자한 애국학자들의 연구에 비하면 필자의 글은 깊이가 모자라는 데다 '애국적'이지도 못하다. 나는 국가주의 이념이나 한반도 출신의 시각에서 벗어나 가능한 객관적이고 중립적인 시각에서, 그리고 세계사적 관점에서 고대 한일 관계를 조망해야 한다는 입장이다. 한일 두 민족이 함께 이룩한 영광의 역사를 기억함으로써 현재의 갈등에서 벗어나 상호협력의 미래상을 공동건축하기를 희망한다. 튼튼한 기초 위에 큰 기둥을 곧게 세워 한일 고대사를 재건축해야 하는 이유이기도 하다.

한일 두 나라가 평화롭게 살아간 시기는 갈등의 역사보다 길다. 한일 관계사의 대부분은 일방의 타방에 대한 지배나 종속보다 호혜평등의 시간이었다. 마름모꼴 바다를 공유하고 있다는 사실과 대륙발 기마민족의 정복이라는 양대 변수를 이해하면 실체가 더 뚜렷이 보일 것이다. 두 나라가 역사전쟁의 굴레에서 벗어날 때 비로소 건강한 한일관계가 가능해질 수 있다. 인근 나라가 진정으로 협력하기 위해서는 서로의 자존심에 상처가 나면 곤란하다. 유럽의 경우 영국과 프랑스, 독일 간에 승패의 역사가 엇갈렸던 덕분에 상호간의 콤플렉스는 거의 없다. 그래서 20세기 이후 협력의 시대로 진입하기가 용이하였다. 유럽과 대등한 역사를 지녔지만 동아시아는 다르다. 그중에서도 한일관계는 특히 복잡미묘하다. 고대사 부문에서 인식의 격차를 줄이지 않는다면 한일 두 나라의 진정한 우호협력은 난망하다.

전 세계가 블록화의 길을 걷는 시대에 한중일 삼국만이, 특히 한일 양국이 역사분쟁으로 인해 극심한 스트레스를 받고 있다. 인근 국가가 협력하지 못하고 갈등하는 것은 모두를 피해자로 만드는 길이다. 2019년의 한일 경제전쟁에서 그 폐해를 톡톡히 실감하였다. 역사갈등을 해소하는 첫걸음은 편견에서 벗어나 정확하고 객관적인 과거사를 발굴하는 일이다. 재레드 다이아몬드의 '충고'이기도 하다.

고대사의 '내부 장벽' 국내판 역사전쟁

역사전쟁은 한일전(韓日戰)만이 아니다. 대한민국 내부에서의 역사전쟁이 오히려 더 심각하다. 한민족 일등사상으로 무장한 일군의 민족주의사관론자들은 객관주의와 실증주의를 내세우는 역사학자들에 대해 '식민사관'이라는 공격을 주저하지 않는다.

민족주의 사학의 정신적 지주는 신채호 선생이다. 조선상고사연구를 독립운동의 방편으로 삼았던 인물이었던 만큼 존경의 대상이기도 하다. 신채호가 역사연구를 독립운동으로 간주했던 것은 일본 제국주의가 고대사를 식민지배의 도구로 활용하였기 때문이다. 나는 신채호의 역사연구를 통한 독립운동을 적극 지지하며 시대사적 의미에도 충분히 공감한다. 그러나 1945년 8월 15일 이후의 독립운동, 항일운동에 대해서는 높게 평가하기 어렵다. '뒤늦은 항일운동'은 신채호 등 독립운동가들이 이룩한 명성에 편승하려는 의도로 여겨질 뿐만 아니라 연구성과도 파악하기 힘들기 때문이다.

민족사학자 가운데 일부는 단군이 세운 나라가 동양역사의 중심이며 중국과 일본을 지배하였다는 논리까지 펴기에 이르렀다. 환단고기(桓檀古記)를 신봉하는 이들의 사관은 환국사관(桓國史觀)이라고 명명할 정도이다. 환국사관은 또 다른 황국사관이다. 환국사관으로 무장한 '애국 연구자들'은 수많은 열성팬을 거느리는 수준으로 성장했다. 이들은 한일관계사를 객관적으로 규명하려는 학계의 시도를 식민사관, 강단사학자라고 매도하거나 심지어 '매국노'라는 무서운 딱지까지 붙여가며 환국제일주의를 내세우고 있다. 일부 정치권과 합세한 환국사관논자들의 위세는 위험수준으로 높아가고 있어 우려되는 바 적지 않다. 학문적 성과는 미지수이지만 험악한 대응을 마다하지 않는 민족주의자들로 인해 '왜'에 관한 객관적인 연구를 시도하는 것은 매우 어리석고 위험한 일이 되었다. 이들은 일본 역사서의 사료적 가치를 전면부정하는 만큼 일본서기의 행간을 통해 한국사의 지평을 넓혀보려는 시도는 '매국적 행위'로 단정해 버린다. '매국노'를 징치하려 드는 고대사 주변의 환국사관논자들이야말로 객관적이고 진실된 실상을 추구하려는 연구를 가로막는 또 다른 장벽이 되고 있다.

이런 상황에서 필자는 무슨 이유로 이 따분한 전쟁터를 찾았는가? 나는 고대사 연구가 이기고 지는 문제가 될 수 없다고 생각한다. 빈약한 사료를 바탕으로 과거의 진상에 가까운 설득력 높은 설명체계를 건축해 가는 과정이라고 여긴다. 필자의 소박한 기대가 통할지는 알 수 없다. 진흙밭에 뛰어든 것은 분명, 현명한 선택이 아닐 수 있다. 하지만 마쳐야 할 숙제가 있기에 퇴로는 없다. 남해안에서 태어나고 자라면서 국경의 바다가 경험하고 이룩한 역사의 의미를 적잖이 고민하였다. 그 결과 역사전쟁의 핵심 소재인 왜와 임나의 정체에 대한 오랜 논란에 새로운 지평을 제공해보고 싶은 마음이 간절하였다.

'신라 법흥왕은 선비족 모용씨의 후예였다' 발간 이후

『한일 고대사의 재건축』 시리즈는 일단 3부작으로 출발한다. 1권은

'왜와 임나의 진실' 편이다. '왜(倭)'라는 족속명이 원래는 한반도 해변인에 대한 멸칭에서 생겨났으며 그 단어가 지칭하는 종족과 지역이 일본열도로 변화하는 역사의 과정을 추적한다. 아울러 한일 역사전쟁의 핵심인 임나에 대해서도 소상히 언급할 예정이다. 결론을 미리 말한다면 최초단계에서 왜와 임나는 동일한 존재라는 것이 필자의 주장이다. 1권의 주인공은 해인족과 농경족이니 상이한 삶을 영위했던 두 종족 간의 협력과 갈등의 역사가 한일 고대사의 기초가 되었다고 판단한다.

2권은 '기마족의 신라·가야·열도 정복사' 편이다. 4세기 이후부터 두드러지게 확인되는 기마민족의 진출역사를 다룰 예정이다. 1권이 해인족과 농경족의 이야기라면 2권은 나중에 진입하여 기존의 인간집단(해인족과 농경민)을 정복하고 새로운 질서를 구축한 기마민족의 역사라고 하겠다. 문제의 기마족을 필자는 '선비족 모용씨'로 간주한다. 북방에서 남하한 모용선비 기마민족이 한반도 남부와 일본열도에 걸쳐 이룩한 거대한 소용돌이와 드라마틱한 이야기에 주목하기 바란다.

3권은 '열도의 내전과 영산강 전방후원분의 비밀'이라고 제목 붙였다. 규슈왜와 기나이왜로 양분되어 진행된 일본의 고대국가 형성기 이야기를 심도 있게 묘사할 예정이다. 아울러 일본열도의 정치체와 때로는 교류하고 때로는 갈등하며 깊은 영향을 주고받은 한반도 남부 제국의 역사를 새로운 시각에서 접근하게 된다.

『한일 고대사의 재건축』 시리즈의 단초는 『신라 법흥왕은 선비족 모용씨의 후예였다』를 출간하였던 1999년으로 거슬러 올라간다. 호기로운 글을 세상에 던졌지만 자격과 능력이 모자란 상황에서 거대담론을 펼쳤다는 사실에 적잖은 자책감과 민망함을 느꼈다. 그 이후 역사 관련한 몇몇 글을 발표하면서도 고대사에 관해서는 조심하고 자중하였다. 20여 년을 침묵한 것은 마땅하였다. 다만 고대사라는 화두에 결코 무심한 것은 아니었다. 많이 읽고 오래 생각하였다. 그 결과 복잡미묘한 한일 고대사를 관통할 수 있는 '얼개' 하나를 꾸밀 수 있게 되었다.

기존의 한일 고대사는 1945년 이전에 세운 뼈대를 유지한 채 계속해서 부식돼왔고 낡아빠진 설명틀은 붕괴지경으로 몰렸다. 이제는 기초석을 새로 깔고 기둥을 바꾸고 서까래를 다시 올려야 할 때가 되었다. 재건축의 완성은 전문학자들의 몫이 될 것이다. 그렇지만 거장들의 도그마적 역사해석에서 과감히 벗어난 비전문가의 시각이, 사건의 이면에서 진상을 추출하는 기자의 작업방식이 전문연구자에게 통찰을 제공할 수도 있을 것이란 생각에서 또다시 고대사의 문을 두드렸다.

역사는 언제나 현실의 이야기이다. 현실의 삶은 사건으로 표출된다. 고대사는 '과거의 각 시점에 발생한 현실적 사건들의 총합'이다. 그런데 현실적 사건의 실체를 오롯이 묘사하기란 그리 쉬운 일이 아니다. 진상을 감춰서 이득을 취하려는 시도는 예나 지금이나 활발하다. 그래서 수사관이 필요하고 기자가 존재하는 것이다. 아무리 무능한 수사관이나 기자도 사건의 실체가 공개되거나 발표된, 또는 범인의 진술과 모두 일치한다고 믿지는 않는다. 맥락이 맞는 진술과 앞뒤 모순되는 언술을 가려서 파악하는 법이다. 수사와 취재의 기본공식은 동일하다. 육하원칙(六何原則)이란 그물을 갖고 사건의 진상을 포획하는 직업이다. 수사관이 그러하듯 기자는 확보된 작은 단서에서 숨겨진 큰 그림을 구축해 나간다. 작은 형사사건이든 거대한 정치적 음모이든 인간사회의 모든 역사는 현실적 욕망을 추구하는 과정의 부산물이요 축적물이다. 문헌의 부재와 고고학적 발굴의 빈곤으로 흐릿하기만 한 고대사의 실체를 포착하는 일에는 무수한 사건을 접하면서 축적된 기자의 정보분석 경험이 도움이 될 수도 있을 것이다.

이 글은 한일 역사전쟁에서 풀리지 않았던 여러 장면들을 비교적 깔끔하게 설명해 준다. 그래서 『한일 고대사의 재건축』을 촉구하는 자극제이자 소박한 시작이 될 수 있을 것이다. 재건축이라는 다소 교오(驕傲)한 제목을 붙인 것은 이런 의도이다. 글을 이어가는 과정에서 사료의 불비함으로 인하여 소설적 상상력을 발휘한 대목도 없지 않으니 적잖이 민망하다. 그럼에도 불구하고 '오래된 현실의 이야기'로 읽어주기를 희망한다. 여러 제현들의 질정(叱正)을 기대하며 다시 세상 속으로 시끄러운 글 한 조각을 띄운다.

차례

한일 고대사의 재건축 ❷
기마족의 신라·가야·열도 정복사

기마족의 신라·가야·열도 정복사는 '힘(power)의 이동 역사'이다

『한일 고대사의 재건축②-기마족의 신라·가야·열도 정복사』의 주제의식을 한 마디로 정의하면 '힘(power)의 이동 역사'이다. 역사발전의 근본동력인 '인간 집단의 힘'은 분열을 통해 다양한 방면으로 발산되고 투쟁을 통해 강해지며, 마침내 승자에 의해 통합되는 과정에서 뚜렷한 역사를 이룩한다. 대륙에서 출발한 모용선비 기마족이 한반도 남부에서 커다란 족적을 남긴 다음 최종적으로 일본 열도로 향한 것은 힘의 이동가설로 볼 때 합리적으로 설명된다. AD 4세기, 기마 민족의 신라·가야·일본열도 정복사는 최악의 상황에서도 자신들의 집단파워를 보존하면서 '지리적 이동'이라는 최선의 선택을 한 결과이다.

한일 고대사의 재건축 ③
열도의 내전과 영산강 전방후원분의 비밀

 영산강 전방후원분은 고대 일본의 정치체가 지배한 흔적이 될 수 없다

『한일 고대사의 재건축③-열도의 내전과 영산강 전방후원분의 비밀』은 AD 4~6세기 일본열도에서 일어난 패권교체의 역사와 함께 이와 연동된 한반도 서남부, 영산강유역 정치체의 변화상을 살폈다. 4~6세기 일본의 왕조교체는 가야에서 발진(發進)한 기마민족의 진출과 백제의 담로소국 건설이 기본동력이란 점에서 한반도의 역사와 무관할 수 없다. 6세기 초반까지 독자성을 유지하였던 영산강정치체는 한반도 내에서 '왜계묘제(倭系墓制)'로 불리는 전방후원분을 조영한 지역으로 독특한 고분문화를 형성하였다. 그 '존재와 소멸 과정'은 한일 고대사의 비밀을 밝혀줄 핵심 사안으로 조명할 가치가 있다.

———————

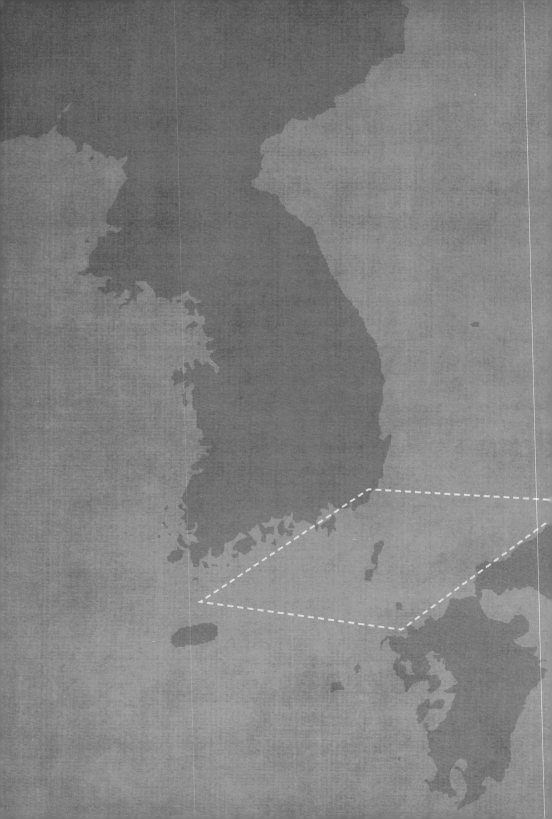

1부

•

해인족과 한반도외

● 韓日 古代史 再建築

책의 첫머리는 종족명 왜(倭)의 출현과 관련한 근원적인 고민을 담았다. 후대에 형성된 고정관념에서 탈피하여 초기왜의 본질적인 모습으로 다가갈 심산이다. 나는 '왜'라는 종족명을 시대별로 그 지칭 대상이 달라지는 유동적 개념으로 파악하는 입장인데 초기의 왜는 '한반도왜'라고 판단한다.

사실 '한반도왜' 개념은 임나일본부설의 시작점이자 그 못지않게 격렬한 한일 역사전쟁의 소재이다. 일본학자들은 삼국사기와 삼국지 등 고대 사서에서 발견되는 '한반도내 왜인 흔적'을 근거로 고대 한반도 남부가 왜의 영역이었다고 끈질기게 주장한다. 반면 한국학자들은 사서의 일부 구절은 왜인들이 한반도 남부에 일시체류한 흔적일 뿐이라며 의미를 축소하거나 완전히 부정한다. 이른바 한반도왜 논쟁이다.

그러나 한반도왜의 개념은 역사서에 기반을 두고 있는 만큼 우리가 부정한다 해서 극복될 사안은 아니다. 아울러 한반도왜는 일본에서 진출한 종족이 아니며 열도의 정치체와는 무관하다고 판단되는 만큼, 우리 스스로 그 존재 자체를 배척할 이유는 없다. 필자는 한반도왜의 실체는 한반도와 일본열도 중간의 바다를 활동무대로 하던 '해인족(海人族)'을 지칭하던 단어에서 비롯하였다는 가설을 제시한다. 즉 '왜'는 고대 한반도 해변인의 별칭에서 비롯하였다는 시각이다. 한반도왜에 담긴 무거운 진상은 본문에서 다각도로 검증해 나갈 예정이다.

사료의 불비함 탓에 왜와 해인족의 진면목을 찾아가는 과정은 짙은 해무(海霧) 속을 헤매는 것과 다름없다. 나는 2개의 나침반에 의지하여 항로를 잡아나갈 생각이다. 호공(瓠公)의 기록과 포상팔국(浦上八國)의 전쟁 기사가 그것인데 '양대 로제타석'으로 비유할 수 있다. 특별한 비밀문건을 입수한 것이 아니라 삼국사기의 관련 기록을 당대인의 시선으로 독해한 결과이다.

"왜는 곧 해인족의 별칭이었다."는 추론을 증명하기 위해서는 최우선적으로 한반도 해인족의 역사를 살펴볼 필요가 있다. 해인족이라는 족속명은 내가 처음 사용하는 용어가 아니다. 역사학계에서 공식화된 개념은 아니지만 많은 선학(先學)들이 제기하여 나름의 무게를 지닌 용어이다. 기실 한일 고대사를 섭렵하다 보면 해인족 개념을 상정하지 않을 수 없다. 일본 역사서에는 '해인(海人)'이란 단어가 수시로 등장한다. 한반도와 일본열도를 오가며 수천 년을 살아온 해인족이 고대사에 끼친 영향은 제법 심대하였지만 그들의 역사적 비중은 소략하게 취급된 측면이 다분하다.

해인족과 그들의 나라 포상국(浦上國)이 한일 고대사에 남긴 묵직한 활동상은 본문에서 소상히 다룰 것이다. 결론적으로 1부는 양쪽의 정치체에 의해 분단되기 이전, 한반도와 일본열도 사이의 바다에서 이뤄진 역사에 주목하는 셈이다. 모든 건축은 주춧돌을 놓는 데서 시작된다. '한일 고대사 재건축'의 기단부(基壇部)는 해인족과 포상국 이야기이다. 왜(倭)와 임나(任那)의 본질을 파악하기 위해서라도 기초석(基礎石)에 해당하는 해인족과 포상국 개념을 굳건히 다져야 한다.

1장
'최초 왜인' 호공(瓠公)의 정체(正體)

사람이든 사물이든 역사이든 그 원초적 모습은 탄생 초기에 남아 있게 마련이다. 한반도왜의 진상을 포착하기 위해서는 '왜'라는 종족 명이 처음 출현한 시대로 거슬러 올라가야 한다. 1장에서는 '왜'가 한반도에서 생겨나는 초기역사를 다룰 예정이다. 명백한 단서가 존재하는 것은 아니지만 그렇다고 참고할 대목이 전혀 없는 것은 아니다.

'최초 왜인' 호공의 이야기는 그래서 중요하다. 삼국사기에 출현하는 '왜인 호공' 기사는 왜의 본질에 대한 결정적인 정보를 제공해주고 있다. 역사기록은 호공과 초기왜의 실체를 정확하게 묘사하였지만 후대인들은 머릿속 고정관념의 장벽으로 인하여 중요한 대목을 놓치고 있었다. 선입견의 안경을 벗고 보면 '진상(眞像)'은 선명하게 포착된다.

'한일 고대사의 로제타석' 호공(瓠公) 기사

호공(瓠公)… 일본의 역사서를 제외하고 한국과 중국의 정사(正史)

에서 왜인으로 기록된 최초의 인물이다. 삼국사기 신라본기에 건국주 혁거세왕의 측근으로 등장한다.

> "2월에 호공을 마한에 보내어 교빙하니 마한왕이 호공을 꾸짖어 말하기를…(중략)…호공이란 자는 그 족성이 자세치 못하나 본시 왜인으로 처음에 박(瓠)을 허리에 차고 바다를 건너온 까닭에 호공이라고 일컬었다.(春二月 遣瓠公聘於馬韓 馬韓王讓瓠公曰…(중략)…瓠公者未詳其族姓 本倭人 初以瓠繫腰 渡海而來 故稱瓠公)"[3]

먼저 짚고 넘어갈 점은 '호공 이야기'를 비롯한 삼국사기 초기기록을 얼마나 신뢰할까 하는 판단의 문제이다. 혁거세왕이 BC 1세기에 활동한 것이 아니라 기원후의 인물이라고 주장하는가 하면 삼국사기 초기 기사들을 통째로 불신하는 학자도 적지 않다. 이런 입장에서는 신라본기의 왜 관련 기사가 허위이거나 적어도 BC 1세기의 일이 아니라고 간주한다. 기록의 신뢰성을 근본적으로 의심하면 역사해석의 진전은 불가능하다. 하지만 신라초기의 기사들이 대부분 소박한 내용임을 감안하면 국가체제 형성단계의 사건으로 볼 여지는 충분하다. 필자 역시 삼국사기의 모든 기사를 사실로 믿는 것은 아니지만 왜와의 소소한 갈등을 다룬 혁거세조의 기사들은 오히려 신뢰도가 높다고 본다. 신라 입장에서 결코 과장할 만한 내용들이 아니기에 그러하다. 호공의 행적과 관련한 기사 역시 그런 점에서 믿을 만하다고 본다.

---

3. 삼국사기 신라본기 혁거세왕 38년(BC 20년)조.

호공 기사의 신뢰성을 인정할 때 위의 혁거세왕 38년조에 담긴 내용은 매우 중하게 다뤄야 한다. 최초의 왜인집단이 어떤 사람들인지, 누구를 지칭하는 단어로 출발했는지를 알려주는 결정적 대목이기 때문이다. 위 기사에 대한 전통적인 해석은 "어떤 왜인이 박을 차고 대한해협을 건넜기에 '박 호(瓠)' 자를 붙여 호공(瓠公)이라고 이름지었다."는 것이었다. 왜=일본열도라는 것이 기존 해석의 전제이므로 호공이 건너온 바다는 당연히 대한해협이라고 간주하였다. 그러나 이런 독해는 설득력이 없다. 대한해협은 허리에 박을 차고 건널 수 있는 바다가 '절대로' 아니다. 전통적인 해석은 사실에 부합하지 않는다. 호공의 기사는 뒤집어 읽어야 한다. 그리하면 드러나지 않았던 왜(倭)의 실체가 부각된다. 즉 '호공은 왜인이기에 박을 차고 바다를 건넜다'는 전통적인 독서법과 반대로 '호공은 박을 차고 바다에서 활동하였기에 왜인으로 간주되었다'로 풀이해야 한다.

"본시 왜인으로 박(瓠)을 허리에 차고 바다를 건너온 까닭에 호공이라고 일컬었다."는 기록은 호공 개인의 출자를 넘어 그의 고향, 즉 왜(倭)의 실체를 증언하는 대목이다. 호공 이야기의 진정한 가치는 다음 몇 가지 질문에 대한 해답에서 포착이 가능할 것이다. 첫째 호공이 '박을 허리에 찼다'는 것은 무엇을 의미하는가? 둘째 호공이 건넌 바다는 어디를 말하는가? 셋째 바다를 건너기 이전 호공이 살던 고향, 즉 왜 땅은 어디인가? 넷째 '호공이 본시 왜인이었다'는 언급의 의미는 무엇인가?

위의 4가지 근본적 질문에 대한 대답은 짧은 '호공 기록' 그 자체에 오롯이 담겨 있다. 왜의 정체를 추적하는 장정(長程)에서 신라본기 혁거세왕 38년조의 호공 기사는 가장 중요한 증언이다. 한일 고대사의 거대한 진실을 담고 있는 로제타석이다. 호공 이야기는 '최초의 왜'는 일본열도가 아니라 한반도임을 증언해주고 있다. 필자가 『한일 고대사의 재건축』 시리즈를 쓰기로 마음먹은 계기도 '왜인 호공' 기사를 오랫동안 음미한 결과였다.

'호공의 박'은 잠수용 태왁을 의미한다

이제 호공 기사를 세밀하게 해부해 볼 차례이다. 첫 번째 질문, "호공이 박을 허리에 찼다는 것은 무엇을 의미하는가?"부터 살펴보자. 왜인 호공의 최대 특징은 '박'이다. 박을 차고 다녔기에 이름도 '박 호(瓠)'자 호공(瓠公)으로 불렸다. 그런데 호공 이야기에서 박에 얽힌 사연을 언급한 것은 호기심이나 심심풀이 차원이 결코 아니다. 삼국사기에 이런 기사가 실린 것은 '허리에 박을 찬 모습'이 신라인들에게 특이하게 비춰졌고 그래서 크게 소문이 났으며 오랫동안 전승됐음을 의미한다. 박을 찬 모습이 특이하게 비춰진 것은 일반 신라인과 행색과 풍습이 달랐기 때문이다. 즉 '호공과 그의 족속은 바다에서 박을 많이 활용하였다'는 결정적 특징을 알려주는 대목이다. 바다에서 몸에 박을 매달고 하는 활동은 무엇일까? 잠수업 외에는 상정하기 힘들다.

제주도 해녀들이 물질을 할 때는 '태왁'을 사용한다. 부력을 갖춘 잠수용 필수품인데 전통시대에는 박으로 제조하였다. 태왁의 사전적 용어는 대체로 이러하다.

① 태왁은 해녀가 수면에서 몸을 의지하거나 헤엄쳐 이동할 때 사용하는 부유(浮游)도구이다. 원래는 크고 잘 익은 박 속을 긁어내고 만들었지만 1960년대 중반 가볍고 깨지지 않으며 부력이 좋은 스티로폼 태왁이 등장하여 박 태왁을 대체하였다. 태왁은 두렁박이라고

태왁과 망사리

도 하며 추자도에서는 들박, 흑산도에서는 뒤엉, 완도지역에서는 두름박, 버겁 등으로 불린다. 해녀들은 태왁에 그물로 만든 '망사리'를 달아 채취한 해산물을 넣어둔다. 태왁과 망사리는 잠수작업에 필수적인 한 세트가 된다. 현지 명칭은 망시리, 홍사, 홍아리(제주도), 흥서리(추자도), 헝서리(흑산도), 헐망(완도) 등 다양하게 불린다. 처음에는 나무껍질로 노끈을 만들어 망을 떠서 만들었다가 나중에는 실로 대체되었다. 제주도에서는 시집오는 며느리에게 시아버지가 태왁과 망사리를 선물하는 풍습이 있었다.[4]

② 잠수 해녀가 자맥질을 할 때 가슴에 받쳐 몸을 뜨게 하는 뒤웅박. 크기는 지름 20㎝정도이다. 제주도에서는 태왁박새기라고도 부른다. 잘 여문 박의 씨를 파내고 물이 들어가지 않도록 구멍을 막았기 때문에 물에서 잘 뜬다. 태왁이라는 제주말은 물에 뜬 바가지라는 뜻이다. 잠수부는 물질 도중에 바다에 띄워놓은 태왁에 의지하여 잠시 쉬며 여기에 그물로 뜬 망시리를 달아매 놓고 채취한 해산물을 넣어둔다. 태왁은 잠수의 위치를 알리는 표지판 구실도 한다. 제주도에서는 2월에 흙을 파고 밑거름을 해두었다가 3월 삼짇날 박씨를 심으며 6월 하순께 거두어 태왁을 만든다. 이것은 크기에 따라 물에 뜨는 힘이 달라서 각기 자기 몸에 알맞은 것으로 골라서 만든다. 너무 작은 태왁을 쓰

---

4. 문화원형백과 전통고기잡이, 2004, 한국콘텐츠진흥원.

면 물속 깊이 들어가기도 어렵고 물속에서 오래 있기도 힘들다. 잠수해녀들은 두 사람 이상이 함께 짝을 지어 같은 장소에서 물질을 하며 특히 물살이 빠른 데에서는 작업 도중에 태왁이 멀리 흘러가는 것을 막기 위하여 서로 번갈아 물 위에 떠서 태왁을 잡아준다. 1960년대 중반부터 스티로폼에 천을 입혀 만든 것이 나오면서 예전의 태왁은 자취를 감추고 말았다.[5]

바다에 잠수하여 미역과 다시마 등 해조류를 캐거나 전복, 소라, 해삼, 문어, 낙지 등을 잡는 활동을 위해서는 수면에 뜨는 '부력(浮力) 물체'의 도움이 반드시 필요하다. 포획한 해산물을 안전하게 보관하는 한편, 지친 몸을 회복하기 위해서도 태왁과 망사리는 필수품이다. 현재는 구형(球形)의 플라스틱 재질로 태왁을 만들지만 과거에는 큰 박을 사용하였다.

고대의 동해안사람들에게도 박으로 제조한 태왁은 필수품이었고 그들의 상징물이 되었을 것이다. 농경을 하던 경주의 초기신라인들이 볼 때 박은 해변인의 대표 물품이었다. 해변인은 박을 타고 바다를 마음대로 돌아다닌다는 생각들을 하게 되었고 '호공이 허리에 박을 차고 바다를 건넜다'라는 이야기도 생성된 것으로 여겨진다. 근세에는 제주해녀가 유명하지만 어로가 주(主)생계수단이었던 고대의 해변에서는 남녀 불문하고 물질에 많이 나섰다. 잠수질은 해변민들이 박으로 만든 태왁 외에 특별한 장비나 도구 없이도 맨몸으로 해조류와 단

---

5. 한국민족문화대백과, 한국학중앙연구원.

백질을 구할 수 있는 유용한 방편이었기 때문이다. 한반도에서는 물이 맑고 시야가 좋아 수중에서의 포획·채취작업이 용이한 동해남부와 남해안, 제주도 등지에서 잠수업이 발달했다고 여겨진다.

호공이 건넌 바다는 고(古)울산만인가?

이번에는 두 번째 질문 "호공이 건넌 바다는 어디를 말하는가?"에 집중할 차례이다. 호공이 박을 허리에 차고 바다를 건넜다는 기록은 동화(童話)처럼 느껴지지만 100% 허위는 아닐 것이다. '박을 허리에 차고'와 같은 초라하고 구체적인 행색 묘사는 창작의 가능성이 낮다. 호공 기사의 실재성을 일부나마 인정한다면 호공은 분명 박을 차고 '어떤 바다'를 건넜다고 보아야 한다. 세 번째 질문에 대한 답변, 호공의 고향인 왜땅의 좌표(座標)를 확정하기 위해서라도 '박을 차고 건넌 바다'를 특정하여야 한다. 호공이 건넌 바다는 초기신라와 왜 사이의 자연경계(自然境界)일 것인데 이는 곧 바다 건너편이 당시의 왜땅〈倭地〉임을 뜻한다.

흔히들 왜=일본이란 관념에서 호공이 건넌 바다를 대한해협으로 간주하지만 이는 틀렸다. 조선 중엽, 토정(土亭) 이지함이 박을 타고 한강을 건넜다는 전설 같은 이야기가 있지만 대한해협은 허리에 박을 차고 건널 수 있는 바다가 아니다. 따라서 호공의 고향은 대한해협 건너편인 규슈나 혼슈 등 현재의 일본열도가 될 수 없다. 문제의 바다는 박을 차고 횡단할 수 있는 규모이되 경주에서 그리 멀지 않은 곳으로 보아야 한다.

호공이 유명해지고 출세한 배경은 그가 박을 허리에 차고 바다를
건너는 장면을 여러 신라인들이 목격한 때문일 것이다. 박을 차고 바
다를 건넌 사건 자체가 이례적이고 용감한 행위였으니 신라사회에서
큰 화제가 되었고 '호공'이라는 이름도 얻었다는 추론이다. 그런데 이
점 역시 호공이 횡단한 바다가 대한해협이 될 수 없는 방증이 된다. 혁
거세 시대의 초기신라는 경주일원의 소국이었고 부산 등 대한해협 인
근은 포괄하지 못하였다. 그러므로 부산에서 멀리 떨어진 경주의 신
라인들은 호공이 대한해협을 건너오는 장면을 목도할 수 없다.(호공이
일본열도에서 경주 앞바다로 직행하였다는 추정도 할 수 있겠지만 박을 허
리에 차는 빈약한 도해장비로 항해할 수 있는 거리가 아닌 만큼 그럴 가능성
은 배제한다.) 혹시 부산 거주민들이 호공의 도해장면을 목격하였다고
하더라도 그런 소문이 신라사회로까지 확산되기는 어렵다. 결론적으
로 호공은 경주에서 그리 멀지 않은 해안에서 박으로 만든 태왁을 타
고 물질을 하다 '어떤 바다'를 건너 신라로 귀순한 해변인으로 보는 것
이 합리적이다. 이런 추론을 모두 만족시키는 바다는 어디일까? 거듭
말하지만 파도 거친 대한해협은 제외돼야 한다. 박을 차고 횡단할
수 있을 만한 바다가 아닌데다 경주신라인의 목측에서 한참 벗어난
곳이기 때문이다. 감포 등 경주 인근도 될 수 없으니 경주해변은 일찌
감치 신라지경에 포함됐다고 여겨진다. 그 증거는 석탈해(昔脫解) 표
착기사에 나온다.

"남해왕(南解王) 때 가락국(駕洛國)의 바다 가운데 어떤 배가 와서 닿았
다. 그 나라의 수로왕(首露王)이 신하·백성들과 함께 북을 치고 맞아들

여 머물게 하려 하니 배가 달아나 계림(鷄林)의 동쪽 하서지촌(下西知村)의 아진포(阿珍浦 경주시 양남면 동해안)에 이르렀다. 마침 포구 가에 한 노파가 있었으니 이름이 아진의선(阿珍義先)으로 혁거세왕 해척(海尺)의 어미였다.(南解王時 駕洛國海中有舩來泊 其國首露王與臣民鼓譟而迎 将欲留之 而舡乃飛走至於雞林東下西知村阿珍浦 時浦邉有一嫗名阿珍義先 乃 赫居王之海尺之母)"⁶

글 흐름이 자꾸 지체되지만, 반드시 짚을 부분은 해척(海尺)이다. 해척은 물고기를 잡아 조정에 바치는 해변주민을 뜻한다. 해척은 신라 17관등 중 4위인 파진찬(波珍湌)의 별칭이라는 풀이도 있지만 혁거세 시대에는 17관등이 생기기 전이므로 고기잡이하는 해변인으로 보는 것이 자연스럽다. 위의 기록에서도 아진의선은 고기잡이 집안의 노파라고 보아야 합리적이다. 어쨌든 아진의선이 살던 아진포(阿珍浦)의 해변은 혁거세왕 시절에 이미 신라지경에 포함돼 있었던 것이다. 아울러 감포 등 동해변과 신라수도 경주 사이는 육지로서 '건너야 할 바다'가 존재하지도 않는다.

그렇다면 호공이 건넌 바다는 도대체 어디일까? 필자는 고울산

경주인근 지도

6. 일연, 최호 역해, 삼국유사 1권 기이(紀異) 탈해왕, 홍신문화사, 1995, pp39~40.

만(古蔚山灣)이라고 판단한다. 고울산만의 실체를 알기 위해 서두를 필요는 없다. 이번에도 잠시 돌아가야 한다. 혁거세 시절의 동해안 지세부터 알아야 한다. 당시의 해수면은 현재보다 높았고 동해안의 지형은 지금과 사뭇 달랐다고 여겨진다. 한반도의 해수면의 변동폭은 생각보다 컸으니 비봉리패총과 동래패총 등이 그 증거이다.

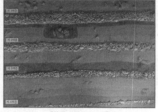

창녕 비봉리패총

창녕 비봉리목선

2004년 부곡하와이 인근인 경남 창녕군 부곡면 비봉리에서 패총이 발견돼 세상을 놀라게 했다. 해안에서 100km나 들어간 내륙에서 바다조개더미가 나온 것은 분명 특이하였다. 비봉리패총(飛鳳里貝塚)에서는 신석기시대 전(全)기간의 조개더미는 물론이고 국내에서 가장 오래된 선사시대 목선(木船)과 편물기술을 보여주는 망태기, 대규모 도토리 저장시설, 멧돼지와 사슴으로 추정되는 동물그림 등 중요한 자료들이 출토되었다.

특히 목선은 소나무를 불에 그슬린 뒤 날카로운 석기로 홈을 파서 제작한 것인데 길이 310~400㎝, 최대너비 80㎝로 약 8천 년 전에 만든 것으로 추정되었다.(이는 일본에서 가장 오래된 배보다 2천 년 이상 앞서며, 이집트의 고선박보다 3천 400년 앞서는 것으로 짐작된다.) 패총과 목선이 발견됐다는 것은 배가 제작된 BC

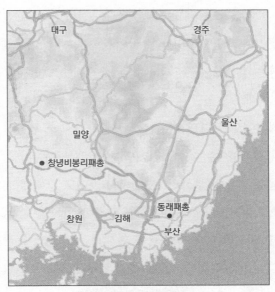

비봉리패총과 동래패총 위치

6000년경에는 해수면이 지금보다 5~10m 가량 높았거나 지반이 낮은 상태여서 현재의 낙동강 중류지역이 바닷물이 드나드는 '해변'이었음을 의미한다. 비봉리패총은 시대 흐름에 따라 한반도 주변의 해수면과 지반 높이가 크게 변동하였음을 입증해 주는 현장이다.

사적 192호인 동래패총(東萊貝塚)은 1930년 철도공사 도중에 4개의 옹관(甕棺)이 발견되면서 세상에 알려졌으며 1967년과 1968년, 2004년에 발굴조사가 이뤄졌다. 동래패총에서는 토기와 골각기, 동물유체 등이 다량 출토되는데 물개를 닮은 바다포유류 강치의 뼈가 많이 나온 것이 특이하였다. 패류는 32종이 확인됐는데 내만(內灣)의 조개는 물론이고 외해(外海)에 서식하는 종류도 상당하였다. 출토유물로 미뤄볼 때 동래패총의 조성연대는 AD 1~3세기, 철기시대부터 삼국시대로 밝혀졌다. 동래패총이 위치한 부산광역시 낙민동·수민동은 수영강 하구(河口)로부터 6km쯤 들어간 내륙이다. 이곳에서 바다조개가 발견되는 것은 1~3세기의 유적형성기에는 해안이었으며 당시의 해수면은 현재보다 상당히 높았음을 의미한다.

AD 4세기에도 바다의 수위는 지금보다 3~4m 높았다고 짐작되는데 현재의 김해평야는 '고(古)김해만'이라고 부르는 바닷속에 잠겨 있었다. 낙동강 하류인 부산의 구포(龜浦) 일대도 고대에는 해만(海灣)이었다. 김해의 수가리(水佳里)패총을 연구한 학자들에 의하면 신석기 중기(BC 3500~2500)의 해수면은 현재보다 낮았으나 점점 상승하여 지금보다 7.4m까지 높아진 경우까지 확인되었다.[7] 일본의 해수면 연구에 따르면 AD 250년 무렵에 해수면이 가장 높은 수위였다고 한다.[8] 빙하기와 간빙기를 반복하면서 바다 수위는 계속 달라졌다.

같은 맥락에서 울산 태화강 하구에도 고대에는 지금보다 훨씬 넓은 바다가 내륙 깊숙이 형성돼 있었다. 선사시대 태화강 유역에 존재했던 바다를 지리학계에서는 '고울산만(古蔚山灣)'이라고 지칭한다. 암각화로 유명한 반구대는 울산항에서 태화강과 그 지류를 따라 15~16km쯤 내륙으로 들어간 곳에 위치해 있다. 하지만 신석기시대에는 고래떼가 노니는 해변이었다. 당시 반구대 앞바다는 너비 300m쯤 되는 내만(內灣)이었고 신석기인들은 먹이를 찾아 이곳으로 진입한 운 나쁜 고래들을 사냥하였다. 반구대암각화에 고래그림이 많은 것은

---

7. 부산대박물관, 김해 수가리패총, 1981.
8. 이시와타리 신이치로, 안희탁 역, 백제에서 건너간 일본 천황, 지식여행, 2002, pp162~169.

고(古)울산만 추정도

실제로 인근에서 포경(捕鯨)이 활발했기 때문이다. 포경 장면을 그린 암각화를 보면 배마다 10~20명이 탔고, 작살잡이가 고래 등 위로 몸을 날려 작살을 내리꽂았음을 알 수 있다. 고래는 피를 많이 흘릴 경우 혈우병처럼 멈춰지지 않아 결국 죽는다는 특성을 이용한 사냥이다. 작살을 찌르는 데 실패하였을 경우에는 놀란 고래를 수심이 얕은 곳으로 몰아 좌초시키는 방법도 사용하였을 것으로 짐작된다.

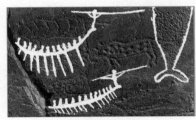

반구대 암각화

반구대암각화 3차원 실측도
-국립문화재연구소

2009년 KBS 1TV는 인도네시아 룸바타섬의 '라마레라 마을'에서 이뤄지는 고래잡이 모습을 방영하였다. 마을 주민들은 일제히 작은 목선들을 타고 바다로 나아간 다음 고래를 기다린다. 고래가 숨을 쉬기 위해 수면 위로 부상하였을 때 용감한 작살잡이가 몸을 날려 급소를 찌른다. 피를 많이 흘린 고래는 결국 힘이 빠져 죽게 된다. 반구대의 고래잡이가 어떠했을지를 짐작하게 해주는 좋은 사례였다.[9]

호공이 활동하던 시기의 바다 수위는 비봉리패총이 만들어진 절정기보다는 내려갔지만 현재보다는 높았다고 사료된다. AD 1~3세기, 동래패총 조성기와 유사했을 것으로 짐작한다. 동해안의 계속된 융기 경향과 해수면의 하강추세를 감안하면 BC 1세기경, 신라 건국기의 고울산만은 현재의 울산시내 육지부를 상당 부분 잠식한 소(小)지중해였고, 내륙 깊숙이 만입한 상태였을 것이다. 때문에 당시 울산지역의 남부와 북부는 바다를 경계로 분리돼 있었다고 보여진다. 초기신라의 국세를 감안할 때 고울산만은 '피아(彼我)'를 구분하는 국경이 되기에 충분하였다. 즉 혁거세가 나라를 세울 즈음 고울산만 이북은 신라(당시의 국명은 사로국(斯盧國)) 지경이었지만 바다 남쪽은 이방지대였다. 그렇다면 호공이 건넌 바다는 고울산만으로 보아야 합리적이다. 육지로 둘러싸인 고울산만은 잔잔한 내만(內灣)이었을 것이다. 호공(과 그의 무리들)은 고울산만의 남쪽에서 큰 박을 몸에 묶은 뒤 그 부력에 의지하여 헤엄을 치는 방식으로 바다 북쪽으로 귀순하였다고 짐작한다. 박을 이용한 특이하고도 용감한 도해(渡海) 방식 덕분에 호공이라는 이름은 신라사회에 널리 알려지게 된다.

---

9. KBS 수요기획, '라마레라의 고래잡이' 2009년 6월 10일 KBS 1TV.

앞에서 언급했듯이 호공이 건넌 바다는 신라와 왜의 자연경계(自然境界)임이 분명하다. 이렇게 보면 세 번째 질문, 호공의 고향이 어디인지는 저절로 답이 나온다. 고울산만 남쪽의 어느 해변이다. 이곳은 영남알프스 산악의 동쪽 사면으로서 넓지 않은 해안평야지대가 형성돼 있다. 농경도 비교적 활발하지만 동해바다를 끼고 있어 바다의 물산이 풍부하였고 일찍부터 동해 북부해역은 물론이고 남해안, 일본열도와 교류하였던 지역이다. 넓은 세계를 알고 있던 지역이라고 할 수 있다. 필자는 호공의 고향으로 여겨지는 남울산·부산 일대가 한일 고대사에서 끼친 영향은 지대하였다고 판단한다.

"호공의 고향, 고울산만 남쪽은 왜의 땅"

이제는 네 번째 질문 '호공은 본래 왜인(本倭人)이었다는 기록의 의미'를 살펴볼 차례이다. 신라본기에 왜인으로 기록돼 있으니 지금껏 호공은 일본에서 신라로 귀순한 인물일 것으로 간주되어 왔다. 그러나 이는 후대의 고정관념이 만든 인식상의 오류일 뿐이다. 반복하여 말하지만 호공의 고향은 일본열도가 될 수 없다. 박을 허리에 묶고 파도 거친 대한해협을 건널 수는 없는 일이다. '본시 왜인으로 박을 차고 바다를 건너왔다'는 기록은 되레 호공은 열도 출신이 아니며 호공 시대의 왜는 일본열도가 아니었다는 증거로 읽혀야 마땅하다.

초기신라(사로국)의 접촉범위에 든 해변은 경주에서 가까운 감포나 영일만, 울진·영덕 해안과 고(古)울산만, 남울산과 부산일대라고 봐야 한다. 대마도 역시 간간이 포함됐을 수 있다. 일본열도의 주민들은 경주 땅의 신라인과 접촉하기 쉽지 않았다. 소수의 열도상인이 쪽배를 타고 동해안으로 접근하여 물자교환을 시도했을 가능성은 배제할 수 없다. 하지만 일본열도에서 잠수질을 하던 무리가 경주 인근해역까지 북상할 이유는 합리적으로 설명되지 않는다.

거듭 강조하지만 신라본기는 호공이 일본열도 출신이 아니라 신라 수도 경주에서 그리 멀지 않은 바다에서 잠수업으로 살아가던 해변인임을 말해주고 있다. 그런 호공을 '왜인'으로 표기했다는 사실을 소홀히 다룰 수 없다. 초기신라인(또는 신라 건국 이전의 진한인)들이 고울산만 남쪽에서 대마도에 이르는 해변에서 바다와 관련된 일로 생계를 꾸려가던 인간집단을 왜인으로 지칭하였다는 단서를 추출할 수 있기 때문이다. 한발 더 나아가면 고울산만의 남쪽, 남울산과 부산일대(확장하면 대마도까지)는 초기신라에서 왜의 땅으로 지칭되었고 그곳 사람을 왜인으로 불렀다는 이야기가 된다.

석탈해 표착기사에서 출현한 해척(海尺) 개념을 다시 떠올려 보자. 혁거세왕 시절에 이미 물고기를 잡아 조정에 바치는 해척집단의 존재가 확인되고 있으니 이들은 '신라백성이 된 해변인'이라고 볼 수 있다. 반면 왜인은 '신라에 포함되지 않은 해변사람'이라고 하겠다. 왜인으로 표현된 호공은 '아직은 해척이 못된' 해인집단의 구성원으로 여겨진다.

호공이 살았던 시대는 해수면이 지금보다 높았던 것으로 사료되는 만큼 기온과 수온은 꽤 온난했을 것이다. 당시 한반도 동해남부와 남해안은 사시사철 잠수업이 가능한 해역으로 추정된다. 수온 문제 등으로 해서 경주 북쪽의 동해보다는 울산 남쪽의 바다에서 잠수업이

더 활발하였을 것이다. 잠수 등
어로활동을 주요 생계수단으로
삼은 무리를 발견한 경주 일대
의 농경집단이 낯선 직업을 가진
일군의 해변인들에게 '어떤 족
속명'을 붙여주었을 것이 틀림
없다. 인간집단은 흔히 자신들
과 이질적인 무리에게 좋지 못한
이름을 붙여가며 멸시하는 습성

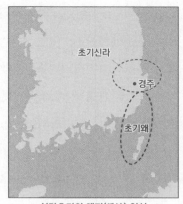

신라초기의 왜지(倭地) 인식

이 있다. 해변인 집단의 일원이었던 호공은 초기신라(진한 사로국)의
농경인들이 붙여준 '왜인(倭人)'의 꼬리표를 달게 된 것으로 짐작된다.
이는 왜라는 족속명의 출현배경에 대한 필자 나름의 가설이다. 자세
한 내용은 이어지는 2장 '종족명 왜(倭)의 출현과 한반도왜'에서 다루
게 된다.

　이제 호공 이야기의 결론을 내릴 때가 되었다. 초기신라에서는 박
을 타고 잠수작업을 하는 해변인을 왜인으로 지칭하였다고 사료된다.
그들의 영역은 남울산과 부산광역시를 거쳐 대마도에 이르는 해안지
대로 여겨진다. 신라 초기의 무수한 왜 관련기사는 대부분 이곳과의
접촉기록으로 여겨진다. 초기신라는 가까이 살면서 수시로 교류하고
접촉한 초기왜 기록을 수없이 남겼다. "호공은 본시 왜인으로 박을 허
리에 차고 바다를 건너왔다."는 신라본기 기록도 초창기의 원본이 그
대로 전승된 사례라고 여겨진다. 그런데 기록은 원본대로 전승되었지
만 해석은 달라졌다. 원본은 호공이 경주에서 그리 멀지 않은 바다를

건넌 사실을 기술한 내용이지만 후대인들은 문제의 바다를 대한해협으로 간주한 것이다. 이는 '왜=일본열도'라는 훗날의 선입관이 과거사에 소급적용되면서 일어난 관념상의 착각이라고 하겠다.

호공으로 대표되는 해변세력은 나중에 신라로 진입한 탈해집단에게 패배한 것으로 짐작된다. 호공은 혁거세의 신하에 그친 반면 석탈해(昔脫解)는 새로운 왕조를 열었다는 점에서 체급이 달랐기 때문일 것이다. 아래의 삼국유사 기록은 호공집단이 탈해족에게 패배한 상황을 우화적으로 묘사한 대목으로 풀이된다.

"그 아이(=탈해)가 지팡이를 끌며 두 종을 데리고 토함산(吐含山)에 올라 돌무덤〈石塚〉을 만들고 7일 동안 머무르면서 성 안에 살만한 곳이 있는가 살펴보니 초생달 같이 둥근 산봉우리가 있어 지세(地勢)가 오래 살만한 곳이 있었다. 찾아보니 호공(瓠公)의 집이었다. 이에 몰래 숫돌과 숯을 묻고 이튿날 아침에 그 집에 가서 이 집은 우리 조상이 살던 집이라 말하였다. 호공은 아니라며 다투었지만 결판이 나지 않아 관가에 고하였다. 관에서 증거를 대라하니 "우리 집은 본래 대장장이였는데 잠시 이웃고을에 간 동안 저 사람이 빼앗아 살고 있으니 그 땅을 파보면 알 것이다."고 하였다. 관청에서 그 말대로 땅을 파보니 과연 숫돌과 숯이 있으므로 집을 차지하게 되었다. 이때 남해왕이 탈해가 슬기가 있음을 알고 맏공주로 아내를 삼게 하니 아니부인(阿尼夫人)이었다.(其童子曳杖率二奴 登吐含山上 作石塚 留七日 望城中可居之地 見一峰如三日月 勢可久之地 乃下尋之 卽瓠公宅也 乃設詭計 潛埋礪炭於其側 詰朝至門云 此是吾祖代家屋 瓠公云 否 爭訟不決 乃告于官 官曰 以何驗是汝家 童曰

我本冶匠 乍出隣鄕 而人取居之 請堀地撿看 從之 果得礪炭 乃取而居焉 時南解

王 知脫解是智人 以長公主妻之 是爲阿尼夫人)"[10]

　　동화처럼 보이지만 호공으로 대표되는 해변인 집단이 탈해의 무리
에게 축출당하는 신라초기의 무서운 내전을 상징한 기록으로 짐작한
다. 나중에 진입한 세력이 먼저 자리잡은 호공세력을 제압하였다는
의미인데, 스스로를 대장장이라고 밝힌 탈해의 야철족(冶鐵族)이 더
조직화된 선진집단이었기 때문일 것이다. 그 이유가 무엇이든, 신라
정계의 핵심으로 진출했던 호공과 그의 '왜인 집단'이 탈해족에게
패배한 사건은 이후 석씨신라와 왜 사이의 오랜 갈등을 야기한 배경
가운데 하나였을 가능성을 상정해 본다.(AD 253년, 왜인들이 내해이사
금의 왕자 석우로(昔于老)를 죽일 정도로 석씨신라와 왜는 치열하게 다투
었다.)

여담

호공 이야기를 치밀하게 검토하다 보면 부차적인 소득이 적지 않다. '왜(倭)'
로 불린 동해남부 해안 출신인 호공이 신라의 재상에까지 올랐다는 것은 초기
신라가 한편으로는 '왜'와 갈등하면서도 다른 한편으로는 왜인(해변인) 가운데
일부를 동반자로 받아들여 협력관계를 구축하였다는 것을 시사한다. 아울러
초기신라가 삼한의 종주국인 마한과 어떻게 대응하며 성장하였는지도 보여
준다. 혁거세왕이 외부인 출신인 호공을 외교관으로 삼아 마한에 파견한 것은
노림수가 있었을 것이다. 왜로 불린 남쪽의 바닷가까지 포함했을 정도로 신라

---

10. 일연, 최호 역해, 삼국유사 1권 기이(紀異) 탈해왕, 홍신문화사, 1995, pp40~42 참고.

가 강국이 되었음을 과시하려는 의도가 아니었을까? 그리고 신라 관료인 호공이 마한에 파견되어 마한의 군주와 논쟁을 벌인 내용을 소개하는 신라본기 기록은 삼국사기가 고구려·백제·신라 외에 삼한 시절의 역사도 일정 부분 포함시켰다는 의미이다.

2장
종족명 왜(倭)의 출현과
한반도왜(韓半島倭)

세상 모든 족속의 유래가 그러하듯 '왜(倭)'의 시초는 모호하고 흐릿하다. 대체로 입증이 쉽지 않는 일일수록 설명이 분분한 법이다. 종족명 왜의 출현에 대한 주장들도 예외가 아니다. 지금까지 수많은 설명과 논리가 동원되었지만 어느 하나 분명한 것은 없었다. 이번 장에서는 종족의 이름인 왜가 탄생하게 된 필자 나름의 가설을 제기하고자 한다.

왜는 스스로 칭한 이름이 아니라 다른 종족이 불러서 생겨난 이름이며 그 출생지는 한반도 동남부, 경주 인근이라는 것이 큰 줄기이다. '최초의 왜'는 한반도산(産)이니 곧 한반도왜가 되겠다. 명백한 증거가 남아 있을 수 없다. 빈약한 문헌이 담고 있는 역사의 편린(片鱗)에서 큰 그림을 포착하고 숨겨진 진상을 재구성해야 한다.

왜(倭)라는 족속명의 탄생

왜라는 용어가 언제부터 출현했는지는 알기 힘들다. 중국 사서에

몇 가지 용례가 발견되니 최소한 그 이전에 왜라는 글자가 생겨났을 것이다. 왜라는 글자 자체는 중국에서 가장 오래된 지리서인 산해경(山海經)에서부터 발견된다.

> "개국은 거연의 남쪽, 왜의 북쪽에 있다. 왜는 연에 속한다.(蓋國 在鉅
> 燕南倭北 倭屬燕)"

그러나 산해경의 왜는 글자만 같을 뿐 일본의 조상인 왜와 지리적, 혈연적으로 관련이 없다. 산해경의 왜는 내몽고 동남부에서 요녕성 북부에 걸친 지역으로 여겨진다. 후한(後漢)시기에 편찬한 논형(論衡)이란 책에서도 왜인(倭人)에 대한 단편적인 언급이 있지만 일본의 조상과 무관한 것으로 알려져 있다. 즉 '남방의 유순한 종족'을 뜻하는 일반명사로 왜인이라는 용어가 사용됐다는 것이다.[11]

전국시대를 종식시키고 중원을 통일한 진시황(秦始皇)은 서복(徐福)이라는 방사(方士 주술사)를 동방으로 파견하여 불로초(不老草)를 구해 오도록 지시한다. BC 219년, 현재의 산동성 청도(靑島 칭다오)에 해당하는 낭야항(琅琊港)을 출발한 서복은 동남동녀(童男童女) 3천명을 거느리고 한반도와 제주도를 거쳐 일본 규슈로 항해하였다는 설이 있다. 진상이 분분한 서복의 동도설(東渡說)을 꺼낸 이유는 BC 3세기 진시황 시대만 하더라도 일본열도에 대한 지리지식이 없었고 왜(倭)라는 지명도 출현하지 않았다는 사실을 말하려는 것이다. 서복의 목적지는

---

11. 井上秀雄 외, 김기섭 편역, 고대 한일관계사의 이해-倭, 이론과 실천, 1994, pp27~40.

신선이 산다는 봉래산(蓬萊山)일 뿐 왜에 대한 언급은 없다.

'일본과 연관된 왜'에 관한 유의미한 기록은 후한의 역사가 반고(班固)가 쓴 한서(漢書)의 '지리지'에서 처음으로 확인된다.

> "낙랑의 바다 가운데 왜인이 있다. 100여개 나라로 나뉘어 있는데 이때 비로소 조공을 바치러 왔다.(樂浪海中有倭人 分爲百餘國 以歲時來獻見)"

이 기록을 근거로 '왜'라는 지명은 AD 1세기, 후한 시절에 중국에 알려져 있었다고 볼 수 있다. 실제로 중국과 왜 간의 공식적인 외교기록은 AD 57년에 처음으로 발견된다.

> "광무제(光武帝) 중원 2년(AD 57)에 왜의 노국(奴國)이 공물을 바치고 조하하였다. 왜의 사신은 대부(大夫)를 자칭하였다. (노국은)왜국에서 가장 남쪽의 나라이다. 광무제는 사신에게 인수(印綬)를 하사하였다.(建武中元二年 倭奴國奉貢朝賀 使人自稱大夫 倭國之南極界也 光武賜以印綬)"[12]

AD 57년에 국제공인을 받은 '왜(倭)' 용어의 탄생과 관련해 이런저런 해석이 난마처럼 복잡하다. 왜라는 글자가 다양한 의미로 사용된 것도 혼란을 부추긴 요인이다. 왜는 일본열도라는 '땅'을 의미하기도

---

12. 후한서 동이열전.

하고 그곳에 거주하는 '족속명'으로도 사용되었다. 또 열도에서 일어난 정치세력의 '국명(國名)'으로도 쓰였다. 중층적 의미로 사용된 왜의 유래를 추적하기는 안개 속처럼 막막해 보인다.

한자표기의 경위를 찾는 일 또한 암담하다. 왜(倭) 글자를 선택해 기록한 것은 한인(漢人)들의 작품이겠지만 왜라는 단어의 창조자는 한인들이 아니다. 왜인들 본인이나 제3자가 말하는 애매모호한 단어와 낯선 발음을 듣고 한인들이 적당한 글자를 붙였다고 봐야 한다.(왜(倭)자를 분해하면 '사람 인(人)'변에 '위(委)'이다. 사람 인(人)은 '어떤 인간종족'을 의미하고 '맡길 위(委)'는 문제의 종족을 부르는 구체적인 발음에서 유래했다고 여겨진다.) 참고로 왜(倭)는 현대한국어로는 왜(woe)로 발음되지만 중국에서는 워(wo), 일본어로는 와(wa)로 발음된다. 왜(倭)의 최초 소릿값이 궁금하지만 확인할 길이 막막하다.

발음은 그렇다 치고 '왜'라는 족속명은 누가 만들었을까? 많은 전문가들은 일본열도에 거주하던 사람들이 자칭(自稱)하였거나 열도인이 말하는 용어의 발음을 듣고 중국인들이 적당한 글자를 붙여주었을 것으로 보고 이런저런 논리를 전개해왔다. 종족명 왜가 본인들이 아닌 외부인의 창작이라는 설은 동의할 만하다. '왜'라는 글자나 발음이 그리 아름답지 못하기 때문이다. 나는 족속명 왜를 만든 외부인은 중국인이 아니라 한반도인, 구체적으로는 진한인(辰韓人 초기신라인)을 지목한다.(왜 그렇게 보는지는 뒤에서 다룰 것이다.)

필자는 시대변화에 따라 왜가 지칭하는 범위와 대상이 바뀌었다는 입장이다. 이 점을 분명히 하기 위해서라도 왜라는 종족명의 출발지점을 추적하는 일은 매우 중요하다. 왜의 본질을 제대로 이해하기 위

해서는 시간이 걸리더라도 우회로를 택할 필요성이 있다. 먼저 '왜'의
출현 경위를 둘러싼 기왕의 설명부터 차근차근 점검해 본다.

족속명 왜(倭)의 기원에 관한 기존의 설명들

왜의 출발점과 관련한 기존의 가설들을 살펴보자. 왜의 의미를 파
악하고자 하는 일본인들의 고민은 오래되었지만 신통한 결론은 얻지
못하였다. 이미 1787년 간행한 '국호고(國號考)'에서 모토오리 노리나
가(本居宣長)는 "어떤 뜻으로 (왜라고)명명한 것인지 그 연유를 분명하
게 알 수 있는 근거는 없다."고 실토한 바 있다.[13] 이자와 모토히코(井
澤元彦)는 그의 책 '역설의 일본사'에서 왜(倭)의 발음이 일본어로 '와
(ワ wa)'인 점에 주목해서 마을·군락을 뜻하는 '환(環)'에서 비롯됐을
것이라는 주장을 폈다. 환(環)의 고대일본어 발음은 '와'였는데 처음에
는 마을을 지칭하였지만 점차 국가를 뜻하는 단어로 의미가 확장되었
을 것이란 논지였다.[14] 황영식의 논리도 이자와 모토히코와 유사하다.

"왜는 키가 작다, 추하다, 외지다 등 나쁜 뜻이 대부분이며 좋은 의미
로는 유순하다 정도가 유일하다. 일본인들이 이런 나쁜 뜻의 말로 스
스로를 나타냈을까. 당시는 일본에 한자가 전래되기 전이었다. 그러
니 이 왜는 어디까지나 중국인의 작품이라고 봐야 한다…(중략)…일본

---

13. 고노시 다카미쓰(神野志隆光), 배관문·김병숙·이미령 옮김, 일본은 왜 일본인가-국호의 유래와 역사,
    모시는사람들, 2019, p69.
14. 이자와 모토히코, 역설의 일본사, 고려원, 1995, pp81~87.

인들이 자신의 집단·지역을 전혀 다른 뜻으로 '와'라고 한 것을 중국인들이 멸시의 기분을 섞어 발음이 닮은 왜로 표기했다고 추측해 볼 수 있다. 왜의 일본음은 '와'이며 중국 고음도 '워·와'에 가까웠다…(중략)… 일본어 1인칭에 그 흔적이 남은 와(我, 吾)를 우선 떠올릴 수 있다…(중략)…더욱 유력한 후보는 와〈環〉이다. 요시노가리 유적이 보여주는 당시 일본의 집락(集落)은 외적을 막기 위한 둥근 호로 에워싸여 있다. 이 환호집락은 '와'로 불렸을 가능성이 크다. 국가개념이 싹트기 전인 당시, 와는 규모가 제법 큰 집락이나 공동체 나아가 부족국가와 같은 작은 나라를 가리키는 보통명사로, 또 자신이 속한 집단이나 소국을 가리키는 고유명사로 쓰였을 수 있다…(중략)…와〈環〉가 와〈倭〉로 와전됐다가 고대국가 성립과 함께 와(和), 다이와(大和)로 바뀌어 야마토로 불리다가 오늘날의 일본으로 정착한 것은 아닐까?"[15]

이병선의 풀이는 조금 다르다. 고대 한국어에서 '왜'라는 단어가 생겼다고 본다.

"왜(倭)란 왜노(倭奴)의 약어인데 '왜'는 왕을 뜻하는 고대 한국어 '여러(yero)'에서 나왔고 '노'는 땅을 뜻하는 '나'에서 비롯됐다."면서 "왜노란 결국 왕의 땅을 뜻한다."[16]

위에서 왜(倭)의 어원(語源)에 대한 몇 가지 주장들을 살펴보았다.

---

15. 황영식, 맨눈으로 보는 일본, 모티브, 2003, pp14~16.
16. 이병선, 일본을 바로 알자, 아세아문화사, 2002, pp166~170.

다소의 차별성은 있지만 열도인들이 스스로 밝힌 이름, 즉 자칭(自稱)에서 비롯됐다는 전제하에서 추정했다는 공통점이 있다. 별로 과학적인 분석은 아니지만 무시할 수 없는 논리 가운데 하나는 '왜(倭)'가 왜소하다는 뜻의 '왜(矮 키 작을 왜)'에서 비롯됐다는 주장이다. 적어도 한국 내에서는 가장 유력한 설명이라고 할 수 있다. 한국어로는 왜(倭)와 왜(矮)의 발음이 같고 글자 모양이 비슷한데다 전통적으로 열도인의 체격이 한반도인보다 왜소하다는 관찰 등이 결합돼 이 같은 설명이 나온 듯하다. 왜구(倭寇)에 대한 후대의 적개심도 '왜인(倭人)=왜인(矮人)' 가설을 확대생산했을 것으로 추정된다.(상대의 체격이 왜소하다는 말에는 비하의 의미가 담겨 있다. 현대 중국인들이 일본을 욕할 때 '샤오르번(小日本)'이라고 한다. 1920년대 이후 중국 동북, 즉 만주에서 일본군과 접촉했던 '뚱베이따한(東北大漢 중국에서 체구가 가장 큰 만주지방 사람들)'들이 일본 병사의 왜소한 체격을 비하해 만든 단어일 것이다. 샤오르번은 점차 '도량이 좁고 어린아이 같은 일본'이라는 모욕적인 의미로 변모했지만 애당초 왜소한 체격을 비하하는 용어였다고 짐작된다. 하지만 현재 일본인의 평균키는 중국인보다 크다고 한다. 중국 북방인의 체형은 일본인보다 우세하지만 남방인의 체격이 왜소한 탓이다. 그러므로 현대 중국인이 일본을 '샤오르번'으로 욕하는 것은 근거가 미약한 셈이다.)

하지만 나는 왜가 '왜소한 사람'에서 나온 것은 아니라고 본다. 왜와 가까웠던 변진(弁辰), 즉 변한(弁韓)인들의 체격은 큰 편이었다. 삼국지 동이전은 "기인형개대(其人形皆大 그들(변한인)의 체형은 모두가 크다.)"라고 기술하고 있다. 당시 삼한을 여행했던 중국인들이 보기에 변한인의 평균체격이 자신들보다 크다고 느꼈기에 이런 기록을 남긴 것이다. 이웃한 족속의 체형은 닮게 마련이다. 혼혈이나 귀화가 빈번히 이뤄지는 것은 물론이고 섭취하는 음식물의 종류나 생활양식이 비슷하기 때문이다. 이런 점에 비춰보면 변한과 인접해 있던 초기왜인(필자가 초기왜인이라고 지칭한 것은 이유가 있다. 왜를 뜻하는 지역과 대상이 시대에 따라 달라졌다고 보기 때문이다. 미리 말한다면 초기왜인은 한반도 해변인이었으나 후대에는 열도인을 지칭하는 단어로 바뀌었다고 여긴다. 이 점은 뒤에서 상세히 설명한다.)이 특별히 작은 체격이었다고 생각되지 않는다.

후한서 동이열전이나 삼국지 왜전 등에서도 규슈일대에 자리잡았던 여러 왜국의 사정을 소상히 전하고 있는데 주민들의 체격과 관련한 기록은 따로 없다. 최소한 눈에 띄게 왜소하지는 않았음을 암시한다. 특히 중국어로 '왜국 왜(倭)'는 워(wo), '키 작을 왜(矮)'는 아이(ai)로 발음이 많이 다르다. 이 점 역시 한인들이 왜(倭)라는 글자를 채택한 이유가 '왜소한 사람'의 의미가 아니었음을 보여준다고 하겠다. '왜인(倭人)=왜소인(矮小人)'이라는 설명은 아무래도 후대에 생겨난 비하의 의미라고 여겨진다.

그러나 왜(倭)는 '키 작을 왜(矮)'와 글자가 유사해 왜소(矮小)함을 연상시키는 데다 '추하다, 둔하다'의 의미마저 담긴 만큼 결코 우아한 단어가 아니다. 역대로 한인(漢人)들은 오랑캐의 족속명으로 흉측한 흉노(匈奴), 무지몽매한 몽고(蒙古), 비루한 선비(鮮卑) 등의 글자를 붙였는데 왜(倭) 역시 같은 맥락이라고 하겠다. 훗날 열도인들이 국호를 일본(日本)으로 바꾼 것도 왜라는 글자를 미워했기 때문이라고 한다. 그런 이유로 필자는 족속명 '왜'가 왜인 스스로 지은 것이 아니라고 확신한다. 이제는 누가 '왜'라는 이름을 만들었을지 살펴볼 차례이다.

왜(倭)는 진한인들이 붙여준 타칭(他稱)인가?

잠시 '성명학(姓名學)'을 이야기해 보자. 이름에는 스스로를 일컫는 자칭(自稱)과 제3자가 부르는 지칭(指稱)이 있다. 남이 붙인 지칭은 곧 타칭(他稱)이다. 자신의 이름을 스스로 정하는 경우도 있지만 남이 불러주어서 만들어진 이름도 많다. 대부분의 개인 이름은 부조(父祖)가 지어준 타칭이다. 자칭과 타칭이 일치할 때도 있지만 다른 경우도 허다하다. 개인의 성명은 자칭과 타칭이 대부분 일치하는 반면 국명이나 종족명은 그렇지 않은 경우가 많다. 영어로 노스 코리아(North Korea)라고 지칭하는 나라의 자칭은 '조선(민주주의인민공화국)'이다. 그러나 사우스 코리아(South Korea)에서는 '북한'이라고 부른다. 과거에는 '북괴'로 지칭하기도 하였다.

이런 맥락에서 볼 때 최초의 왜(倭)는 자칭은 아니었다고 여겨진다. 아무리 한심한 무리라도 '왜소하고 추하다'는 나쁜 이미지로 연결되는 이름을 스스로 짓는 법은 없다. 이 대목에서 필자가 말하고 싶은 내용은 초기왜와 후기왜는 지리적·문화적·정치적으로 다른 존재라는 사실이다. 필자의 의견과 다소 차이가 있지만, 이노우에 히데오(井上秀雄)는 "신라사에 출현하는 왜는 시대별로 규슈왜와 야마토왜 두 종류로 나뉜다."는 논리를 이미 설파하였다. 그런데도 '모든 왜=일본'으로 보는 시각은 왜가 일본열도로 굳어진 이후의 관념을 앞선 시기까지 소급한 결과이다. 언중착각(言衆錯覺)인 셈인데, 왜가 '일본적 속성'

으로 굳어지고 일본사의 소유가 된 시간이 오래되었기에 이런 관념이 도전받지 않고 지속되었던 것이다.

이름이 같다고 동일한 족속이거나 동일한 정치체인 것은 아니다. 예컨대 중국에서 '진(秦)'이라는 국호를 지녔던 왕조는 여럿이다. 고려(高麗)는 장수왕 이후의 고구려와 왕건이 세운 2개의 왕조에서 공히 붙인 국호이다. 조선(朝鮮)도 단군조선과 이성계가 세운 조선, 현재의 북한 등 3개의 정치체가 채택한 국호이다.

왜(倭)라는 용어 역시 많은 변화를 겪었다. 초기왜(필자의 시대구분으로는 청동기시대 이후 BC 1세기경까지를 의미한다.)는 한반도 해변인의 멸칭이었다면 중기왜(AD 1세기 즈음부터 포상팔국 전쟁이 발발한 3세기 초까지로 구분해 본다.)는 '규슈와 혼슈서부, 한반도 일부해변(인)'을 지칭하는 지리용어였고 최종적으로는 일본열도의 종족명·국명으로 확립된다고 본다. 이 과정에서 일본열도인 스스로가 왜라는 용어를 창작하지는 않았다는 것이 필자의 소견이다. 외부인이 오랫동안 불러서 굳어진 결과 마지못해 수용한 족속명이 '왜'라고 보아야 한다. 일본어 사전에는 대략 다음과 같이 설명한다고 한다.

"왜(倭)는 우리나라 국호이다. 원래 중국사람과 조선사람들이 옛날부터 우리나라를 그런 이름으로 불렀던 것이다. 즉 우리가 오래 전부터 스스로를 왜라고 부르게 된 것은 우리가 그렇게 부르기를 원했기 때문이 아니라 타의에 의하여 자연히 그렇게 된 것이다."[17]

---

17. 박병식, 도적맞은 우리 국호 일본, 문학수첩, 1995 p28.

객관적으로 볼 때 왜는 제3자가 붙인 타칭에서 비롯되었음이 분명하다. 또 '최초의 왜'는 지명〈倭地〉이 아니라 사람〈倭人〉을 지칭하는 용어로 먼저 시작되었다고 여겨진다. 제3자가 타인집단을 지칭할 경우 인간그룹의 이름이 먼저 생기고 그 뒤에 거주하는 지역명이 뒤따르는 것이 일반적이기 때문이다. 그렇다면 특정 족속을 '왜인'으로 이름 지은 '제3자'는 누구일까?

기존의 학자들은 '제3자'를 중국인으로 간주하였다. 즉 일본열도인과 직접 접촉한 중국인이 "너희들의 나라 이름은 뭔가?"라고 물으니 국가개념이 미약하던 열도인이 "우리가 사는 곳은 집단부락인 '환(環)'이다."라고 대답한다. 그러자 중국인들은 환(環)의 열도식 발음인 '와'와 유사한 '왜(倭)'라는 글자를 열도의 국명·종족명으로 선정했다는 식으로 풀이하였다.

왜라는 단어를 열도인이 아니라 외부인이 만들었을 것이라는 가설은 지지하지만 그 외부인이 중국인이라는 데는 동조하기 어렵다. 필자는 '왜' 용어를 만든 외부인은 한반도 사람이라고 본다. 중국과 일본 사이에 한반도가 위치하고 있다는 '지리적 환경'이 중요하다. 중원의 한인(漢人)과 열도인이 직접교섭하기 훨씬 이전부터 삼한(三韓), 그중에서도 진한·변한 지역 주민들이 중계하는 간접교섭의 역사가 오랫동안 지속되었다. 그 누구든지 타인의 이름은 먼저 만난 사람이 먼저 부른다. 또 먼 곳에 사는 사람보다 가까운 사람이 먼저 만나고 자주 만나는 법이다. 지리적으로 근접한 한반도 남부인이 중국인보다 먼저, 그리고 자주 '왜인들'과 접촉했을 것이 분명하다. 삼한인은 인접한 왜인과 오랫동안 많이 교류하였고 그런 접촉의 와중에 '왜'라는 종족명이

(왜인들이 중국인과 만나기 이전에)출현하고 굳어졌다고 봐야 옳다.(거듭 밝히지만 '왜'라는 단어의 발생지는 열도가 아니라 한반도 남부라는 것이 필자의 입장이다. 이 점은 뒤에서 다룬다.)

중국인과의 접촉도 한반도 남부인이 열도인보다는 먼저였다. 진한 우거수의 낙랑 귀부를 담은 '염사치 설화'에서 보듯 삼한인들은 왜인보다 앞서 중원인과 빈번하게 접촉하고 활발히 교류하였다. 이는 지리환경이 만들어낸 당연한 순서이다. BC 109년 한나라 무제(武帝)가 고조선을 침공할 때 거론한 개전(開戰)의 명분을 보자. 무제는 한반도 중남부에 위치한 진국(辰國)의 조공을 고조선이 방해한 사실을 중대한 공격 명분으로 언급하였다.

> "진국(辰國)이 천자(天子)를 알현하고자 글을 올렸지만 (조선의 우거왕이)길을 막아 통하지 못하게 하였다.(辰國欲上書見天子 又雍閼不通)"[18]

무제의 발언은 늦어도 BC 2세기에는 한(漢)과 진국이 서로의 존재를 알고 있었다는 뜻이니, 그 이전부터 교류접촉이 적지 않았음을 시사한다.(물론 고조선의 방해로 양자 간의 교류는 원활하지 못했다고 여겨진다.) 반면 같은 시기 중국과 일본열도간의 접촉은 확인되지 않는다. 진국(=삼한)인들이 중국과 교섭하는 과정에서 "우리들의 남쪽 해안과 큰 바다 건너편에는 '왜'라고 부르는 사람들이 산다. 섬과 해변은 왜놈들의 영역이다."라는 정보를 알려주었을 것이 틀림없다. 시기적으

---

18. 한서(漢書) 조선전.

로 BC 2세기 즈음이니 이때의 '왜'는 한반도 남부해안과 일본열도 서부해안에 걸친 세력이라고 하겠다.(당시 '한반도 왜인들'은 농사짓는 한인들과 천년의 세월동안 교류접촉해온 만큼 혼혈이 깊숙이 이뤄져 종족적 구분은 사라졌다고 짐작된다. 반면 '열도의 왜인들'은 조몬인과의 유사성이 적잖이 남아 있었을 개연성이 높다.) 어쨌든 진국(=삼한)인들로부터 '왜'라는 족속에 관한 정보를 입수한 덕분에 한인(漢人)들은 왜인들과 직접 대면하기 이전부터 왜의 존재를 인식하였다고 사료된다.

'해변 오랑캐'의 종족명으로 '왜(倭)'라는 특정 한자(漢字)를 정한 것은 중국인들의 작품이 맞다. 하지만 이 또한 삼한인들이 비슷한 음가(音價)로 '지칭'하였기 때문일 것이다. 삼한인들이 언급하는 '해변 오랑캐의 종족 이름'을 들은 한인(漢人)들이 소릿값과 의미가 통하는 적당한 글자, 왜(倭)를 선정했을 것으로 상정해 본다.

왜(倭)가 삼한인들의 타칭으로 시작됐다고 인정한다면 왜라는 말의 원류는 고대한국어에서 찾는 것이 옳다. 고대한국어에서 '왜'의 의미는 무엇일까? 어째서 '왜'라는 명칭을 붙였을까? 이 질문에 대한 해답이 고대 한일관계사의 숨겨진 비밀을 밝히는 열쇠가 될 것이다.

허위와 기년조작으로 점철된 일본서기(日本書紀)와 고사기(古事記)를 제외하고 한국과 중국의 정사(正史)에서 '왜인'이라는 단어가 처음 등장하기는 삼국사기 신라본기 혁거세왕 시절이다. 즉 혁거세 8년(BC 50)의 기사가 그것이다.

"왜인(倭人)이 군사를 이끌고 와서 변방을 침범하려다가 시조의 신덕(神德)이 있음을 듣고 돌아가 버렸다.(倭人行兵 欲犯邊 聞始祖有神德

乃還)"[19]

　사건이 일어나지 않았으니 무의미한 작문이라는 풀이도 있지만 그렇게 가벼이 다룰 기록이 아니다. 경주 인근을 수없이 약탈하던 왜놈들이 중도에 침범을 포기한 이례적 사건이 일어났으니 뉴스가 되었고 그래서 삼국사기에까지 등재된 것이다. 이 뉴스의 의미는 작지 않다. 왜놈들이 '시조의 신덕(神德)이 발휘되기 이전'에 신라의 변방을 무수히 침공하였음을 증거하기 때문이다. 즉 왜인들이 '이번에는' 시조의 신덕을 알고 침략을 포기하였기에 기사가 된 것으로써, '이전에는' 수없이 침공을 했다는 방증이 된다. 물론 왜는 '이후에도' 역대국왕의 신덕 발휘가 여의치 못할 경우 수시로 신라를 약탈한다. 위의 기록은 초기신라, 즉 진한(辰韓)의 사로국(斯盧國) 사람들과 왜인 간의 오랜 접촉과 갈등의 누적상을 상징하는 기사라고 하겠다.

　반면 중국역사서에서 왜인이 처음 출현하기는 신라본기보다 100여 년이 지난 AD 57년 후한 광무제 시절에 나온다. 이처럼 왜인의 존재를 역사서에 가장 먼저 올린 제3자는 신라(BC 1세기의 국명은 사로국 斯盧國)이다. 물론 신라 건국 이전, 진국(辰國)이나 진한(辰韓) 시절에도 경주지역 사람들은 '왜'라고 부르는 족속과 오랫동안 접촉하였고 수없이 갈등했을 것이다. 그러나 삼국사기는 신라 건국 이후만 다룰 뿐이다. 진국·진한 시절의 행적을 담은 역사서가 없으니 실상을 알지 못하지만 혁거세조의 '시조 신덕' 기사를 통해 경주지역 사람들이 예전

---

19. 삼국사기 신라본기 혁거세 8년(BC 50년)조.

부터 왜와 접촉하고 충돌하였다는 정보를 알 수 있다. 이는 곧 '왜'라는 단어의 작명자가 신라 수도(경주) 인근에서 살던 사람들임을 유추하게 해준다.

경주의 진한인 외에 변한인이나 마한인 등도 자신들과 생활양식이 다른 해변인의 존재를 인식하였고 나름의 용어로 지칭하였을 것이다. 내륙의 소국마다 자신들 근처에 사는 해변인 집단에게 각이(各異)한 명칭을 붙였다는 뜻이다. 하지만 역사과정에서 살아남은 단어는 경주 인근 사람들이 붙여준 '왜'였다고 생각된다. 경주의 사로국은 낙랑군, 중원 등과 활발히 교류하였고 훗날 신라로 발전하면서 역사기록까지 남긴 덕분이다. 변한(弁韓)이 진한보다 왜에 더 가까웠고 접촉 또한 많았을 터이지만 왜라는 족속명은 진한의 창작으로 여겨진다. 왜가 변한의 별칭처럼 느껴지는 사례가 발견되는 점에서 그러하다.(진한인들이 변한의 해변인을 멸칭하는 용어가 왜일 수 있다고 짐작되는 만큼 변한인은 '왜' 용어의 창조자에서 제외하고 싶다.)

나는 '직업이 다른' 진한의 농부와 바닷가 어부집단 간의 상호구별 용어에서 왜놈, 한자로 왜인(倭人)이라는 단어가 생산되었다고 본다. 진한인(辰韓人)들은 만주와 한반도 북부에서 남하한 농경민을 주축으로 하되 중국계와 유목민족 계통도 일부 포함돼 있었다고 여겨진다. 북방내륙에 살던 진한인(의 조상)들이 한반도 동해남부 해안으로 내려와 해변주민과 처음 만났을 때 해변인의 외양과 풍습에서 사뭇 괴이하고 불온한 느낌을 받았을 것이다. 진한의 농민들은 바닷가 어로인을 자신들과 차이가 있는 '별종(別種)'으로 인식하였고 특정 용어로 지칭하며 구분하였을 것이 틀림없다. 예컨대 '갯가놈' '뱃놈' '물질하는

놈' 식으로 하대시하는 이름을 붙였다고 말이다.

동해남부 일대에서 북방출신 진한인과 부딪친 선주민들이 바로 초기왜, 한반도왜(韓半島倭)의 실체인 것이다.(일본학계가 주장하는 한반도왜를 인정하는 것 아니냐며 염려할 필요는 없다. 필자가 말하는 한반도왜는 일본민족의 조상을 의미하는 것이 아니며 야마토왕조와 무관한 개념이다. 이후의 역사전개 과정을 살펴보면 자연히 드러나게 된다.) 그렇다. 우리는 왜(倭)의 실체를 몰라보았다. 왜가 곧 한반도역사의 일원임을 몰라보고 해변인들이 우리에게 전한 DNA에 무지한 채 '왜'라는 글자를 벌레 대하듯 외면해왔던 것이다.

동해남부 해변인들은 스스로를 '임나'라고 자칭하면서도(이 점은 본서 3부의 9장에서 상세히 다룬다.) 오랜 세월 동안 '왜'라는 타칭을 접한 결과 은연중에 수용하게 되었다고 사료된다. 오랜 언어습관과 내적사유를 통해 '싫든 좋든 우리는 왜인으로도 불린다'라는 자각과 독자성을 형성하면서 '왜'라는 족속명은 생명을 얻은 셈이다. 이후 해변민들이 일본열도로 대거 이주하는 역사적 변화상과 함께 왜는 점차 열도를 뜻하는 단어로 굳어지게 된다.

'왜'의 유래와 관련한 몇 가지 생각

왜라는 족속명의 유래는 안개 속과 다름없다. 진상은 파악하기란 쉬운 일이 아니지만 몇 가지 추론은 제시할 수 있다. 1장에서 '박을 차고 바다를 건넌 왜인 호공'은 원래 잠수인으로 보아야 한다고 언급하였다. 이런 맥락에서 잠수인의 '숨비소리'가 왜의 기원과 관련 있을 것으로 주목한다. 제주해녀들이 숨을 크게 들이마신 뒤 물속으로 들어가 작업을 하다가 한참 뒤 수면으로 부상한 다음 참았던 숨을 한꺼번에 터뜨릴 때 내는 소리를 숨비소리라고 한다. '호오이~호오이~'하며 내지르는 해녀들의 숨비소리는 낭만적인 휘파람을 닮았지만 사실은 막혔던 숨길이 터지는 고된 노동의 표상이다.

잠수인들이 작업할 때 내는 숨비소리를 들어본 진한땅의 농경인들은 신기하면서도 괴이한 느낌을 가졌을 것이 틀림없다. 숨비소리는 '박'과 함께 해변민의 또 다른 특징이자 상징이 되었을 것이다. '박을 타고 바다를 쏘다니며 자맥질을 하는 와중에 이상한 소리를 내는 무리'와 접촉하면서 진한의 농민들은 사뭇 불온한 느낌을 가졌을 터이고 자신들과는 구분되는 존재로 여겼을 것이 틀림없다. 이런 괴이한 바닷가 족속을 지칭하는 용어로 '왜놈'이라는 단어가 생겨났다고 본다. 왜놈을 한자어로 점잖게 표현한 단어가 '왜인(倭人)'이다.

한국말 '외치다'에서 '왜'가 나왔을 수도 있다. 외치다의 어근 '외'는 크게 소리를 내지르는 것을 의미한다. 잠수업을 중요한 일거리로 삼는 해변인들은 곧 '숨비소리를 외치는 사람들'이었다. 혹시 진한(신라)농경민들은 '(소리를)외치는 사람'이란 뜻으로 해변인을 '외사람' '외놈'이라고 부르지 않았을까? 물론 '왜'가 외치다에서 유래하지 않았을 가능성은 충분하다. 그렇다 해도 외고집, 외골수, 외눈박이, 외딴집, 외롭다, 외톨이 등에서 보듯 한국어의 '외'는 별로 아름답지 못한 뉘앙스라는 사실이 중요하다. 타인과 어울리지 못하거나 비정상적인 행위와 특성에 붙이는 접두사가 '외'인 것이다. 왜(倭)와 발음이 통하는 한국어 '외'에 담긴 적대적이고 경멸적인 분위기에 주목할 필요가 있다. '자신들과 다른 이질적인 무리'를 '외(왜)놈'으로 지칭한 이유가 합리적으로 설명되기 때문이다. 세월이 흘러 외놈의 '외'는 동일한 소릿값을 지닌 한자 왜(倭)로 채택되었다고 보는 것이다. 참고로 일본서기의 신무동정(神武東征) 기사를 보면 무오년(戊午年) 11월조에 까마귀가 '가악가악' 울면서 신무군대의 길안내를 하는 내용이 나온다. 일본서기는 의성어 가악가악의 음을 '왜(倭)'로 적고 있다. 이 기록 역시 '왜'라는 단어가 어떤 소리에서 기원했을 가능성을 암시하는 듯하여 흥미롭다.

왜가 바다를 뜻하는 '개'에서 유래하였을 가능성은 없을까?(개펄, 개흙, 갯가, 갯장어 등에서 보듯 개는 바다를 의미한다.) 복모음이 발달하지 못한 영남해변에 서는 '왜(倭)'가 '애'로도 발음된다. 즉 한자 倭의 경상도식 발음은 '애'에 가깝 다. '개'에서 ㄱ이 탈락하면 '애'가 되는데 발음이 통하는 한자로 '倭'가 채택 됐을 수 있다는 말이다. 한국어에서 ㄱ탈락현상은 드문 일이 아니다. 서울 마 포의 '애오개'가 유명한 사례이다. 아현(阿峴)으로 불리는 애오개는 원래 '애 고개'였는데 ㄱ이 탈락돼 애오개가 된 것이다. 한자도 예전에는 '아이 아(兒)' 자 아현(兒峴)으로 썼다.

발음이나 소리가 아니라 외모상의 차이가 '왜'라는 단어를 만든 요인이 됐을 수도 있다. 삼국지 동이전에는 "(진한 사람 중에)왜와 인접한 남녀들은 문신을 한다."는 표현이 있다. 해변인들이 몸에 문신을 한 것은 잠수했을 때 상어와 문어 등 대형어류를 놀라게 만들어 자신에 대한 공격을 막기 위한 목적에서 시작됐다고 한다. 어쨌든 '몸에 문신을 한 어로인들'에 대해 내륙의 농경민들 은 이질적인 느낌을 가지며 경계했을 것이다. 그래서 왜인의 유래가 '몸에 문 신을 한 사람'을 지칭하는 말에서 나왔을 가능성도 제기해 보는 것이다.

왜의 정확한 기원은 알기 힘들다. 잠수인들이 숨비소리를 외친 데서 나왔는 지, '개'에서 ㄱ이 탈락한 결과인지, 문신을 한 데서 비롯하였는지 추적하기란 쉽지 않다. 그러나 '왜'라는 단어의 유래는 내륙인과 구분되는 해변인의 생활 상의 특징에서 찾아야 한다는 것이 필자의 주장이다. 2장의 결론은 "최초의 왜는 한반도 남부의 농경민들이 인근의 해변인을 지칭하는 말이었다."는 것이 다.

'초기왜' 실체는 동해남부 해변인

왜(倭)는 일본적 속성으로서 왜인은 애초부터 한인(韓人)과 구분되는 열도인의 조상이라는 견해는 굳건하다. 과문한 탓이지만 필자가 알기에 거의 모든 연구자들은 '왜인의 주류는 일본열도에 거주하던 인종으로서 언어나 문화, 풍습, 체질 등에서 한인과 확실히 다른 집단'이라는 논지를 피력하였다. 무수한 연구성과를 일일이 거론하기도 벅차다.

왜가 일본열도뿐만 아니라 한반도 남부에도 일부 거주하였다는 학설을 제기하는 사람들도 있다. "마한은 남쪽으로 왜와 접한다〈南與倭接〉."라고 기록된 삼국지 한전(韓傳)의 기록을 중시하는 시각이다. 예컨대 1998년 5월 연세대 설성경 교수팀은 '한일 국학갈등의 원천을 해소한다 — 한반도 내 왜(倭)의 존재 가능성을 중심으로'라는 학술대회 논문요지를 언론에 배포하면서 "왜는 한반도에 있었다."는 논지를 제기하였다. EBS는 1999년 9월 '왜는 한반도에 있었다'라는 다큐멘터리를 연 2회 방영하면서 '왜인의 한반도 남부 지배설'을 다룬 바 있다. 왜의 한반도 남부 거주설을 인정하든 부인하든, 기존의 연구나 학설은 '왜인은 한인과 애초부터 다른 종족'이라는 시각에서 출발하는 셈이다.

그러나 나의 생각은 다르다. 훗날의 왜는 일본열도를 지칭하게 되면서 한반도인과 구분되는 언어문화적, 종족적 특징을 띠게 되지만 '최초의 왜'는 그렇지 않다는 시각이다. '초기왜'는 일본열도인을 뜻하는 단어가 아니라 한반도 동남부의 해변인을 지칭하는 용어였다는 것이 필자의 일관된 주장이다. 진한의 농민들이 경주 인근의 어로종사자들을 멸칭하는 용어로 출발하였다는 말이다. 가까운 사람끼리는 닮게 마련이다. 설령 차이점이 있었다 해도 오랜 시간 동안 교류·접촉하고 혼혈이 되면서 격차는 좁혀지게 된다. 한인과 이웃한 곳에 살았던 초기왜는 다른 종족이 아니다. 직업과 살아가는 생활방식이 다를 뿐이다.

최초단계에서는 감포와 영일만 등 경주와 지근거리에 위치한 바닷사람이 왜로 불렸을 것이지만, BC 1세기 사로국(斯盧國)이 건국될 즈음에는 조금 달라진다. 감포 등 경주 인근의 해변은 사로국(초기신라)의 지경에 포함돼 있었기에 그곳 사람들은 이미 왜가 아니었다. 감포쪽의 해변인은 '해척(海尺)'이라는 직업명을 가진 '신라백성'으로 간주되었다. 혁거세가 신라를 건국할 즈음의 왜는 경주에서 100리(40km) 이상 떨어진 동해남부지방을 뜻하는 단어로 바뀌었다고 짐작된다. 신라 지경에서 벗어나 있으면서도 경주를 침공하기에는 그리 멀지 않은 곳이다. 구체적으로는 남울산과 부산광역시, 대마도 해변에 거주하면서 수시로 배를 타고 접근해 신라를 약탈하는 무리이다. 앞에서 언급한 '최초의 왜(倭) 관련 기사'를 다시 검토해보자.

"왜인이 군사를 이끌고 와서 변방을 침범하려다가 시조의 신덕(神德)이 있음을 듣고 도로 가 버렸다.(倭人行兵 欲犯邊 聞始祖有神德 乃還)"[20]

---

20. 신라본기 혁거세거서간 8년(BC 50)조.

위의 기사는 일어나지 않은 사건에 대한 기록이지만 꽤나 중요한 정보를 담고 있다. 왜인들이 '경주에서 그다지 멀지 않은 곳'에 거주하고 있음을 시사해 주는 대목이다. 만약 왜가 대한해협을 건너오는 집단이라면 수십 척의 선박에다 상당량의 양식·부식과 장비를 준비해야 한다. 먼 바닷길에 오를 원정대를 모집하는 데도 상당한 비용과 시일이 소요됐을 것이다. 그런 입장이라면 단지 '혁거세의 신덕(神德)'을 들었다는 이유로 침공을 쉽게 포기할 리 만무하다. 이미 투입된 매몰 비용이 크기 때문이다.

위의 기사는 초기신라(사로국)의 단단한 방어태세를 확인하고 왜가 '이번에는' 침공을 포기했다는 말인데, 역으로 마음만 먹으면 왜는 언제든지 신라를 재공격할 수 있음을 시사한다. 혁거세 8년의 기사는 왜인들이 신라의 내정을 소상히 파악할 수 있으며 공격과 후퇴를 재빠르게 결정할 수 있는 '그다지 멀지 않은 영역'에 존재하는 집단임을 강력히 암시한다. 만약 이때의 왜가 일본열도 거주세력이라면 이런 기사 자체가 성립하기 힘들다.

그래서 혁거세 시절을 포함하여 초기신라를 괴롭히는 왜의 중심지는 남울산·부산지역의 해변으로 판단하는 것이다. 1장에서 '호공의 고향'으로 주목했던 고울산만 남쪽 해안이다. 필자의 황당한 주장이 아니다. 울산·부산·대마도 일대를 '신라 초기에 보이는 왜의 땅'으로 지목한 이전 연구는 제법 축적되어 있다. 승천석은 신라사에 나오는 왜는 시대별로 두 종류로 나뉜다는 이노우에 히데오(井上秀雄)의 논리를 수용하면서 신라 초기에 침입한 왜는 주로 '육속된 지역이나 남해안 등 근접 해역'에서 침입한 자들이라고 보았다. 그러면서 남해안의 왜와 북규슈의 왜는 서로 통하는 동종의 해인족 계통으로 간주하였다.[21] 김상은 낙동강 동쪽과 태화강의 남쪽지역부터 대마도까지를 '임나가야'라고 간주하면서 신라는 이를 격하하여 왜(倭)라고 표기했다고 보았다.[22] 김운회의 시각은 필자와 다소 차이가 있지만 크게 보면 유사하다. 광개토대왕 비문에 출현하는 왜를 가야인 또는 요동에서 한반도에 이르는 해변민의 멸칭으로 간주하고 있다.

> "저는 그동안 누누이 왜(倭)는 한국인을 비하하는 말이라고 강조해왔습니다. 위치로 말하자면 현재의 경상남도와 전라남도, 황해도 해안, 충청도 해안이라고까지 추정하였습니다. 그래서 이 말을 가지고 욕을 하는 것은 우리 스스로 누워서 침 뱉기에 불과하다는 말을 해왔습니다."[23]

거듭 말하지만 건국초기 신라를 괴롭힌 해상세력, 즉 왜인들의 출발지는 고울산만 남쪽에서 부산과 대마도에 이르는 동해남부 일대라고 짐작된다. 멀지도 가깝지도 않은 곳이다. 감포와 포항 등 경주 인근의 해변인은 '신라백성'으로 포함되었으니 왜인이 아니다. 이때, 남해나 서해는 초기신라의 시선이 제대로 도달하지 못하는 지역이었고 규슈와 혼슈 등지는 미지의 영역이었다.

---

21. 승천석, 고대 동북아시아의 여명, 백림, 2003, pp198~201.
22. 김상, 삼한사의 재조명, ㈜북스힐, 2004, pp24~41. 신석열, 가야·신라시기 부산지역 대왜교류의 변화와 발전, 부산광역시 시사편찬위원회, 2013.
23. 김운회, 왜(倭) 한국인들의 이름, 김운회의 새로 쓰는 한일고대사〈45〉 우리의 이름, 왜(Wa)②, 프레시안, 2008.12.17.

삼국사기를 보면 신라가 초창기에 가장 빈번하게 접촉한 상대는 왜(倭)임을 알 수 있다. 초기 신라본기에는 왜 관련 기사가 '지나치게' 많다. 초기신라는 왜와의 전쟁으로 지새웠다고 해도 과언이 아니다. 신라와 육지국경을 접한 인접국은 가야이므로 상식적으로는 가야와의 접촉 기사가 가장 많아야 하겠지만 실상은 왜이다. 만약 왜가 대한해협 건너편 일본열도에 자리잡은 세력이었다면 김해 인근의 가야보다 더 많이 접촉하기는 힘들다. 고대의 항해역량을 감안할 때 그러하다. 이런 점에서 최초단계의 왜는 신라의 인근세력이라고 넉넉히 결론 내릴 수 있다. 왜는 바닷길은 물론이고 육지를 통해서도 신라와 교류·접촉할 수 있는 세력이 분명하다. 결국 혁거세 재위기를 비롯하여 초기 신라가 접촉한 '초기왜'는 남울산과 부산·대마도 일대의 해변세력으로 판단하는 것이 합리적이다.

남울산과 부산·대마도의 해변인들이 경주로 접근하는 루트는 두 가지였다. 약탈공격은 주로 배를 타고 동해안으로 접근하였지만 평화시에는 육로를 이용해 내왕하였던 모양이다. 신라와 왜가 육지로 연결됐음을 시사하는 대목이 삼국사기에서 제법 발견된다.

> "죽령(竹嶺 현재의 죽령은 충북과 경북을 잇는 고개를 말하지만 여기서는 경주나 울산 인근의 고갯길로 짐작된다.)을 열었더니 왜인이 사신을 보내 예방했다.(開竹嶺 倭人來聘)"[24]

---

24. 신라본기 아달라이사금 5년(AD 158) 3월조.

"왜인이 크게 굶주려 식량을 구하러 온 사람이 천여 명이나 됐다.(倭人
大饑 來求食者千餘人)"[25]

양식이 떨어져 유리걸식하는 사람들이 먹을 것을 구하기 위해 찾는
곳이라면 대개 이웃한 지역일 것이다. 허기진 배를 붙잡고 신라 경내
로 걸어서 들어왔다고 보는 것이 자연스럽다. 그렇다면 이 시기의 왜
인의 땅은 일본열도라고 보기 힘들고 육지로 연결된 지역으로 보아야
합리적이다.(먹을 것이 없다고 머나먼 대한해협 건너편으로 수십 척의 배
를 띄우는 것은 매우 부자연스러울 뿐 아니라 위험천만한 일이다.) 왜인들
은 대체로 신라의 동남쪽으로부터 접근해 왔다. 이를 참고로 하여 벌
휴왕 10년 조 기사를 검토해 보면 '신라와 육접(陸接)한 왜땅'은 고울
산만 남쪽 땅이라고 여겨진다. 그렇다. 신라초기의 왜는 남울산·부산·
대마도의 해안지대를 지칭하는 용어였음을 짐작할 수 있다.

남울산과 부산·대마도의 해변인이 왜인으로 간주된 시기는 제법 오
랫동안 지속된 것 같다. 삼국사기를 검토한 결과 AD 3세기 초까지는
동해남부 해변이 '왜인의 땅'으로 신라인들에게 간주되었다고 짐작된
다. 내해이사금 10년(AD 208년)의 기사는 신라와 왜 사이에 '육로 경
계'가 존재함을 암시하는 최후의 기록이다.

"왜인이 국경을 침범하므로 이벌찬 이음을 시켜 군사를 거느리고 가

25. 신라본기 벌휴이사금 10년(AD 193) 6월조.

서 막았다.(倭人犯境 遣伊伐湌利音 將兵拒之)"[26]

위에서 '범경(犯境)'은 국경을 침범하였다는 뜻인데 바다가 아니라 육지의 경계선을 넘었다고 보는 것이 자연스럽다. 만약 왜가 바닷길을 타고 동해안을 침공했다면 자비마립간 19년(AD 419)의 기사처럼 '왜인침동변(倭人侵東邊)'으로 표현했을 것이다. 신라와 '육지로 경계가 나뉜 왜'의 땅은 동해남부 외에는 상정하기 힘들다. 특히 '지경 경(境)'자를 유의해야 한다. '흙 토(土)' 변에서 보듯이 땅의 경계를 의미한다. 해상경계선에도 적용할 수 있지 않느냐는 반론이 나올 수 있지만 바다의 경계는 영해(領海)관념이 생긴 근세 이후의 개념이다. 참고로 위 기사가 적힌 내해이사금 시절의 신라-왜 국경은 혁거세 시절보다 남하하여 부산 인근으로 추정된다.

결론적으로 말해 종족명 왜는 진한인, 경주 인근의 농경족이 그들과 접촉하던 경주 인근의 해변인에게 붙여준 타칭으로 출발하였으나 혁거세왕이 신라를 건국할 즈음에는 남울산·부산·대마도 일대에 살던 족속으로 바뀌어갔다. 삼국사기 신라본기에 출현하는 초기의 왜는 바로 이곳을 의미했다고 여겨진다. 그러나 세월의 흐름과 함께 남울산과 부산일대가 신라의 영역으로 포함되면서 왜의 지칭범위는 달라진다.(이에 대해서는 '7장 반도왜에서 열도왜로'에서 심도 있게 다룬다.)

---

26. 신라본기 내해이사금 13년(AD 208) 4월조.

속성차이가 부른 신라와 왜의 '악연'

혁거세왕 재위시기를 비롯하여 건국기의 신라를 괴롭히는 외부세력은 단연 '왜'이다. 초기신라의 최대 라이벌은 백제도 가야도 아니고 왜이다. 그런데 역사 기록을 보면 신라가 왜의 침공을 받은 경우는 허다히 많은 대신 신라가 왜를 공격한 경우는 거의 없다. 왜는 걸핏하면 신라를 침공하는 반면 신라는 방어에 급급하다. 신라로서는 처음부터 버거운 상대를 만난 셈이다. 백제와 가야에게는 수시로 선공(先攻)을 퍼붓는 신라가 왜에 대해서는 그러지 못하는 이유가 뭘까?

초기신라가 거의 일방적으로 왜의 공격을 당하고 있는 실태와 관련하여 두 가지 해석이 나온다. 하나는 신라가 스스로는 평화세력으로, 왜는 호전세력으로 포장하기 위해 자신들의 침공사실을 누락시켰다는 시각이다. 둘은 초기신라의 국력이 왜보다 약했다는 증거라고 간주하는 시각이다. 나는 두 해석이 모두 틀렸다고 본다.

첫 번째 풀이는 평화를 중시하는 현대적 시각을 고대역사에 투영한 것으로서 승전기록을 강조하고자 했던 고대국가의 풍토와 어울리지 않는다. 입 아프게 반박할 이유가 없다. 두 번째 시각, 초기신라가 왜보다 약했음을 보여준다는 풀이 또한 순진한 역사해석이다. 초기신라가 왜의 침탈기록을 후대에 전승한 것은 굴욕적인 사례라고 인식하지 않았음을 의미한다. 침공을 당한 사건이 자랑스러운 것은 물론 아니다. 그럼에도 불구하고 초기 신라본기가 왜의 침공사례를 수없이 다루고 있는 것은 당시의 시대상을 정확히 반영하는 신뢰성 높은 기사라고 판단된다.

나는 초기 신라본기에서 왜의 침공사례가 많다는 사실이야말로 '초기왜=한반도 해변인'이라는 가설을 뒷받침해주는 또 다른 방증으로 여긴다. 초기의 왜는 고대국가가 아니고 동해남부 지역과 대마도를 포함하여 광범위한 해변에 살던 해상세력을 의미한다고 이미 밝힌 바 있다. 그러므로 초창기 왜는 결코 강국이 될 수 없다. 초기신라의 군사력도 보잘 것 없었지만 바닷가의 '왜놈 무리'도 특별히 나을 것이 없었다. 그런데도 왜는 계속 병사를 보내어 약탈하는 반면 신라는 시종일관 얻어터지다가 뒤늦게 반격에 나서는 것은 두 세력의 속성 차이, 생활방식이 상이한 데 따른 당연한 결과이다.

농경국인 신라로서는 '널리 분산돼 있는' 해변의 재물에 흥미가 적었던 반면, 각 포구에 흩어져 살던 왜로서는 '수도에 집중된' 신라의 부력(富力 곡식과 재물, 포로)을 침탈할 이유가 많았다. 약탈능력과 방어능력도 차이가 있다. 배를 잘 부리는 해변인들이 부력이 집중된 특정지역(예컨대 경주)을 기습하기는 그리 어렵지 않다. 반면 해변의 소박한 부(富)는 한곳에 집중돼 있지 않고 넓게 분산돼 있게 마련인데, 내륙인들로서는 드넓은 해변을 약탈할 유인도 적었고 실행하기도 쉬운 일이 아니었다.(신라를 비롯한 내륙국이 몸집을 키우는 단계가 되면 해변으로 적극 진출하게 된다. 시기적으로는 AD 1세기 이후로 짐작된다. 그러나 이는 해변의 부력을 겨냥한 약탈목적이 아니라 소금과 바닷길을 얻기 위한 영역팽창의 노력으로 보인다. 이 점은 3장에서 상세히 다룬다.)

신라 입장에서 실직곡국과 음집벌국, 압독국, 사벌국 등 내륙소국들은 제압하고 합병하기가 그리 어렵지 않았다. 같은 방식으로 싸우는 무리들이므로 군대와 무장력이 우세한 신라에게 특별히 무서운 상대가 아니다. 그러나 왜를 비롯한 해상세력은 바람처럼 다가왔다 순식간에 사라지는 집단이므로 제어하기 힘들다. 싸움을 걸어오는 방식부터 판이한 해상세력은 두렵고 짜증나고 증오스런 존재였기에 오랫동안 기억하였던 것이다. 결론적으로 말해 왜의 군력이 강해서 신라를 침탈한 것이 아니라 바다에 친숙한 왜의 생활환경이 약탈에 더 유리하였다는 말이다. 초기신라가 수시로 왜의 침공을 받았다는 기록은 해변에 비해 인구와 농업생산력이 월등한 경주지역이 해변인들에게 좋은 먹잇감이 된 사례라고 보면 틀리지 않을 것이다.

기실 물고기잡이는 계절적 진폭이 크다. 특히 여름에는 물고기가 잘 잡히지 않는다. 태풍 등 바람이 거세고 파도도 거칠어 바다는 위험해진다. 다만 잠수작업은 따뜻한 여름이 그나마 유리하다. 추운 겨울도 물고기잡이가 여의치 않은 계절이다. 수백 년의 경험을 통해 해변인들은 여름과 겨울을 앞두고 먹거리를 벌충하기에 부지런하였다. 고대사회에서 식량이 떨어진 인간집단은 쉽게 도적으로 변한다. 이는 내륙이나 해변이나 마찬가지이다. 혹독한 계절을 앞두고 식량사정이 절박해진 어부나 장사가 신통찮은 해상무역상들이 해적으로 돌변하여 약탈에 나서는 것은, 치안이라는 법률적 제동장치가 미약했던 고대사회에서 드물지 않은 일이었다.

초기신라는 해상국가가 아니었던 만큼 해상으로부터의 공격에 취약하였다. 성을 쌓아 방비하는 정도일 뿐 전선(戰船)을 동원한 해상방어력은 미흡한 편이었다. 그런 만큼 해상세력의 입장에서 볼 때 서라벌을 재빨리 공격해 쌀과 재보(財寶), 그리고 인간포로를 탈취한 뒤 배에 싣고 도주하고 싶은 유혹이 많았을 것이다.(반면 김해가야는 강한 해군력을 보유한 나라였던 만큼 해상세력이 재보를 탈취한 이후 무사히 도주하기가 힘들었을 것이다. 공격측 입장에서 김해가야는 반격역량이 강한 만큼 약탈하기도 쉽지 않다. 그 때문에 김해가야는 해상세력의 침탈을 신라보다는 적게 받았다고 여겨진다.)

수시로 약탈공격을 펼친 다음 재빠르게 도주하는 해변민을 사로국 (초기신라) 사람들은 '왜놈'으로 부르며 무척 미워하였다. 초기신라를 약탈하는 대열에 참여한 발진포구는 동해남부 외에도 한반도 남해안과 대마도 등지에 이르기까지 광범위하였지만 신라인들은 제대로 파악하지 못하고 있었다. 혁거세왕 시절의 왜놈은 당장 눈에 보이는 동해남부의 해변민이었지만 세월이 흘러 남울산과 부산이 신라지경으로 바뀐 뒤에도 왜의 침탈은 사라지지 않았다. 왜의 지칭범위는 점점 멀어지고 확장돼 나가다가 최종적으로는 일본열도로 확정되었다.(7장 '반도왜에서 열도왜로' 편에서 상술한다.)

어쨌든 해변인들에게 약탈당한 기억은 사로국(신라)인들의 머릿속에 깊이 새겨졌다. 초기신라의 역사가 '왜' 침공 기사로 넘쳐나는 것은 당연하였다. 해군력을 강화한 6세기 이전까지 신라는 다양한 해상세력의 약탈표적이 되었다. 한반도와 일본열도에 산재한 여러 해상세력 (초기신라가 보기에는 모두가 왜였다.)들은 수시로 서라벌을 침공해 재보를 약탈한 뒤 배를 타고 도주하였다.

신라인들은 자신들과 접촉하는 외부세력 가운데 북방(말갈)과 서방(백제)의 실태는 비교적 소상히 파악하고 있었다. 다만 동쪽과 남쪽에서 배를 타고 접근해 오는 자들은 그 출처가 불분명하였다. 해변은 넓었고 포구 곳곳마다 약탈능력을 갖춘 세력이 수없이 포진해 있었다.

공격을 당한 신라로서는 어느 포구에 거주하는 어떤 무리가 침공하였는지 정확히 파악하기란 애초부터 불가능하였다. 다양한 해상세력이 신라를 침탈하였지만 그들의 출발지를 특정하지 못한 신라는 훗날(국사(國史)를 편찬한 진흥왕 시절 등) 건국기의 역사를 정리하면서 '해상의 강도(强盜)'를 모두 왜로 통칭한 것으로 보인다. 그 결과 초기신라는 "모년 모월에 왜가 동변을 침공하였다."라는 단조로운 내용들이 수없이 전승되었다고 여겨진다. 이어지는 3장에서는 해인족(海人族)의 역사를 살펴보며 '한반도왜'의 실체를 세밀하게 검증해 보기로 한다.

3장
농경의 시작과
해인족의 운명 변화

일본열도의 역사구분에서 BC 3세기부터 AD 3세기까지를 야요이시대(彌生時代)라고 칭한다. 신석기문화인 조몬(繩文)시대를 종결짓고 등장한 야요이시대의 가장 큰 특징은 벼농사가 시작된 점인데 열도의 수도작(水稻作)은 한반도 남부에서 유래하였다는 것이 정설이다. 이와 함께 새로운 인간집단의 진출과 혼혈의 증거가 광범위하게 발견된다. 야요이인의 신체적 특징은 한반도 남부인과 유사하다. 결국 야요이시대의 개창은 한반도 남부의 농민들이 광범위하게 열도로 진출한 결과이니 한반도의 역사와 무관할 수 없다.

야요이시대의 도래는 일본사학계는 물론이고 한국 역사학계에서도 수없이 언급한 만큼 새로운 주제가 아니다. 필자 역시 야요이시대를 본격적으로 묘사할 생각은 없다. 다만 야요이라는 대형 모자이크 그림에서 중요한 퍼즐조각이 빠져 있다는 점을 지적하고자 한다. "바다에 익숙하지 못했던 농민들이 어떻게 열도로 건너갔을까?"라는 질문에 대한 답변이 없다. 야요이문화의 진실을 파헤치다 보면 한반도와 일본 사이의 바다에서 활동한 가칭 '해인족'의 존재를 상정하지 않을 수 없게 된다. 이 글은 기존의 역사학계가 오랫동안 그려온 그림의 빈틈을 집중적으로 추궁할 예정이다.

야요이문화(彌生文化)와 '퍼즐 빠진 조각그림'

BC 3세기 이후 규슈와 혼슈서부 등 일본열도에도 벼농사를 중심으로 한 농경화가 이뤄진다. AD 3세기까지 약 600년간 지속된 야요이시대(彌生時代)이다. 1884년 도쿄의 야요이쵸〈彌生町〉에서 이전의 조몬식〈繩文式〉 토기와 다른 '야요이식 토기'가 발견되면서 야요이라는 용어가 생겨났다. 야요이문화의 최대 특징은 수도작(水稻作)이 시작되면서 농경문화가 형성되고 발전된 사실이다. 일본 벼농사의 출발지를 놓고서는 동남아 유래설과 중국 강남설, 중국 북방설 등으로 분분하지만 근자에는 한반도 남부설이 가장 유력해졌다. 구체적으로는 진주와 김해 등 경상남도 내륙과 영산강유역이 주목받고 있다.

야요이시대의 또 다른 특징은 야요이인(彌生人)이라고 불리는 새로운 인종의 도래와 선주민(先住民) 조몬인과의 혼혈이다. 야요이 농민은 조몬문화(繩文文化)를 일으킨 열도의 원주민에 비해 체격이 큰 대륙계 인종으로 신체 특징은 한반도 남부인과 유사하다. 야요이인의 미토콘드리아DNA 염기서열이 현대 한국인과 일치한다는 연구결과도 발표되었다. 결론적으로 일본에서 야요이시대가 열린 것은 한반도 남부인들이 열도로 광범위하게 진출한 결과로 볼 수 있으니 야요이문화는 한반도의 역사와 무관할 수 없다.

일본학계에서 야요이문화를 중시하는 것은 '원(原)일본인'의 출현 계기로 간주하기 때문이다. '야요이 정통론'이라고 표현할 만하다. 야요이인의 원뿌리가 한반도라는 사실 자체는 굳이 부인하지 않지만 국가가 형성되기 이전인 만큼 큰 의미는 없다고 여긴다. 야요이인들이 조몬인과의 혼혈을 거쳐 고유일본인, 즉 화인(和人)으로 재탄생하였고 이들이 훗날 고분문화를 일으켜 역(逆)으로 한반도로 그 힘을 투사하였다는 것이 일본 역사학계 주류의 시각이다.(일본학계의 '야요이 정통론'은 열도의 고대국가(야마토왕조) 형성이 외부충격에 의한 것이 아니라 자생적 발전의 결과라는 사관으로 이어진다.[27] 『한일 고대사의 재건축②』와 『한일 고대사의 재건축③』에서도 이 문제는 재론할 예정이다.) 어쨌든 일본열도에서 야요이인과 그 문화가 출현하는 대사건에 대한 기존의 서술은 대체로 이러하였다.

"최근의 연구에 의하면 한반도에서 농경문화를 가진 많은 이민자들이 들어와 채집생활을 하던 조몬문화의 원주민을 밀어내고 일본을 장악했다는 쪽으로도 해석되고 있다. 이것은 야마구치(山口)현과 사가(佐賀)현에서 조몬인과 다른 형질의 인골이 발견되면서부터 생각된 것인데 이후 북규슈 간몬(關門)지역 일대에 한반도로부터의 도래인이 정착하여 야요이문화가 성립되었다고 여겨지고 있다. 야요이인은 신체적 조건에서 조몬인과 상당한 차이를 보이는데 그들은 평균 신장이 큰데다가 사지의 뼈가 길고 가늘며 얼굴형이 상대적으로 긴 편이다. 이러

---

27. 승천석, 백제의 장외사 곤지의 아스까베왕국, 책사랑, 2009 pp155~165.

한 해석에 따르면 일본인은 한반도 이주민의 후계자이며 아이누족은 조몬인의 후예로 추측되기도 한다."[28]

그런데 야요이시대를 묘사한 조각그림에서 '퍼즐 빠진 부분'이 뚜렷하다. 특히 지적하지 않을 수 없는 대목은 "한반도에서 농경문화를 가진 많은 이민자들이 들어와 채집생활을 하던 조몬문화의 원주민을 밀어내고 일본을 장악했다."는 부분이다. 기존의 고대사 대가(大家)들은 한반도 농민의 열도행을 '이민자들이 들어와'라는 식으로 매우 간단한 일처럼 치부하거나 과정은 생략하고 결과만 심드렁하게 기술하기 일쑤였다. 그러나 이런 시각은 다분히 동화적이다.

당장 두 가지 의문이 제기된다. 첫째, 한반도의 농민들은 왜(why) 파도 험한 대한해협을 건너 일본열도로 갔을까? 둘째, 바닷길을 모르는 농민들이 어떤(how) 방식으로 해협을 넘었을까? 극히 상식적인 두 가지 질문이 제기될 수 있지만 지금껏 양국의 고대학계에서는 진지하게 고민하지 않았고 당연히 설득력 있는 해답을 제시한 적이 없다. '핵심 퍼즐'이 빠져버린 만큼 야요이문화의 조각그림은 제대로 완성됐다고 평가받기 어렵다.

이 글은 '한반도 출신의 야요이농민들이 왜 일본으로 갔을까?'와 '어떻게 바다를 건넜을까?'라는 두 개의 질문에 대한 오랜 고민의 결과물이라고 할 수 있다. 해답을 찾기 위해서는 먼 길을 돌아야 한다. 먼저 해인족이라는 다소 낯선 개념부터 확립해야 한다.

---

28. 네이버 지식백과.

마름모꼴 바다와 해인족(海人族)

한반도에서 벼농사가 도입된 시점을 놓고 설들이 분분하지만 대체로 BC 3000~BC 2000년경으로 본다. 반면 열도에서 수도작(水稻作)은 BC 300년, 앞당겨 잡아도 BC 500년 정도에 시작됐다고 본다. 인접한 두 지역의 벼농사 출범기에 큰 차이가 나는 것은 중간에 위치한 바다 때문이다. 한반도의 벼농사 농민들이 바다를 건너 열도로 이주하기까지 천년이 넘는 시간차가 생겨난 것이다.

한반도 남부와 일본열도 서부를 상세히 묘사한 지도를 떠올려 보자. 포항 장기곶이나 울산 즈음에서 부산을 지나 서쪽으로 달려 전남 해상을 거쳐 제주도에 이른다. 제주도 인근에서 동쪽으로 방향을 바꿔 규슈 서쪽 오도열도로 향한다. 여기서 규슈 북부해상을 지나 동북쪽인 혼슈의 시마네현(島根縣)에 이른다. 잠시 숨을 고른 뒤 서북으로 방향을 틀어 동해를 횡단하면 출발지인 포항·울산에 도달한다. 이 가상의 선 안에 대체로 마름모꼴을 지닌 바다가 형성된다. 마름모꼴 바다의 정중앙에는 대마도가 자리잡고 있다.

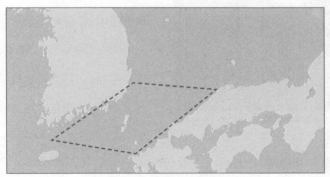

한반도-일본열도 중간의 마름모꼴 바다

한국과 일본이라는 국경을 의식하지 말고 마름모꼴 해역을 살펴보자. 그동안 마름모꼴 바다 자체를 주목하지 않았기에 그 범위를 구획하고 통합적으로 지칭하는 이름은 존재하지 않는다. (한반도)남해와 대한해협, 현해탄, 동중국해 등등 부분적이거나 포괄적인 이름만 존재할 뿐 이 해역을 콕 짚어 부르는 명칭은 없다. 이 글에서는 잠정적으로 '마름모꼴 바다'라는 이름으로 문제의 해역을 지칭하고자 한다.

인류의 초기문명은 대부분 해안과 강, 호수 부근에서 비롯하였다. 씨족단위의 작은 공동체가 형성되고 마을과 읍락, 국가로 성장하기 위해서는 식량 확보가 무엇보다 중요한데 영양물질이 풍부한 물가는 비교적 손쉽게 먹거리를 구할 수 있었던 것이다. 물이 있는 곳은 자연히 인구가 집중하고 문명이 발전하게 마련이다. 아예 물위에서 생활하는 족속도 생겨났다. 현대에도 베트남과 필리핀, 캄보디아, 홍콩 등 동남아 일대에는 바다에 말뚝을 박고 세운 집이나 배 위에서 생활하는 수상족(水上族)이 존재한다. 예컨대 '바다의 집시'라고 불리며 수

바다 위 집에서 생활하는 동남아 수상족

상가옥이나 선상에서 생활하는 바자우(Bajau)족은 필리핀에서 비롯하여 말레이시아와 인도네시아 해역까지 광범위하게 퍼져나갔다. 인도양 앤다만해역에 사는 태국의 모켄(Moken)족도 잠수업으로 살아가는 해상

민족이다. 이를 근거로 과거 동북아에서도 유사한 인간집단이 존재하였을 것이란 통찰을 얻을 수 있다.

7~8만km²쯤 되는 마름모꼴 바다에 국경은 없었고 주변의 문화는
유사하였다. 수천 년 전 신석기시대부터 이 바다에 기대어 살아가던
족속이 평화로운 삶을 구가하였으니 가칭하여 '해인족(海人族)'이다.
해인(海人)이라는 용어는 동양역사에서 일찍부터 확인되는 직업군이
다. 일본서기 중애천황 9년 9월조는 신공황후(神功皇后)가 '신라를 치
라'는 신탁(神託)을 받고 바다 서쪽에 나라가 있는지를 확인하는 내용
인데, 해인(海人)이라는 직업명이 출현한다. 신공의 신라 정복설화는
왜곡과 과장이 많기에 액면 그대로 믿을 수는 없지만 해인이라는 용
어는 주목된다.

　　"오옹(吾瓮 아훼)의 해인(海人) 오마려(烏摩呂 워마로)를 서쪽바다로 보내
　　어 나라가 있는가를 보게 하였다. 돌아와 '나라가 보이지 않습니다.'
　　라고 말하였다. 또 기록(磯鹿 시카)의 해인(海人) 명초(名草)를 보내어 살
　　펴보게 하였다. 며칠이 지나서 돌아와 '서북에 산이 있습니다. 구름이
　　가로 끼어 있습니다. 아마 나라가 있을 것입니다.'라고 말하였다…(使
　　吾瓮海人烏摩呂 出於西海 令察有國耶 還曰 國不見也 又遺磯鹿海人名草而令視
　　數日還之曰 西北有山 帶雲橫絹 蓋有國乎)"[29]

　삼국사기를 보면 신라에서 해척(海尺)이라는 직업명이 확인된다.
1장에서 언급한 석탈해 표착기사를 재인용한다.

29. 전용신 역, 일본서기, 일지사, 2006, pp152~153.

"남해왕(南解王) 때 가락국(駕洛國)의 바다 가운데 어떤 배가 와서 닿았다. 그 나라의 수로왕(首露王)이 신하·백성들과 함께 북을 치고 맞아들여 머물게 하려 하니 배가 달아나 계림(鷄林)의 동쪽 하서지촌(下西知村)의 아진포(阿珍浦 경주시 양남면 동해안)에 이르렀다. 마침 포구 가에 한 노파가 있었으니 이름이 아진의선(阿珍義先)으로 혁거세왕 해척(海尺)의 어미였다.(南解王時 駕洛國海中有舡來泊 其國首露王與臣民鼓譟而迎将欲留之 而舡乃飛走至於雞林東下西知村阿珍浦 時浦邉有一嫗名阿珍義先 乃赫居王之海尺之母)"[30]

해척(海尺)은 물고기를 잡아 조정에 바치는 해변주민을 뜻하는 만큼 일본 신공기의 해인과 유사하다고 하겠다. 고대의 해인족은 주로 어로와 수렵, 채집으로 식량을 확보하였다.(원시적이고 소박한 농경도 행하였을 수 있지만 보조적인 생계활동으로 사료된다.) 이들의 먹거리가 해산물에 국한되는 것은 아니다. 인간은 육지식물에서 나오는 탄수화물 등 적절한 영양분을 섭취하지 못하면 생존할 수가 없다. 도토리와 밤, 호두, 잣 등의 식물은 물론이고 닭과 돼지 등 육지동물에도 눈을 돌렸다. 다만 패총에서 드러나듯이 신석기시대인은 주로 해안과 강변, 해안 근처 산야에서 먹거리를 구했다고 여겨진다. 인체에 필수적인 염분과 단백질, 탄수화물을 구하기가 용이했던 까닭이다.

신석기시대 한반도 해변인의 생활상은 같은 시기 일본열도의 조몬시대(繩文時代 BC 13000~BC 300)와 유사했다고 짐작된다. 승문(繩

---

30. 일연, 최호 역해, 삼국유사 1권 기이(紀異) 탈해왕, 홍신문화사, 1995, pp39~40.

文), 즉 새끼줄 문양으로 장식한 토기를 만든 조몬인(繩文人)들이 주도한 열도의 선사시대이다. 일본에서 많은 연구가 이뤄진 조몬시대의 생활상을 바탕으로 하여 마름모꼴 바다에 기대어 살아간 해인족의 삶을 재구성할 수 있다. 조몬인의 식생활은 후대인의 상식보다는 풍요로웠다고 한다. 숲에서 나는 밤과 도토리, 호두와 함께 연어와 송어, 참치, 정어리, 고등어, 청어, 대구 등의 물고기와 조개, 굴, 갑각류, 해조류 등이 대표적인 먹거리였다.[31] 원시적인 밭농사를 통해 일부 곡물을 재배하였다는 새로운 학설도 나오고 있다. 물론 한반도 해인족이 조몬인과 동일한 족속은 아니며 이들의 생활상과 먹거리에는 일정한 차이가 존재하였다고 여겨진다. 한반도 해인족의 신체적 특징은 알려진 바 없지만 대륙의 몽골계통과 오랫동안 혼혈이 진행됐을 가능성이 높으므로 고아시아족(族)으로 분류되는 아이누계통의 조몬인과는 적잖은 차별성이 짐작된다. 그렇지만 비슷한 시기에 채집수렵이라는 유사한 생활상을 지녔고 상호교류도 적지 않았던 만큼 생존방식은 비슷했을 것으로 판단할 수 있다.

신석기시대의 삶에서 어로와 채집의 비중은 원시농경이나 사냥보다 높았고 해변은 상대적으로 인구밀집지역이었다. 해안지대에 남아 있는 무수한 패총군이 그 증거이다. 육지사냥의 성공률은 극히 낮은 반면 어로를 통한 단백질 섭취 확률은 비교적 높다. 특히 해안과 강변의 조개류는 신석기인들에게 축복이 되었다. 얕은 물가에 사는 조개는 천적(天敵)이 많지 않다. 바다동물이든 육지동물이든 갯벌과 해

---

31. 재레드 다이아몬드, 김진준 옮김, 총균쇠, 문학사상사, 2016, pp 631~632 참고.

안바위에 달라붙은 바지락과 굴, 홍합 등을 섭취하기는 쉬운 일이 아니다. 불가사리와 몇몇 갑각류 외에 앞발 사용이 원활한 수달과 원숭이, 그리고 인간만이 조개류를 손쉽게 채집한다.(조개류 입장에서는 손을 사용해 자신들을 마구 섭취하는 인간의 출현을 예상하지 못해 큰 수난을 겪는 셈이다.) 조개류는 반항능력이 약한 데다 재빨리 이동하는 존재가 아니기에 인간이 포획하기는 비교적 용이하다. 그래서 성인남성보다는 여성과 아동들이 주로 채취하는 음식물이 되었다.[32] 조개류를 비롯한 고단백 음식자원이 풍성하게 널려 있었기에 해변은 석기시대 이후 인구밀집지역이 될 수 있었다. 석기시대의 인류는 주로 바다와 하천주변에 거주하였고 내륙보다 해변의 인구밀도가 높았다. 마름모꼴 바다 주변에서도 여러 인간집단이 수천 년간 풍요로운 삶을 영위하였다.

현대인들은 흔히 석기시대 사람은 원숭이보다 조금 진보했을 뿐인 낙후한 인종으로 보는 경향이 있는데 실상은 그렇지 않다. 적어도 신석기인들은 현대인에 비해 뒤떨어지지 않는 지혜와 경험을 갖췄다고 판단해야 한다. 비근한 예로 근대 유럽문명이 아메리카 대륙을 정복해 나갈 즈음 인디언 사회는 대부분 석기문명에 머물러 있었지만 총포로 무장한 유럽인들에게 쉽게 제압당하지 않았다.(북미 인디언들은 백인과의 접촉과정에서 장총 등 금속무기를 획득하여 전투에 활용하였지만 대자연의 영(靈)을 숭배하고 사냥과 채집에 의존하는 생활방식은 석기시대 수준이었다.) 1876년 6월, 수우(Sioux)족의 추장 시팅불(Sitting

---

32. 브라이건 페인건, 정미나 옮김, 피싱, 을유문화사, 2018, pp95~109.

Bull 1831~1890)이 이끈 인디언 전사들이 미국 북서부 몬태나주의 리틀빅혼(Little Bighorn) 강변에서 연대 규모의 백인 기병대를 절반 이상 괴멸시켰으니 그들의 역량을 짐작할 수 있다. 석기시대를 살던 시팅불이지만 그의 인생관은 지금 들어도 교훈적이고 고도의 철학적 향내가 풍긴다. 미국정부의 원주민보호구역 정착 명령에 대한 심경을 이렇게 표현하였다.

> "백인은 식량을 얻기 위해 땅 파는 것을 좋아한다… 백인은 노예의 삶을 살아간다. 이들은 마을이나 농장에 갇혀 있다. 우리 부족이 원하는 삶은 자유로운 삶이다. 백인이 가진 그 어떤 것도, 집이나 철도 또는 옷이나 식량 그 어떤 것도 나는 원치 않는다. 내가 원하는 것은 우리 방식대로 광활한 대지를 자유롭게 옮겨 다니면서 살아가는 것이다."[33]

신석기문명에 해당하는 일본열도의 조몬시대와 동시대 한반도 해변사람들도 꽤나 지혜롭고 현명했으며 넓은 지역과 통상하며 장거리 여행을 했던 사람들임을 잊지 말아야 한다.[34] 실제로 신석기시대 이후 마름모꼴 바다를 내해(內海)로 한 동서남북의 해상교역은 활발하였다. 바다의 중심은 대한해협(Korea Strait)이고(대한해협은 부산에서 대마도와 일기도를 거쳐 규슈에 이르는 바다를 말한다. 일본에서는 쓰시마해협(Tsushima Strait)이라고 부르지만 국제적인 명칭은 대한해협이 맞다.

---

33. 로버트 M 어틀리, 김옥수 옮김, 시팅불-인디언의 창과 방패, 두레, 2001, p294.
34. 아미노 요시히코(網野善彦), 임경택 옮김, 일본의 역사를 새로 읽는다, 돌베개, 2015, p240 참고.

지역명을 붙이지 않은 이름으로 현해탄(玄海灘)이 있다. 현해탄은 일본에서 유래하였지만 검은색 바다색깔에서 따온 중립적인 단어인 만큼 동해-일본해 논쟁과 달리 격렬한 정치적 대립은 없는 편이다. 국내에서도 현해탄이란 용어가 큰 거부감 없이 통용되고 있다.) 그 한가운데에 대마도(對馬島)가 있다. 대한해협의 중간에 자리잡은 대마도는 남섬과 북섬, 두 개의 섬이 맞붙은 형상이다.

대마도(對馬島)와 대한해협

대마도가 존재한 덕분에 약 150km인 대한해협은 한반도와 일본열도를 가르는 장애가 되지 않을 수 있었다. 대마도와 그 남쪽에 위치한 일기도(壹岐島) 등 일군의 섬들이 존재한 덕분에 한일 간의 이격거리(離隔距里)는 산정에서 육안으로 관찰될 수 있는 40km 정도로 줄어들었고 고대인들도 어렵지 않게 건널 수 있었다. 해협을 안전하게 횡단할 수 있는 건널목은 처음부터 확보돼 있었다는 뜻이다.

마름모꼴 바다는 양안의 소통을 장려하는 해상교통로로 기능하였고 주변의 해인족은 뛰어난 항해인이었다. 신석기시대부터 조수와 바람, 별자리를 읽어가며 적절한 시기에 바다를 항해하는 고도의 전문가집단이 존재하였다. 이들은 한반도쪽 해안에서 대마도-일기도 코스를 이용하여 규슈와 혼슈 등 열도쪽 해안으로 건너다녔다. 그 역방향의 이동도 활발하였으니 신석기에서 청동기시대까지 양쪽 문물에는 공통점이 많다. 어로와 채집, 교역 등이 해인족의 주요 생산활동이었을 것이다. 이동이 잦았기에 한일 양쪽 해안에 살던 주민들 간의 문화적·인종적 차이는 크지 않았다고 짐작된다.(참고로 지중해는 한일 간의 바다와 비교할 수 없이 큰 규모지만 북방의 로마와 남방의 카르타고는 수천 년 전부터 비슷한 문명을 지녔고 많은 교류와 갈등을 하였던 사실이 확인된다. 지중해의 역사에서 마름모꼴 바다 양안의 문화적 동질성을 충분히 추론할 수 있다.)

약 1만 년 전 빙하기가 끝나면서 대한해협이 생기고 한반도와 일본열도가 분리된 이후 시작된 한일 간의 해상교역은 끊임이 없었다. 항해술이 발전돼 나갈수록 교류빈도와 교역량이 점점 늘어났을 것이다. 특히 일본열도에서 농경이 시작된 야요이시대(금속문명시대에 해당한다.) 이후에는 배를 타고 열도로 건너가는 농민들이 줄을 이었다. 이 점은 매우 중요한 만큼 뒤에서 다시 상술한다.

신석기시대 흑요석(黑曜石) 교역권

한반도와 일본열도라는 각자의 해역에서 살아가던 신석기인들이 굳이 험한 바다를 건너다닌 이유는 무엇일까? 바로 교역의 이점 때

흑요석(黑曜石)

문이다. BC 8000~BC 2000 의 신석기시대, 반도와 열도 간 의 해상교역에서 빼놓을 수 없 는 최고의 매개체는 흑요석(黑 曜石)이다. 영어로 '옵시디언 (obsidian)'으로 불리는 흑요석 은 화산 분출에 의해 자연적으 로 만들어진 단단한 화산유리이다. 규산의 무게비율이 70~75%에 이 르는데 색깔은 흑색과 회색, 적색, 갈색 등을 띤다. 흑요석은 타격방향 에 따라 자유롭게 깰 수 있는 데다 깨진 날이 예리하여 절삭력이 뛰어 난 것이 강점이다.

흑요석은 날카롭기가 강철과 같아 구석기시대부터 짐승의 고기나 가죽을 자르는 데 유용하였다. 음식물과 옷감을 손질하는 데 필수적 인 재료였다는 뜻이다. 칼과 화살촉 등 무기로도 널리 사용되었으니 멕시코의 아즈텍인들이 태양신에게 바칠 희생자의 가슴을 찔러 심장 을 꺼낼 때 쓰던 날카로운 도구가 바로 흑요석칼이다. 현대에도 의료 용 메스의 소재로 쓰이는 만큼 고대의 최고 전략물자라고 해도 과언 이 아니다. 흑요석의 존재를 알게 된 이후에는 고대인들도 그 사용을 포기할 수 없었으니 흑요석을 구입하거나 판매하기 위해서라도 양측 의 해변인들이 대한해협을 횡단할 가치는 충분하였다.

흑요석은 생성된 화산에 따라 특유의 성분 조성비를 가지고 있는 까닭에 기원지 확인이 가능하다. 한반도에서 발견되는 흑요석은 백두 산과 일본열도에 출처를 둔다. 대체로 대구 이북의 한반도 내륙에서는 백두산 흑요석이 발견된다면 남부해안에서는 거의 전부 규슈 등 일본열도산 흑요석이 확인된다. 산출지로부터 수백 km 떨어진 곳에서 발견되는 만큼 흑요석은 고대 원거리무역의 증거가 된다.

일본의 화산에서 생성된 흑요석이 한반도 해안에서 광범위하게 발견된다는 사실은 신석기시대에 해상교역이 활발하였다는 증거가 된다. 한 예로 2007년 발굴된 전남 여수시 안도(安島) 패총에서는 일본 조몬양식과 동일한 조개팔찌와 220여 점의 흑요석이 발견되었다. 흑요석을 손에 넣기 위해, 또는 흑요석을 제공하고 다른 물자를 얻기 위해 마름모꼴 바다의 북쪽(한반도쪽)과 남쪽(일본열도쪽)의 신석기인들은 거친 파도를 맞아가며 횡단항해에 도전하였을 것이다. 흑요석과의 교환대상물은 육지와 바다의 각종 산물을 상정할 수 있다. 말린 물고기와 해조류,

오키나와 이모가이 조개

도토리와 밤, 자두 등 견과류는 물론이고 돼지와 닭도 교환대상이었고 토기도 중요한 상품으로 짐작된다. 그런 점에서 마름모꼴 바다 연안은 가칭하여 '흑요석 교역권'이라고 부를 수도 있다. 희귀한 조개가 교환수단으로 이용되기도 하였는데, 오키나와 등 아열대 바다에서 잡히는 이모가이 조개는 인기가 높아 현대의 화폐에 비유된다고 한다.

신석기시대의 항해수단은 어떠했을까? 가장 원시적인 선박은 뗏

테우 - 제주도 전통 뗏목

목이었다. 뗏목을 가리키는 제주사투리가 '테우'이다. 1996년 5월 1일, 제주테우 보존회원 7명이 길이 6.5m 폭 2.8m의 전통 테우를 타고 일본을 향해 성산포항을 출발하였다. 당시 KBS 9시 뉴스에 따르면 해류와 바람을 이용하여 3명씩 교대로 젓는 방식으로 대한해협 횡단을 시도하였다. 테우보다 조금 개선된 항해수단은 통나무배였다.

신석기시대의 배는 판자를 이어붙이는 방식이 아니라 통나무로 제작하였다. 굵은 통나무의 중간부분을 불에 태운 다음 날카로운 돌칼이나 돌도끼로 속을 파내어 말구유처럼 만드는 방식이다. 통나무배도 한 개의 통나무를 가공한 외쪽배(一體船, 獨木舟)에서 2개의 통나무를 옆으로 덧붙인 쌍쪽배, 2개의 통나무를 배밑에서 이어붙인 두쪽배(二體船), 3개의 통나무를 배밑에서 결합한 세쪽배(三體船)으로 발달해 갔다는 것이 정설이다. 어쨌든 규모가 큰 통나무배에는 10명 남짓한 사람들이 탑승할 수 있었다. 고대의 포경 장면을 그린 울산 반구대암각화를 보면 배마다 10여 명이 탔고 고래 등 위로 용감하게 돌진하여 작살을 내리꽂았음을 알 수 있다. 고래 척추를 노린 작살의 찌르개는 주로 사슴뼈를 날카롭게 갈아서 사용하였지만 해체용 도구는 흑요석으로 제작하였을 가능성이 있다.

원양 항해선박은 어로용 선박보다 제작하기가 더 복잡하기 마련이

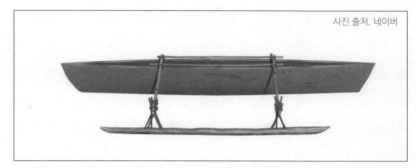

아우트리거 카누

다. 통나무배는 복원력이 떨어지는 만큼 배의 측면에 1개 내지 2개의 또 다른 소형목재를 덧대는 방식으로 운항하였을 가능성이 있다. 아우트리거 카누(Outrigger canoe)라고 부르는 선박이다. 이런 간단한 보조장치를 연결하는 것만으로도 파도나 바람에 쉽게 뒤집히지 않아 먼 거리 항해가 가능하였다. 현재도 남태평양의 섬 등에서는 이런 구조를 가진 아우트리거 선박이 다수 존재하고 있다.

풍선(風船)이 출현하기 이전에는 조류와 노(櫓)의 힘으로 먼 항해에 나섰다. 안전성은 떨어지지만 목숨을 건 항해의 대가는 풍성하였기에 용감한 해인들이 파도가 잔잔한 날 대마도를 향해 기꺼이 배를 몰았다. 대마도에 도착한 다음에는 일기도를 징검다리로 해서 규슈와 혼슈 일대까지 항해하였을 것이다. 규슈의 해인족 역시 역순으로 한반도쪽 대안(對岸)으로 건너다녔을 것이 분명하다.

하와이 통가마을의 '전통 카누 젓기'

해인족의 항해술과 선박의 크기·구조는 시대의 흐름과 함께 느리지만 분명하게 진보를 이뤄나갔다. BC 3세기 이후의 야요이시대 즈음에는 노와 돛을 동시에 활용하는 준구조선(準構造船)이 등장하면서 더 많은 인력과 화물의 이동이 가능해졌다고 추정된다.(준구조선에 대해서는 이어지는 4장에서 상세히 다룬다.) 광대한 세상을 이동하는 해인족은 정착민보다 훨씬 넓고 유연한 사고를 갖게 마련이다. 양쪽의 해변인들에게 마름모꼴 바다는 목측(目測)이 닿지 않는 두려운 세상이 아니라 삶의 터전이자 기회의 공간이었다.

농경시대 개막과 농민집단의 해변 진출

해인족이 수천 년간 어로와 채집으로 살아가던 BC 2000년경, 한반도 남부에 농사라는 새로운 생계기술을 지닌 사람들이 몰려들었다. 신석기시대부터 원시농경은 행하여졌지만 본격적인 농경은 보리와 벼농사의 시작을 의미한다. 한반도 농경시대를 연 주인공들은 크게 두 가지 방면에서 진입하였다. 만주 방면에서 남하해 온 북방계 농민과 중국 남부에서 바다를 건너온 강남인(江南人)들이다. 북방계 농민이 조와 수수, 기장, 보리 등의 농사법을 갖고 남하했다면 강남인은 벼농사법을 지닌 채 바다를 건넜다고 여겨진다. 농경의 본격화는 석기시대가 종식되고 청동기시대가 개막됨을 의미한다.(한반도 벼농사의 시작은 BC 2000년 이전으로 올라갈 수도 있다. 경기도 고양시 가와지, 하남시 미사리, 김포시 가현리, 여주시 흔암리와 충청북도 청주 소로리, 충주 조동리, 옥천 대천리, 충청남도 부여 송국리 등지에서 고대볍씨가 발견되었는데 벼농사의 증거라고 여겨진다. 일부 볍씨에서 5천 년전, BC 3000년 이전에 인공재배된 흔적이 확인되었다. 그러나 한반도 남부에서 본격적인 농경시작 시기는 대체로 BC 2000년경으로 잡는다.)

한반도의 농경화는 점·선·면(點·線·面)의 확대경로를 밟았다. 농경의 시작점(點)은 내륙의 강과 하천변이었을 것이 틀림없다. 비옥한 충적토가 발달한 데다 농사에 필요한 물길을 끌어오기가 유리한 때문이다. 이는 고고학적으로 증명된다. 남강변인 진주 대평리와 금강 인근인 부여 송국리 등지에서 청동기시대의 농경유적이 확인되는 것은 극히 자연스럽다. 해변 가운데서는 낙동강 하구의 김해평야와 영산강하류 나주평야에서 일찌감치 농경이 시작되었으니 큰 강을 끼고 있는 덕분이라 하겠다. 유적으로 판단할 때 농경집단은 제사장의 권력이 강한 제정일치사회였다고 짐작된다.

세월의 흐름 속에 농사기술과 농구가 개선되면서 벼농사는 빠르게 발전하였고 생산성도 증대하였다. 수도작(水稻作) 벼농사의 인구부양력은 수렵·채집·원시농경은 물론이고 밭농사에 비해서도 월등하다. 어느 순간부터 농민 한 사람이 자신과 가족을 먹이고도 남는 곡식을 생산하게 된 것이다. 잉여곡물의 등장은 혁명적인 사회변화를 불러왔다. 누군가는 농사를 짓지 않고도 먹고살 수 있게 되면서 지배-피지배의 계급분화를 야기하였고 '놀고먹는' 유식층(遊食層)이 출현하게 되었다.

내륙에 비해 늦었지만 농경화의 대세는 해변에까지 확산되었다. 천년의 세월이 흐르는 동안 해안선과 평행하게 달리는 해안평야들은 점차 농경지로 바뀌어 나간다. 지석묘(支石墓 고인돌)는 청동기시대의 대표적인 묘제로서 농경의 본격화와 그에 따른 계급분화가 진전된 표상이다. 부산 사하구 감천동과 기장군 장안읍 덕선리, 일광면 칠암리 등지에서 무수히 발견되는 지석묘 문화야말로 '해변 농경화'의 증거물이다. 늦어도 BC 5세기까지는 대부분의 해안일대가 농경화됐을 것으로 짐작된다. 바다에 인접한 일부 지역에서는 농경과 어로를 겸하는 반농반어(半農半漁)가 행하여졌을 것이다.

그런데 해변의 농경화는 간단한 문제가 아니다. 그곳에 선주민 집단, 해인족이 거주하고 있었기 때문이다. 농경화가 차근차근 진행되던 어느 순간, 선주민 해인족과 이주민 농경족이 한반도 남부의 해안 근처에서 맞닥뜨렸을 것이다. 농부와 어부의 조우가 지닌 역사적인 가치는 의미심장하다. 한반도 남부에서 농경족과 해인족이 처음 만났을 때 양측의 외양(外樣)은 사뭇 달랐다고 사료된다.

청동기 농경민은 북아시아 계통 몽골로이드의 특징이 컸다고 사료된다. 몸통이 굵고 뼈대가 탄탄한 족속이다. 외관은 현대 한국인의 일반적 얼굴과 크게 다르지 않았을 것이다. 반면 신석기시대 해인족의 외양은 다소 달랐을 것으로 여겨진다. 해인족의 인종적 특징은 제대로 파악되지 않았지만 몽골종과 고(古)아시아족(族)의 혼혈종으로 짐작된다. 대표적인 고아시아족으로는 홋카이도 일원에 거주하는 아이누인들인데 조몬인의 후예로 알려져 있다. 고아시아족은 백인과 유사한 계통으로서 밝은 피부와 뚜렷한 얼굴 윤곽, 짙은 체모가 특징이다.[35] 농경족과 해인족의 종족적 특징은 진상을 알기 힘든 데다 이 글

35. 정형진, 문화로 읽어낸 우리 고대사, 휘즈북스, 2017.

의 주제가 아니므로 이 정도로 그친다.

초창기 농경민과 해인족 사이에는 외모의 차이도 있었겠지만 문화적, 풍속적, 직업적 차이가 더 크게 부각됐을 것이다. 이 시절을 묘사한 기록은 남아 있지 않지만 삼국지 위서(魏書) 왜인전(倭人傳)에 짐작할 만한 대목이 나온다. 왜인전은 농경족과 해인족의 서로 다른 생활상을 묘사하고 있으니 수백 년 앞선 시절의 한반도 남부의 실상에 대한 통찰을 얻을 수 있다. 왜인전은 두 종류의 왜인을 기술하고 있다.

"왜의 수인(水人 해변인)은 침몰(沈沒 잠수업을 말함)로 물고기와 조개잡기를 좋아한다. 문신(文身)을 하는데 큰 물고기와 위험한 바다동물을 물리치기 위함이다. 점차 문신이 장식(裝飾)이 되어 지방마다 그 모양이 서로 다르다.(倭水人好沈沒捕魚蛤文身亦以厭大魚水禽後稍以爲飾諸國文身各異)"

왜인전에 나오는 수인(水人)은 곧 일본열도의 해인족을 말한다. 잠수를 통해 물고기와 조개잡기를 좋아한다고 해변인의 삶을 정확하게 묘사하고 있다. 수인과 생활상이 다른 농경족에 대한 기록도 상세하다.

"밭을 갈아서 경작〈田地耕田〉하는데 식량이 부족한 듯하다.(有田地耕田猶不足食)"
"나라에 시장(市場)이 있어 교역을 한다…(중략)…그 풍속은 정세(正歲 정확한 기년)를 알지 못하고 사시(四時)만 기록한다. 봄에 밭 갈고 가을에 추수하는 춘경추수(春耕秋收)로 연기(年紀)를 삼는다.(國有市交易…

(중략)…其俗不知正歲 四時但記 春耕秋收爲年紀)"

위의 기사는 육지에 사는 농경인, 즉 야요이농민의 삶을 묘사한 대목이다. 왜인전이 기록한 'AD 3세기의 일본열도'와 '한반도 해변의 초기 농경시대' 사이에는 천년이 넘는 시간격차가 존재하지만 유사점이 적지 않았을 것이다. 사회발전이 느렸던 고대사회에서 기본적인 삶의 방식은 수백 년간 반복적이었기 때문이다. 외모와 문화, 생존방식이 달랐던 농경민과 해인족이지만 긴 역사과정에서 결국은 하나로 통합된다. 큰 시각에서 본다면 한반도 남부의 고대사는 내륙에서 힘을 키운 농경민과 해상에서 삶을 영위하던 해인족이 통합돼 나간 과정이라고 말할 수 있다. 농경민과의 통합은 소수파였던 해인족에게 가혹한 방향으로 진행되었다.

농경화의 진전과 해인족에 강요된 운명

사람은 자주 교류하고 접촉하는 이웃의 영향을 받게 마련이다. 해안가에서 수천 년간 어로와 채집경제로 삶을 영위하던 해인족으로서는 자신들의 오랜 터전에 외부인이 몰려들면서 삶의 방식에 많은 변화를 강요받았고 족속의 운명 또한 크게 바뀌었다. 풍습과 외양이 해인족과 판이했을 농경민이지만 첫 만남은 그리 비극적이지 않았다고 짐작된다. 낯선 인간집단 간에 일정한 거리감과 갈등은 불가피했겠지만 씨족사회 단계에서는 교류와 협력관계였을 가능성이 높다. 양자는 활동무대가 육지와 바다로 서로 달랐기에 다툴 일이 적었던 반면 상호 간에 절실한 것을 제공할 수 있었다.(그러나 세월이 흘러 AD 1~2세 기경 소국 정치체 단계가 되면 농경세력과 해상세력의 갈등은 커진다. 이에 대해서는 2부 '반도왜 몰락과 열도왜 시대'에서 본격적으로 다룬다.)

인간이 생존하기 위해서는 소금이 필수품이다. 석기시대에 해변의 인구밀도가 상대적으로 높았던 이유는 소금의 획득과 관련이 깊다. 유라시아대륙 한복판에서 인간이 거주했던 지역은 인근에 암염(巖鹽)이나 소금호수가 존재하게 마련이다. 한반도에는 암염이 나지 않는 만큼 소금은 바다에서 구할 수밖에 없다. 내륙에서 촌락이 형성되고 삶을 영위하기 위해서는 해변민들이 제공하는 소금이 필요조건이었다. 아울러 물고기와 해조류가 제공하는 영양학적 도움도 만만치 않다. 그러므로 농경민들은 자신들의 산물을 해인족의 소금과 물고기, 해조류와 기꺼이 교환하려 하였을 것이다.

농민과의 교류를 희망하기는 해변인도 마찬가지였다. 한반도 해인족의 먹거리에 대한 연구는 깊숙이 진전되지 않았지만 선사시대 일본열도의 식단과 크게 다르지 않았을 것이다. 앞에서도 언급하였지만 열도의 선사인, 즉 조몬인들은 연어와 송어, 참치, 정어리, 고등어, 청어, 대구 등의 물고기와 조개, 굴, 갑각류, 해조류와 함께 숲에서 나는 밤과 도토리, 호두 등으로 질긴 목숨을 이어나갔다.[36] 원시적인 밭 농사로 소량의 곡물을 얻었을 것이란 분석도 있다. 음식물 종류는 다양했지만 고대의 해변인들이 날마다 풍성하게 배를 채울 수 있었다는 말은 아니다. 육지동물의 고기를 섭취하는 날은 '극히 운수 좋은 날'로

---

36. 재레드 다이아몬드, 김진준 옮김, 총균쇠, 문학사상사, 2016, pp631~632 참고.

보아야 한다.

그런데 농경민이 생산한 쌀과 보리, 조, 귀리 등의 곡물을 접하면서 해인족은 새로운 맛의 세계를 알게 된다. 떫은 도토리와 비교할 수 없는 곡물의 탄수화물 맛은 해변인의 혀를 사로잡기에 충분하였다. 세상 모든 일이 그렇지만 음식문화도 순방향의 발전은 가능해도 역진(逆進)은 어렵다. 거친 식단에 익숙했던 사람도 일단 부드러운 음식에 맛을 들이다 보면 되돌아가기 쉽지 않다. 기존의 도토리, 밤과는 비교할 수 없는 양질의 탄수화물을 접해본 해변의 어부들은 열렬한 곡식소비자가 되게 마련이다. 균형 잡힌 식사를 위해서도 해변인들은 소금과 물고기, 해조류를 선뜻 교환물로 제공하였을 것이 틀림없다.

한반도 남부라는 비슷한 영역에서 거주하였고 농경화가 1000년 이상 지속되면서 농경민과 선주(先住) 해인족 간에는 자연스런 접촉과 교류를 통해 동화와 혼혈이 상당폭 진전됐다고 사료된다. 생산력이 높은 농경민의 숫자가 월등히 많았기에 신체적으로 해인족의 기존 특성은 약화되고 북방인의 특성이 우세해졌을 것이다. 반복적인 삶 속에서 무심한 시간은 무섭도록 오래 흘렀고 농민과 해인의 접촉이 무수히 축적되면서 양측의 차이는 옅어져 갔다. 그 결과 BC 3세기 야요이시대가 열리기 이전에, 예컨대 BC 6~4세기 즈음의 한반도 남부에서는 농경민과 해인족 간의 인종·언어·풍습상 구분은 거의 사라졌다고 여겨진다. 이와 반대로 한반도 해인족과 일본열도 해인족 사이에는 미묘한 외모상의 차이가 생겨났을 개연성이 크다. 한반도쪽 해인족이 농경민과 혼혈되면서 북방계 몽골로이드의 특징이 강화된 때문이다. 한반도와 열도의 해인족은 여전히 바다를 건너다니며 교류하였겠지만 육지에서의 접촉 만큼 원활할 수는 없는 법이다.

농사짓는 사람과 바다 일을 하는 사람 간에 외모나 언어의 차이는 얕아졌지만 직업적 차이는 쉽게 사라지지 않았을 것이다. 직업은 고정불변이 아니어서 농민의 후예가 어부가 되기도 하고 그 반대의 경우도 있었겠지만 전통시대인 만큼 조선(祖先)의 직업을 후손이 물려받는 경우가 일반적이었다고 봐야 한다. 특히 배를 부려서 물고기를 잡거나 갯벌을 뒤져 조개류와 연체동물을 채취하는 일, 바닷물을 끓여 소금을 제조하는 일 등은 농경보다 전문성이 높고 배와 어구 등 관련 장비를 확보해야 한다는 점에서 진입장벽이 만만찮은 편이다. 일부 해안지대에서 농사와 바닷일을 병행하는 반농반어민(半農半漁民)이 생겨났지만 대세에 영향을 미칠 정도는 아니었다.

어쨌든 사람들은 외모나 언어상의 차이 만큼이나 생활양식·직업적 차이에 민감하다. 자신의 직업에 대한 긍지가 높은 만큼 다른 직업군에 대해서는 은근히 멸시하는 것이 보통이다. 농민들이 위험하고 험한 일을 하는 어부와 사냥꾼을 '시대에 뒤떨어진 녀석들'로 간주하였다면, 어부나 사냥꾼은 농민들을 '땅만 파는 한심한 겁쟁이'라고 놀리는 식이다. 이런 차별은 동서고금 어디에서나 흔히 발견되는 현상이다.

그런 맥락에서 한반도의 농민들은 바닷일을 하는 해인족의 후예들을 자신들과 차이가 있는 '별종(別種)'으로 인식하였고 특정 용어로 지칭하며 구분하였을 것이 틀림없다. 예컨대 해변인들이 농민들을 '땅쇠' 등으로 놀렸다면 농민들은 해변의 어부를 '갯놈'이라는 식으로 불렀을 것이다.(나는 직업이 다른 농경민과 바다사람들 간의 상호구별 용어에서 왜인(倭人)이라는 단어가 출현하였다고 본다. 2장에서 이미 언급하였다.) 해인족 입장에선 농투성이 불청객이 주변으로 몰려와서는 선주민인 자신들에게 이상한 딱지를 붙이는 고약한 상황이 전개된 셈이다.

청동기문명의 진전이라는 시대흐름에 따라 한반도 남부에서 농경은 대세가 되었고 농경화의 진전과 함께 사회적 분화와 발전이 가속화되었다. 농경이 본격화되면 잉여생산물이 생겨나고 잉여작물에 기반한 유식계급(遊食階級)이 출현하게 된다. 아울러 잉여물을 둘러싼 집단 갈등은 필연적이다. 소규모 공동체는 경쟁을 거쳐 대규모 사회로 성장발전하는 법이니, 씨족 간 경쟁과 부족전쟁에서 승리한 집단을 중심으로 소국체제(小國體制)가 형성되었다.

BC 3세기 이후 초기철기시대에 진입하면서 농경화 추세는 가속되었다. 특히 중국대륙의 전란이 격화되면서 한반도 남부에까지 그 파장은 전해졌다. 간헐적이고 지속적인 남하행렬 와중에 대규모 인간집단의 남하가 수시로 이뤄진 까닭이다. 역사를 뒤흔들 정도의 남하사건은 반드시 역사에 흔적을 남기게 마련이다. BC 300년경 연(燕)과 고조선의 충돌(연나라 장수 진개(秦開)가 고조선의 서방영토 2천 리를 빼앗았다는 위략(魏略)의 기술은 왜곡·과장이라는 지적을 받고 있다. 하지만 고조선과 연의 영토충돌을 시사한다고 할 때 후방인 한반도 방면으로의 피난행렬은 적지 않았을 것이다.), BC 194년 위만정권의 등장과 고조선 준왕(準王)의 남하, BC 108년 고조선의 멸망은 한반도 남부에까지 남하인구의 압력이 전해진 대표적인 사건들이다. 진전된 농경문화의 소지자들이 북방으로부터 몰려들면서 한반도 남부의 농경화는 빠르고 확실하게 진전되었다.

농경화의 발전과 그에 따른 (소국)정치체의 출현은 한반도 해변인들의 운명에 지대한 영향을 미쳤다. 두 가지 파급효과가 생겨났다. 하나는 생존경쟁에서 패배한 농민들을 일본열도로 보내는 도해(渡海) 비즈니스가 가능해졌다는 점이고 둘은 내륙국가가 해변세력을 흡수하거나 제거하려 들었다는 점이다. 한번 형성된 내륙의 소국들은 우월한 지위를 차지하기 위해 양보 없는 투쟁을 벌였고 그 와중에 생겨난 무수한 패배자들은 새로운 살길을 찾아 일본열도로 향하였다. 내륙의 전쟁과 패배자의 양산은 해변인들에게 가칭하여 '도해사업(渡海事業)'이라는 비즈니스 기회를 제공하였다고 사료된다. 그러나 장기적으로 볼 때 해인족 사회는 내륙에서 흥기한 농경국가의 하위집단으로 편입되거나 제거되는 운명을 맞게 된다. 과거의 씨족사회 단계에서 이뤄진 농부와 어부의 아름다운 만남과는 전혀 다른 장면이다. 철기로 무장한 내륙의 농경국들은 팽창본능이 강하였고 해변을 정복대상으로 간주하며 날카로운 이빨을 숨기지 않았다. 이어지는 4장에서 이 문제를 집중적으로 살펴볼 예정이다.

4장
농민집단 열도행과
해인족의 성장

　야요이인의 최대 특징은 농민이란 사실이다. 열도에 괭이를 다루는 농민의 출현은 신대륙에 유럽인이 도래한 것에 비견할 충격파를 몰고 왔다. 변화라기보다는 새로운 시대전환이었다. 역사적 의미가 지대한 만큼, 일본에서 야요이인의 출발지를 찾으려는 연구는 예로부터 활발하다. 본문에서 다루겠지만 대체로 대한해협의 대안(對岸)인 가야권, 그중에서도 진주와 김해 등지가 가장 유력하다. 남울산과 부산일대의 해안평야에서도 농경은 행해졌던 만큼 이곳의 농민들도 가까운 열도로 진출했을 개연성이 있다. 최근에는 영산강유역인 전라남도에서도 벼농사를 비롯하여 상당한 농경문화가 규슈지역에 전해졌다는 주장이 많아졌다.

　소소한 차이는 있지만 한반도 남부에 살던 농민들이 일본열도로 건너가 야요이 농경문화를 이룩했다는 시각에는 대체로 동의한다. 그런데 농민들의 열도행에는 해인족의 역할이 지대하였음을 상기할 필요가 있다. 파도 험한 대한해협을 안전하게 횡단할 항해실력을 갖춘 유일한 집단이기 때문이다. 역으로, 농민들의 활발한 열도행은 해인족 집단에게 새로운 비즈니스 기회를 제공하였고 그들 사회의 성장을 자극한 측면도 다분해 보인다.

규슈에서 확인되는 진주농민들의 흔적

야요이시대 일본열도의 자연환경은 농경에 불리하지 않았다. 농업인구가 적었고 온화한 기후와 다량의 강우, 비옥한 화산토로 벼농사에 적합한 토양이었기에 한반도 농민들에게 신천지(新天地)가 될 수 있었다. 청동기로 무장한 채 농경문화를 체화하였던 한반도 출신들은 수렵채집단계의 원주민 조몬인(繩文人)들을 제압하고 열도의 새 주인이 되었다. 야요이인은 신체조건에서 조몬인과 상당한 차이를 보이는데 신장이 크고 사지가 길며 얼굴형도 상대적으로 길다. 한반도 남부 출신이라는 강력한 증거가 된다.

바다를 건너면 풍요로운 땅이 기다리고 있었기에 한반도 남부의 농민들은 온갖 어려움 속에서도 열도로 진출하여 야금야금 대지를 파먹기 시작하였다. 야요이 농경문화가 일본열도 전역으로 확산된 것은 한반도 농민들이 지속적으로 유입된 덕분이라는데 별다른 이견이 없다.[37]

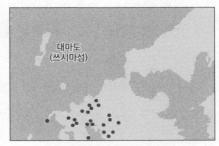

야요이인 발견 지도-西일본

---

37. 최봉렬 편역, 일본인의 조상은 고대조선의 도래인이었다, 일주문, 1989, p93.

한반도와 가까운 북규슈의 후쿠오카에 위치한 이타즈케(板付) 유적은 1949년에 발굴되었는데, 일본에서 처음으로 농경이 이뤄진 곳으로 알려져 있다. 이타즈케 유적지는 주거지와 농경지로 구성되어 있는데 전체적인 모습은 울산 검단리 유적을 비롯한 한반도의 청동기시대 유적과 다르지 않다고 한다. 이타즈케 유적지에서는 2천 년 전 탄화된 벼낱알이 발견되었는데 남중국의 길쭉한 인티카형이 아니라 짧고 둥근 자포니카형이었다. 일본의 벼농사가 한반도와 관련 있음을 시사하는 대목이다. 벼낱알은 한반도식 질그릇에 담겨 있었다. 참고로 열도로의 벼농사 전래경로를 놓고 남방설과 강남설, 한반도설 등이 분분한데 최근 일본 고고학계의 대세는 한반도 경로설이다.

이타즈케 유적지에서는 반달돌칼과 시루식 가마, 가래, 도끼 자루 등의 농경도구가 다수 출토되었는데 한반도의 것을 그대로 옮겨놓은 듯 닮았다고 한다. 주목할 점은 이 같은 농경의 흔적들이 '갑자기 출현'한다는 사실이다. 일본의 벼농사가 조몬문화의 토대 위에서 자생적으로 형성된 것이라면 많은 시행착오를 거쳐 점진적으로 발전하는 것이 마땅한데 잘 갖춰진 농경문화가 야요이 초기에 돌연 등장한다는 것은 벼농사 기술을 지닌 사람들이 한반도에서 집단적으로 이동하였음을 강력히 시사한다.[38]

시코쿠의 도쿠시마대(德島大) 하시노 신페이(端野晋平) 교수는 일본 농경문화의 기원을 집중추적한 전문가이다. 규슈와 한반도의 농경문화를 비교연구하여 야요이문화의 수수께끼를 풀었다. 야요이문화가

38. 부산역사교사모임·양산역사교사모임, 일본고대사여행, 너머북스, 2012, pp34~39.

시작된 규슈의 주거형태를 살펴보면 집터의 바닥을 직사각형 혹은 원형으로 파낸 다음 그 중앙에 다시 타원형으로 낮게 판 작업공간을 두었다. 작업공간의 양쪽 끝에는 두 개의 기둥 흔적이 발견된다. 이런 주거방식은 경상남도 진주시 대평리 유적에서 확인되는 전형적인 특징이다. 따라서 하시노는 규슈지방 야요이 주거지의 뿌리를 남강유역의 대평리와 김해 등지로 보고 있다.

진주 대평리 석도　　　　　　　　규슈 요시노가리 석도

곡물의 이삭을 추수하는 데 쓰인 석도(石刀 돌칼)는 농경의 기원과 전파경로를 알려주는 바로미터이다. 석도는 모양에 따라 반월형(半月形)과 삼각형으로 나뉘고 칼날(刃)의 가공에 따라 편인(片刃 한쪽 갈기)과 양인(兩刃 양쪽 갈기), 손잡이끈을 끼우는 구멍(孔)의 숫자에 따라 일공(一孔)과 이공(二孔)으로 구분한다. 규슈지방의 석도는 대략 세 종류인데 '반월형 편인 이공'은 한반도 남부의 거의 모든 지역에 분포하지만 '반월형 양인 이공'은 남강유역과 울산지역에서만, 또 '반월형 양인 찰절(갈아서 구멍을 냄)'은 남강유역에서만 볼 수 있다. 다음으

열도의 단도마연토기

로 토기의 양식이다. 열도에서 벼
농사가 시작되면서 단도마연토기
(丹塗磨硏土器 겉면에 붉은색 산화철
을 바르고 문질러 광택을 낸 토기)가
출현하는데 하시노 교수는 토기
목부분의 연마방법에 주목하여 남

강유역과 고성·김해지역의 토기가 규슈로 전파된 것으로 분석하였다.
규슈사람들이 진주로 건너가 벼농사와 토기제작 관련 연수를 받았을
리 없는 만큼 사람의 이동에 따른 결과로 해석되어야 한다.

보수성이 짙은 묘제 역시 도래인의 고향이나 출발지를 추정할 수
있는 핵심열쇠이다. 규슈 지석묘의 형식과 상석(上石)의 규모·형태, 부
장품의 내용 등을 종합하면 남강유역과 낙동강 하구의 김해가 기원지
일 것으로 보았다. 결론적으로 청동기시대 한반도 남부의 수도작문화
는 진주 대평리 등 남강 유역 출신들에 의해 주거지와 석도, 단도마연
토기, 지석묘 등의 다양한 문화요소와 함께 규슈로 건너간 것으로 여
겨진다.[39]

하시노 교수의 연구는 매우 충실하지만 결락된 부분이 뚜렷하다.
'해안이 아니라 내륙지방인 진주 대평리의 농민들이 무슨 재주로 대
한해협을 건넜을까?'라는 결정적인 질문에 대한 답변이 누락돼 있다.
간단한 의문이지만 복잡한 비밀을 풀어야만 답할 수 있는 무거운 주
제이다. 조몬인들이 수렵과 채집, 원시적 농경으로 살아가던 섬나라

---

39. 오세현, 과학칼럼 – 진주 대평인이 만든 야요이 문화, 경남도민일보, 2018년 12월 14일자.

에 괭이와 삽으로 능숙히 물〈水〉을 다루는 수도작 농민이 출현했다는 사실은 신대륙에 유럽인이 도래한 것 이상의 충격파를 야기한 대(大) 사건이다. 단순한 변화가 아니라 새로운 전환이었다는 점에서 그 실체를 명확히 할 필요가 있다. 결국 규슈의 농경문화가 진주와 극히 유사하게 된 것은 규슈인들이 진주를 견학한 결과가 아니라 사람이 이동한 결과라고 보아야 한다. 즉 진주 대평리의 농민이 옮겨간 것이다. 이 대목에서 진주와 규슈의 중간지대에 위치한 김해의 농경문화 역시 유사하다는 사실을 감안할 필요가 있다. 아마도 대평리 일대의 농민들은 남강과 낙동강 물줄기를 타고 김해평야로 진출하였을 것이다. 일부는 김해에 뿌리를 내렸겠지만 여의치 못한 무리는 구야한국의 도해용 선박을 얻어타고 대한해협을 건너가 진주식 농경을 이식하였다고 보는 것이 합리적인 추론이다.

진주농민들이 바다를 건너간 연유를 알기란 어렵다. 다만 집단이주를 해야 할 힘든 사정이 있었던 모양이다. 잠시 옆길로 새지만, 필자는 가야의 연맹체 가운데 진주를 기반으로 한 나라가 명확하지 않은 점이 늘 궁금하였다. 진주는 남강(南江)이라는 대형하천이 흐르고 비옥한 들판이 넓게 펼쳐진 지역이다. 삼국시대 이후에는 진주에 위치했던 중진(重鎭)이 늘 확인된다. 그런 만큼 가야시대에도 김해(금관국)와 함안(아라국)에 비견할 대국이 존재해야 마땅한 곳인데도 문헌증거나 대형고분군 등의 고고학적 흔적은 미약하다. 혹시 진주의 농민들이 터전을 떠나야 했던 거대한 전란이 있었던 것은 아닐까? 조일전쟁 최대의 비극으로 불리는 1593년의 제2차 진주성싸움을 비롯하여 진주는 후대에도 아픔이 많은 땅이었다.

어쨌든 한반도 농민의 열도행은 크게 4가지로 도식화할 수 있다. 첫째는 자발적 자력(自力)이주, 둘째는 비자발적 자력(自力)이주, 셋째는 자발적 타력(他力)이주, 넷째는 비자발적 타력(他力)이주이다. 그런데 두 번째 '비자발적 자력이주'는 무시해도 좋다. 가기 싫은데 제 발로 험한 바다를 건넌 경우는 현실에서 찾기 힘들 것이다. 그러므로 실제로는 ① 자발적 자력이주, ② 자발적 타력이주, ③ 비자발적 타력이주(=강제이주) 등 3가지 방안으로 한정된다고 하겠다. 이제 3가지 '경우의 수'를 차근차근 살펴볼 순서이다.

금관가야 왕자와 동해남부 해변인의 자력(自力) 이주

① 자발적 자력이주란 한반도 농민집단 가운데 일본으로 가기를 희망하여 스스로의 능력으로 이주한 경우를 말함인데, 현실에서는 그리 많지 않을 것이다. '항해 역량을 갖춘 농민집단' 자체가 극소수에 불과하기 때문이다. 미약한 가능성을 제시한다면 금관가야 왕자들의 '도해 전설'과 동해남부 반농반어민의 '역량'을 주목할 수 있다.

김해 금관가야는 농경이 활발하면서도 해상능력 또한 갖춘 독특한 지역이다. 그 때문에 일찍부터 선진지대로 발전하였다. 금관가야에서는 왕위계승권이 없는 왕자들이 일본열도로 건너갔음을 시사하는 설화가 전해진다. 김해김씨 족보에는 "수로왕과 허왕후 사이에 10남을 두었는데 큰아들은 태자(제2대 거등왕)요 두 아들은 왕후의 성을 따라 허씨가 됐고 나머지 일곱 아들은 염세상계(厭世上界 세상을 비관하여 하늘나라로 떠남)했다."는 내용이 나온다. 김해 숭선전에 있는 편년가

락국기(編年駕洛國記)에 실린 김씨왕세계(金氏王世界)에도 비슷한 기록
이 발견된다.

"선(仙)이라는 이름의 왕자가 세상이 활기가 없어 보여 신녀(神女)와 더
불어 구름을 타고 떠났기 때문에 왕(王 가락국 2대 거등왕)이 강에 있는
돌섬의 바위에 올라가 선을 부르는 그림을 새겼다. 이 때문에 왕의 초
선대라고 전해지고 있다.(王子諱仙 見塵世衰葬 與神女乘雲離去 王欲登江石
島岩 招仙銘影 故俗傳王招仙臺)"[40]

가락국신화에서도 유사한 내용을 찾을 수 있으니 '수로왕의 왕자
거칠군(居漆君)이 염세상승(厭世上乘 세상을 비관하여 하늘로 떠남)했다'
는 것과 '왕자 선견(仙見)이 진세(塵世 인간세상)가 쇠하는 것을 보고 승
운이거(乘雲離去 구름을 타고 떠남)했다'는 기록이다.[41]

수로왕의 일곱 아들은 왜 가락국을 떠났으며 그들의 도착지는 어디
였을까? 수로의 일곱 아들이 세상을 비관한 이유는 왕위계승권이 없
는 왕자의 비애라고 하겠는데 최종목적지는 일본열도라는 풀이가 일
찍부터 제기되었다. 재야사학자 이종기는 "수로왕의 딸 묘견(妙見)공
주가 AD 103년 규슈로 건너가 남동생 선견(仙見)왕자와 또 다른 가락
국을 세우니 그것이 야마타이국이며 비미호(卑彌呼 히미코) 여왕이다."
라고 대담하게 주장하였다. 가야와 규슈에서 발견된 파형동기(巴形銅

---

40. 이봉하, 가야가 세우고 백제가 지배한 일본, 보고사, 1998, p76.
41. 이종기, 춤추는 신녀, 동아일보사, 1997, pp164~168.

器)나 신어문(神魚文) 등이 거의 일치한다는 점을 근거로 들었다. 한양대 이도흠 교수도 "고대 일본의 첫 여왕인 비미호(卑彌呼)가 수로왕의 공주일 가능성이 높다."고 설파했다. 이도흠 교수는 "3세기 규슈 야마타이국은 가야와 같이 이모작을 했고 철기공방이 있는 점 등으로 미뤄 이는 가야인들의 흔적"이라고 역설하였다.[42]

수로왕 자녀들에 관한 설화를 실제 사실로 간주할 필요는 없다. 특히 가야의 왕자와 공주가 야마타이국을 세웠다는 주장은 검증된 바 없다. 하지만 전설은 대체로 역사적 사실을 은유한다고 할 때 금관가야의 정치적 패자(敗者)들이 일본열도로 건너가 새로운 반전을 모색했을 여지도 배제할 수 없다. 특히 금관가야의 탁월한 해상력을 감안할 때 자력(自力) 이주의 가능성은 충분하다고 하겠다.

낙동강 하류의 서쪽에 위치한 금관가야 못지않게 동해남부 거주민들도 열도로의 자력이주가 가능한 집단이었다. 농경화가 지속되는 와중에 동해남부 해변은 해양문화와 농경문화가 병존하는 지역으로 변천하게 된다. 부산과 울산의 해안에서 광범위하게 발견되는 지석묘는 농경화의 생생한 증거이다. 결국 동해남부 해변에서는 농경과 어로 두 가지 문화가 통합된 새로운 집단, 농·해민의 구분이 모호한 단계로 진화가 이뤄진다. 농사와 어로를 병행하는 농경해인족, 반농반어(半農半漁) 사회의 등장이다.(반농반어는 최근까지도 해변촌락의 일반적 현상이다.)

필자는 한일 고대사의 큰 굽이마다 동해남부의 울산·부산지역 반농

---

42. 주간경향 2006년 9월 15일자.

반어민들이 적잖은 역할을 했을 것으로 주목한다. 지리적으로 일본열도와 가장 가까웠던 이들은 대한해협을 스스로 건널 수 있는 역량을 갖춘 집단이었다. BC 3세기, 더 거슬러 올라가면 BC 5세기경부터 열도에서 목격되는 농경의 흔적은 지리적으로 가까운 동해남부 반농반어민의 도해역량(渡海力量)과 무관하지 않다고 주목한다. 농경의 장점을 실감한 동해남부인들이 좁은 해안평야보다 드넓은 규슈평원을 주목하는 것은 자연스러운 선택이었을 것이다. 다만 동해남부 지방 자체가 대규모 농경지대가 아니었던 만큼 실제로 열도로 건너간 '농민' 숫자가 대단히 많지는 않았다고 짐작된다.

필자가 '최초의 왜'라고 파악하는 동해남부와 대마도 일대는 신라와 갈등이 특히 깊었던 지역이다. 신라는 국력이 커지면서 남울산·부산쪽으로의 진출을 끊임없이 시도한다. 동해남부의 해변인들은 신라를 수없이 약탈하였지만, 농경국의 집중화된 팽창력을 지속적으로 감당하기에는 역부족이었다. 신라는 국경선을 부산해안까지 밀고 내려갔으니 해변인들로서는 세 가지 방안 가운데 하나를 선택할 수밖에 없었다. ① 항복하여 신라백성으로 흡수되거나 ② 맞서 싸우다 죽는 길, 그리고 ③ 외부로 도주하는 방안이다. 항복하기는 싫고 죽기도 어렵기에 ③의 방안을 선택하여 일본열도로 이주한 무리가 없지 않았을 것이다. 자발적 이주로 볼지 비자발적 이주로 분류할지 애매하지만, 스스로 배를 몰아갔다면 이 또한 '자력이주'가 분명하다.

이즈음에서 고민해볼 대목은 김해에 위치한 '금관가야'와 동해남부에 자리잡았던 '최초왜'의 관계는 어떠했을까 하는 문제이다. 양자 간의 관계를 짐작케 하는 문헌증거는 없다. 다만 김해 대성동고분과 부산 복천동고분이라는 고고학적 발굴성과를 통해 양자 관계를 추정해 볼 뿐이다. 사람 사는 세상에서 일정한 갈등과 알력은 피할 수 없었겠지만 '금관국-최초왜' 관계는 경주의 초기신라와는 사뭇 달랐다고 사료된다. 김해와 동해남부는 모두 해운력을 갖춘 지역인 만큼 한쪽이 다른 쪽을 일방적으로 약탈하기는 쉽지 않았을 것이다. 공격을 할 경우 반격이 틀림없는 양자 사이는 갈등관계보다 공존관계의 효율성이 더 높다. 따라서 해양력이 탁월하였던 김해와 동해남부는 상호충돌하는 사이라기보다 평화로운 이웃이었을 개연성이 높다고 짐작한다. 양자는 낙동강 반대편에서 벌어지는 현상들을 빤히 지켜보며, 때로는 교류협력하고 때로는 경쟁갈등하면서 각자의 길을 걸었다고 추정해본다. 따라서 김해나 동해남부 어느 쪽 사람(들)이 대한해협을 건너가서 농사를 짓는다는 모험담이 전해졌다면, 상대지역에서도 영향을 받아 그에 동조하는 움직임은 충분히 생겨날 수 있다고 추정할 수 있다.

지금껏 야요이농민 다수가 스스로 대한해협을 건넌 농민들의 후예로 받아들여지고 있지만 실제로 자력이주는 소수에 불과하였을 것으로 판단한다. 금관가야의 왕자들이 일본열도로 향했다는 고고학적·문헌사적 증거는 아직 확정되지 못하였다. 부산·울산 등 동해남부의 반농반어민에게 적용가능한 자력이주도 '이론적인 가능성'에 불과하다. 규슈나 혼슈의 농경문화에서 동해남부 해안의 농경흔적이 확인된 사례는 아직 없다.(앞에서 규슈 이타즈케(板付) 농경유적이 울산 검단리 유적과 유사하다고 언급하였지만 검단리는 내륙으로서 동해남부 '해안'과는 일정한 차이가 있다.) 더욱이 동해남부와 대마도 등지는 농경문화가 크게 흥성한 지역이 못 된다.

열도로 건너간 한반도 농민의 대부분은 진주 등 내륙에 거주하던 경우였다. 바닷길을 모르던 내륙 농민집단의 열도 이주는 자발적이든 비자발적이든 모두 타력(他力)에 의한 것으로 보아야 한다. 항해에 능숙했던 해인족이 마련한 배를 타고 열도로 건너갔다는 의미이다. 한반도에서 일본열도로 이주한 농민들이 스스로 희망하여, 자력으로 바다를 건넜다고 간주하는 것은 고대사를 너무 평화롭고 동화적으로 대하는 비현실적인 시각이다. 대부분의 열도이주는 전쟁이나 포로사냥 등 불가피한 사정에 의해, 자신의 의지와 무관하게 진행되었다고 판단한다. 이 대목에서 나는 감히 말할 수 있다. "야요이인 상당수는 자신의 의지에 반하여 노예로 끌려간 한반도 농민과 그들의 후손이다."

한반도 전국시대(戰國時代)와 농민집단 열도 이주

야요이농민의 열도행은 대부분 타력(他力)에 의한 이주라고 보아야 합리적이다. 이제 한반도 농민들의 일본행과 관련해 제기된 두 개의 질문 '왜(why)'와 '어떻게(how)'를 본격적으로 따져볼 때가 되었다. 첫 번째 질문 '왜(why) 일본열도로 갔을까?'부터 살펴보자.

땅에 집착하는 내륙의 농민들이 위험천만한 바다를 넘은 이유는 매우 중요한 연구주제지만 지금껏 거의 주목받지 못하였다. 농경민들은 조상 대대로 축적한 풍습상의 전통과 마을공동체에서 간직해온 정서적인 고리를 중시한다. 그러기에 자신의 토지를 버리고 낯선 땅으로 이주하는 것을 즐겨하지 않는다. 이동이 잦은 유목민은 풀이 잘 자라는 땅이나 소와 양, 낙타가 생존하기 좋은 환경이 나타나면 비교적 쉽게 옮겨가지만 정착농민들은 땅에 대한 애착이 대단하다. 새로운 농토를 개간하기도 쉽지 않지만 새로 얻은 토지에서 기존의 토지를 대체할 만한 수확이 일어날지는 최소 1년의 모험 없이는 알 수가 없기 때문이다. 한반도 남부에 살던 농민들도 마찬가지였다. 토지충성도가 높은 농민들이 터전을 바꿔 낯선 땅으로 옮겨간 원인은 뭘까? 그들로 하여금 파도치는 대한해협을 넘도록 만든 동력(動力)은 무엇일까? 농토를 생명처럼 여기는 농민들이 조상의 땅을 버리고 낯선 바다를 건너기로 마음먹었을 때에는 그럴 만한 사정이 생겼기 때문이었을 것이다.

우리는 1620년 메이플라워(Mayflower)호를 타고 영국의 플리머스 항(港)을 출발해 대서양을 건너간 102명의 청교도 농민을 알고 있다. 이들은 성공회를 국교로 정한 영국왕실이 청교도를 박해하자 목숨을 걸고 신천지를 찾아 떠난 것이다. 이처럼 땅에 붙어사는 농민집단이 바다를 건너 새로운 땅을 개척하고자 시도하였을 때에는 그만큼 절박한 사정이 생겼음을 의미한다.

극심한 한발이나 홍수 등 자연재해도 농민들이 터전을 포기하도록 강요하는 요인이 될 수 있다. 그 역사적 사례는 풍성하다. 1845년부터 1850년까지 계속된 아일랜드의 감자 흉작으로 100만여 명이 사망하자 대기근을 피하기 위해 100만 명 이상이 북미대륙으로 이주하였다. 가혹한 폭정이나 무거운 세금 역시 농민들을 토지에서 몰아내는 이유가 된다. 그밖에 중죄를 저지른 인물이나 범죄의 피해를 입은 경우에도 고향을 등질 수 있다. 그렇지만 사람들로 하여금 기존의 토지에서 벗어나 새로운 땅으로 이동하게 만드는 최대 동력(動力)은 전쟁이다. 전쟁만큼 삶의 터전을 철저히 파괴하는 사건은 없다.

농경의 시작은 곧 전쟁의 시작이다. 잉여농산물과 더 나은 토지를 둘러싼 인간집단 간의 갈등은 필연적이다. 고대나 현대나 전쟁은 늘 참혹하다. 인간의 역사에서 전쟁은 격렬한 통증을 유발하였다. 전투 와중에 많은 것을 상실하게 된다. 생명과 재산은 물론이고 사랑하는 가족을 잃기 쉽고, 패배한 진영에서는 인간으로서의 존엄마저 말살되는 끔찍한 결과가 기다리고 있다. 전쟁에 참여하지 않은 사람도 농사일을 제대로 수행할 수가 없으니 결국은 굶주림에 시달리게 된다. 어떤 전쟁이라도 일단 발생하면 수많은 인간집단이 기존의 토지에서 밀려나게 되는 것이다.

고대의 모든 전쟁이 문헌에 기록되는 것은 아니다. 역사기록에는 나오지 않지만 고고학적 유물을 통해서도 전쟁의 흔적은 포착된다. BC 500년경, 지금으로부터 2500년 전에 조성된 경남 진주의 대평리 청동기유적에서는 머리 없는 인골과 부러진 화살촉 4개가 남겨진 무덤이 발견되었다. 마을 외곽에는 환호(環濠)와 목책시설이 확인되었다. 마을에 이중삼중의 방어시설을 구축했다는 것은 인근 마을과 전투가 있었음을 시사한다. 2500년 전 한반도 남부에서 역사기록에는 나오지 않는 '작지만 끔찍한 전쟁'이 있었음을 대평리유적이 증명하고 있다.[43] 비슷한 시기에 조성된 충남 부여의 송국리유적에서도 방어용 목책과 해자 흔적이 확인되었다. 적어도 BC 500년 이후에는 한반도 남부에 크고 작은 전쟁이 끊이지 않았다는 의미이다.

---

43. KBS 역사스페셜, '2500년 전 한반도는 전쟁중이었다' 1999년 7월 17일 방영.

세월의 흐름과 함께 전쟁의 규모도 커져 갔다. 대륙과 연결된 한반도의 지형상, 중원(中原)의 정치변동과 무관할 수 없다. BC 770년 주(周)나라가 도읍을 호경(鎬京 현재의 시안西安)에서 낙양(洛陽)으로 옮긴 때부터 BC 403년 한(韓)·위(魏)·조(趙) 삼씨가 진(晉)을 분할한 시기까지를 '춘추시대(春秋時代)'라 하고, BC 403년부터 진(秦)나라가 천하를 통일한 BC 221년까지를 '전국시대(戰國時代)'라고 부른다. 약육강식의 춘추전국시대에 수많은 소국이 사라졌고 망국의 유신과 백성들은 사방으로 몸을 피하였다. BC 221년 진(秦)이 6국을 모두 멸망시키면서 전국시대는 종료되었지만 BC 211년 진시황 사후 또다시 군웅할거 시대가 펼쳐진다. BC 202년 한(漢)나라 유방(劉邦)이 항우(項羽)의 초(楚)나라를 제압하고 중원을 재통일하고서야 대륙은 한동안 안정을 찾는다. 춘추시대 이후 600년 가까운 대(大)전란기에 수많은 무리가 동쪽으로 향하였고 만주와 한반도는 직접적인 영향을 받게 되었다.

BC 300년경 연나라 장수 진개(秦開)의 공격으로 고조선이 서쪽의 영토 2천 리를 상실한 사건, BC 200년경 연(燕 하북성), 제(濟 산동성), 조(趙 산서성) 등지에서 수만 명이 전란을 피해 고조선으로 망명한 일, BC 194년 위만조선의 등장과 기존 준왕(準王) 세력의 남천, BC 108년 위만조선의 멸망과 유민들의 한반도 남부 진출 등은 중원의 변화가 한국사에 직접 영향을 끼친 역사적인 사례이다. 기원후에도 AD 246년 관구검의 고구려 침공과 AD 285년 모용외의 부여 침공, AD 342년 모용선비의 고구려 공격 등은 북방인들이 남하한 주요 계기였다. 후대로 갈수록 독한 무리가 한반도로 진출하는 특징을 보여준다.

고대국가 체제를 경험한 세력들이 대륙에서부터 몰려들면서 한반도 전역에 축차적(逐次的)인 변화가 불가피하였다. 자연발생적인 소부락단위의 전투를 넘어 영역국가 사이에 전쟁이 일상화되는 '한반도 전국시대(韓半島 戰國時代)'로 진입하였다. 기씨조선(箕氏朝鮮)의 마지막 군주 준왕(準王)은 BC 194년 위만(衛滿)에 쫓겨 한반도 남부로 피신한다. 역사서에는 준왕이 마한(馬韓)의 왕이 되었다고 돼 있다. 준왕 세력은 발달된 청동기에 기반해 고대국가를 경영한 집단이었다. 준왕 집단은 충청도 천안 일대의 목지국(目支國)을 장악하여 한반도 남부의 진국(辰國) 권역을 지도하였다고 여겨진다. 고조선에서 남천한 준왕 집단을 선주민들이 환영만 하지는 않았을 것이다. 자신들의 기득권을 지키기 위한 반발과 투쟁을 상정할 수 있다.

한반도 남부에서 진국이 형성되고 진왕(辰王)의 왕권이 확립되는 과정은 소국통합전(小國統合戰)으로 짐작되지만 명시적인 기록은 없다. 다만 AD 2세기의 '왜국대란(倭國大亂)'을 통해 통찰을 얻을 수 있다. 삼국지 왜인조는 왜(倭)의 대표주자인 야마타이국(邪馬臺國)에 대해 "본래는 남자왕이 있었지만 70~80년 정도에 그쳤고 왜국대란이 일어나 여러 해 동안 서로 전쟁을 벌인 끝에 한 여자를 추대해 왕으로 세웠는데 이름을 비미호(卑彌呼 히미코)라고 한다. 여왕은 귀도(鬼道)를 섬겨 사람들을 능히 미혹시키고 나이가 들어서도 남편이 없었다."고 전하고 있다. 28개 소국을 통할하는 비미호의 야마타이국은 7만호에 이르는 대국이었다.

야마타이국은 삼한의 맹주국인 목지국(目支國)에, 비미호는 진왕(辰王)에 비견된다. 비미호는 AD 2세기에 등장하는 반면 진왕은 BC 2세기에 출현한 것으로 추정되므로 시대차이가 크지만 수도작 농경이 왜보다 한반도에서 먼저 시작된 사실을 감안하면 소국쟁투가 삼한에서 먼저 일어난 것은 당연하다. 가칭하여 삼한대란(三韓大亂)이다. 아마도 준왕집단은 우세한 무장과 앞선 전술로 선주(先住)소국들을 제압하고 진국체제를 완성했을 것이다. 역사기록은 전해지지 않지만 통합전쟁의 와중에 많은 농민집단이 희생됐을 소지는 다분하다.

진국은 성립된 지 채 100년이 안 된 시점에 위기를 맞는다. 준왕을 몰아내고 고조선의 왕권을 차지한 위만의 후예들이 남하대열에 합류한 것이다. 위씨조선(衛氏朝鮮)의 재상 역계경(歷谿卿)은 BC 108년 한나라의 침공으로 고조선이 멸망하기 직전에 동쪽 땅으로 도주한 것으로 기록돼 있다. 자신들이 몰아낸 준왕의 후예가 터를 잡은 서쪽의 진국을 피해 동쪽으로 이주했다고 사료된다. 서쪽의 원(原)진국이 마한(馬韓)이라면 (역계경 집단이 진출한 것으로 추정되는)동쪽은 진한(辰韓)이 되면서 다시 분열이 시작된다. 고조선이 멸망하고 한사군이 설치되자 고조선의 나머지 유신집단(遺臣集團)도 역계경 무리와 합류한다. 이들의 언어는 마한과 달랐으니 삼국지 동이전에서 언급한 '궁(弓)을 활(弧)이라고 말하는〈弓爲弧〉 족속'으로 짐작된다. 고조선 유민집단의 최종 목적지는 경주와 김해일대로 짐작된다. 삼국사기 신라본기 혁거세왕 원년조에 "앞서 조선의 유민들이 산곡 사이에 나뉘어 살아 육촌을 이루었다.(先是朝鮮遺民 分居山谷之間 爲六村)"는 기록이 이런 사정을 시사한다. BC 1세기 이후 경주와 김해 등지에서 서북한(西北韓) 계통의 묘제가 출현하고 철제 무구류 등이 확인되는 점도 이곳에 철기문화를 지닌 고조선 세력이 진출하였다는 방증이 된다.

역계경을 비롯한 위씨조선의 유민집단은 철기문화 수혜세력이었다. 이들은 준왕 세력보다 100년 뒤에 남하하였지만 철기국가를 경영한 경험이 있어 신속하게 주변 소국들을 정복하면서 급성장하였다. 경상도 일대가 철산지(鐵産地)라는 사실도 이들에게는 행운이었다. 계속해서 고조선이 멸망하고 한사군이 생겨나는 한반도 북부에서의 변화는 한반도 남부에 인구압 상승을 초래하였고, 이는 곧 열도로의 농민이주를 촉진한 배경이 되었다.

나는 준왕계통이 BC 194년경에 건국한(또는 권력을 장악한) 진국(辰國)이 위씨조선의 정치적 압력과 고조선 유민세력의 대량유입으로 붕괴되면서 삼한이라는 열국체제(列國體制)로 분열된다고 짐작하는 입장이다. 중국대륙에서 주나라가 무너지면서 수십 개 제국(諸國)이 할거하는 춘추전국시대로 분열되는 것과 유사하다. 고대의 정치사회는 느슨한 연맹체로 통합되었다가 외부의 충격에 의해 분열되고, 다시 강고한 구심력을 갖춘 정치체로 통일되는 정반합(正反合)의 반복적인 과정을 거쳤다. 한반도 남부에서의 사정도 유사하다. 느슨한 연맹체인 진국이 삼한으로 분열되었고, 이 삼한이 백제-신라-가야로 이어졌다가 훗날 통일신라로 발전하는 것이다.

삼한의 정치적 수장을 뜻하는 진왕(辰王)이 적어도 3세기까지 관찰된다는 것은 기존의 진국체제가 AD 3세기까지는 상징적 차원에서나마 존속돼 왔음을 시사한다. 즉 삼한으로 조각났지만 최대 연맹체인 마한의 왕이 계속해서 진왕, 즉 진국의 왕임을 표방하였던 것이다. 진국은 그 기록이 소략하여 건국시기나 멸망시기를 짐작하기 어렵다. 다만 진왕이 한반도 남부의 최고권력자로 군림하였다는 사실은 기억할 필요가 있다. 삼한의 영역인 한반도 남부의 정치체계가 '기존 상식이상으로' 발전하였다는 의미이다.

진국이 삼한으로 나뉜 것은 북방으로부터 이질적인 신규세력이 진입한 결과이다. 삼국지에는 진한(辰韓)의 말〈言〉이 마한(馬韓)과 차이가 나고 승마풍습 등이 존재하는 점 등을 근거로 '진한 땅에 진(秦)나라 유민들이 들어갔고 그래서 진한(辰韓)을 진한(秦韓)이라고 부르기도 한다.'라고 표현하고 있는데 허튼 기록으로 배척하기는 어렵다. 법이 엄했던 진나라는 농민들에게 만리장성 축조 작업을 비롯한 가혹한 의무를 부여하였고, 극한에 몰린 백성들이 살아남기 위해 도주하는 것은 상정 가능한 일이다.

군대를 거느린 세력은 물론이고 학정을 견디지 못해 도주한 농민 집단도 선진체제를 경험하였던 만큼, 소박한 삼한사회에서 성장한 무리와는 기본실력이 다르다. 한반도 남부의 정치질서는 북방세력에 의해 수시로 재편되었으니 북방의 패배자가 남방에서는 정복자로 군림하기 일쑤였다. 동서고금을 막론하고 정치질서가 새로 바뀌는 과정은 통증을 동반한 변화를 강요한다. 승자는 기록에 남았지만 많은 패배자들은 제거되거나 승자에 동화되거나 먼 땅으로 도주해 사라졌을 것이다.

삼국지(三國志) 위서 동이전에는 3세기 삼한지역에 78개 소국이 존재했던 것으로 기술하고 있지만 더 많은 소국이 명멸하였다. 삼국지에 이름이 없는 소국의 사례는 허다하다. 실직곡국과 음집벌국, 압독국, 사벌국은 삼국사기에는 출현하지만 삼국지에는 나오지 않는다. 임나와 탁순, 졸마, 자타, 비자벌, 침미다례 등은 일본서기에는 나오지만 다른 사서에는 없다. '포구의 나라'로 이름을 올린 골포국과 칠포국, 사물국과 고자국도 다른 사서에서는 찾기 힘들다. 중국 역사서 진서(晉書)에 기재된 신미제국(新彌諸國)도 다른 곳에서는 찾아보기 힘든 소국이다. 제대로 이름조차 남기지 못한 수많은 소국이 전쟁 와중에 합병돼 사라진 것이다. 합병을 거부한 채 바닷길을 타고 규슈와 혼슈 등지로 이주한 무리 또한 적지 않았을 것이다.

만주와 한반도 역사를 보면 경쟁에서 패한 세력은 남(南)으로 향하는 특징이 있다. 대륙과 연접된 지형으로 인하여 더 강한 군력(軍力)을 지닌 외부세력이 서북쪽(중원)에서 밀려들었기 때문이다. 압록강이나 대동강에서 밀려난 세력은 한강유역으로 이동하였고, 한강에서 패한 세력은 금강으로, 금강에서 밀린 집단은 영산강이나 낙동강 유역에 새 터전을 잡는 방식이다. 물론 대동강 유역에서 금강이나 낙동강으로 훌쩍 건너뛴 경우도 있었을 것이다.

릴레이식 세력이동의 결과 2500년 전 진주 대평리 유적에서 발견되는 부락단위의 소규모 전투를 넘어 소국(小國)단위의 전쟁이 발생하게 된다. BC 230~BC 221년, 진(秦)이 중원의 6국을 차례로 멸망시키면서 전국시대를 종식시킨 충격파는 동쪽으로도 전해졌다. 도주해 온 세력이 야기한 소용돌이에다 축차적인 인구압이 결합되면서 한반도는 BC 3세기 이후 전쟁이 끊이지 않는 시대로 진입한다. BC 194년 고조선 준왕의 남천도 이런 시각에서 풀이된다. '한반도 전국시대(戰國時代)'는 대략 BC 3세기 후반에 시작돼 AD 7세기 후반 신라의 삼국통일로 끝나니 900년 가까이 지속된 셈이다.

전국시대는 패배자를 대량생산한 기간이다. 특히 삼한삼국의 등장 과정에서 무수한 정치적 패자(敗子)들이 생겨났다. 동물의 세계나 인간의 역사에서 승자(勝者)는 효율성을 키운 '독종'들이다. 한 번의 싸움에서 이겨 지배범위가 넓어지면 다음 전쟁을 수행할 효율성은 더욱 제고되고 승리의 가능성도 높아진다. 전쟁의 효율성을 높이고자 하는 본능과 잠재적인 적과의 추후전쟁에 대비하여 승자는 더 넓은 지배권을 확보한 강자(強者)가 되기를 갈구한다. 결국 승리한 강자는 부지런히 전쟁을 벌여 영역을 계속 확장해 나간 반면 수많은 패자들은 목숨을 구걸하거나 대안을 찾아야 하였다. 새로운 대안지로는 대한해협 건너편 일본열도가 부각되었다. 한반도계 야요이인들이 일본에 본격적으로 출현하는 시기가 BC 3세기 이후인 것은 결코 우연이 아니다. 초기의 야요이농민 상당수는 전쟁난민(戰爭難民)이었다고 필자는 간주한다.(반면 기원 이후의 후기 야요이시대에는 인간사냥으로 많은 한반도 농민들이 강제로 끌려갔다고 본다. 4장 후반부에서 상세히 언급한다.) 한반도 농민의 열도 이주의 큰 배경이 인구압이 초래한 전쟁이라고 할 때, 이제는 '어떻게 건너갔을까?'의 문제를 고찰해 본다.

농민집단 열도행과 해인족의 역할

사실 농민들이 대한해협을 건너는 일은 쉽지가 않았을 것이다. 배를 몰아보지 못하였고 복잡한 물길에 대한 지식도 없던 내륙인들이 어떻게 파도 험한 해협을 건넜을까? 한반도 농민들의 열도행에서 '왜 갔을까'보다 더 중요한 질문이 '어떻게(how) 갔을까?'이다. BC 3세기 이후 바다를 모르는 농민들이 대거 도일(渡日)한 방식과 관련한 심도 있는 문답을 본 적이 없다.

예나 지금이나 바다를 건너기란 쉬운 일이 아니다. 더욱이 항해술을 익히지 못한 고대의 농부가 조각배를 타고 개별적으로 대한해협을 건넌다는 것은 상상하기 어렵다. 농민에게는 일가족은 물론이고 곡식종자와 개·닭·돼지 등 동반하는 화물(貨物)이 많게 마련이다. 규모 큰 선박이 필수지만 농민들로선 바다를 건널 배를 마련하는 것부터 쉬운 일이 아니다. 설령 어렵게 배를 구하여 일가족 정도의 인원으로 도해(渡海)를 시도하였다 해도 물길을 알지 못하니 실패확률이 높다. 한마디로 농민 개개인이 해협 횡단에 나선다는 것은 자살행위나 다름없다. 야요이시대를 포함하여 한반도 농민의 열도행은 개별적 이동이라기보다 집단이주가 주(主)를 이루었다고 보아야 한다.

혹자는 낙동강이나 남강을 주목할 수도 있을 것이다. 강변의 농민 가운데 배에 익숙한 경우가 있을 것이니 강을 운항하던 배를 타고 김해하구를 빠져나간 다음 해협을 건넜다고 추정하는 것이다. 그러나 어림없는 이야기이다. 수심이 얕은 강을 운항하는 배는 바닥이 낮고 평평한 선박이다. 파도가 높고 바람마저 거센 대양(大洋)에서 흘수선(吃水線, Waterline) 낮은 평저선(平底船)은 순식간에 전복된다. 대한해협은 결코 온순한 바다가 아니다. 느긋하게 항해할 수 있는 날은 1년에 채 며칠이 안 된다. 태풍 때는 말할 것도 없지만 평소에도 거센 바람과 높은 파도가 수시로 몰아친다. 거의 기절할 지경으로 시달린 끝에야 바다를 건널 수 있고 재수가 없으면 물귀신이 되기 십상이다. 이런 혹독하고 무자비한 바다를 횡단하기 위해서는 강상(江上)의 소선(小船)과는 구조가 전혀 다른 중대형선박이 필수적이다. 물론 신석기시대에 흑요석을 얻기 위해 통나무배로 대한해협을 횡단하는 일이 허다하였다. 하지만 이는 바다에 익숙한 해인족이 파도를 맞아가며 감행한 거친 항해로서, 화물 많은 농민여객들에 적용하기는 어렵다.

농민집단의 열도행을 보장하기 위해서는 통나무배보다 진보한 중대형선박과 함께 물때와 조류, 해풍에 익숙한 유능한 항해인력이 필수였다. 도해용 선박은 신석기시대 이후 일정한 진보를 이루었다. 돛을 단 대형구조선은 AD 4~5세기 이후에 등장한다고 할 때, 야요이시대(BC 300~AD 300) 한반도농민의 열도행에 활용된 선박은 노를 젓는 한편으로 돛을 활용하는 준구조선(準構造船)으로 발전해 나갔다고

현동 배모양토기

짐작된다. 야요이시대의 배를 정확히 알기는 힘들지만 선형토기(船形土器) 유물들을 통해 개략적인 면모는 짐작할 수 있다. 거대한 통나무를 파낸 선저부(船底部)와 판재를 이어붙인 현측(舷側)으로 구성된 이중구조의 준구조선이 출현하였음을 알 수 있다.[44] 토기의 가운데 부분에 작은 돌기들이 표현된 선형토기가 있는데 노(櫓) 또는 노젓는 선원을 의미한다고 여겨진다. 야요이시대에 대한해협을 횡단하는 배는 10개 안팎의 노를 장착하였다고 짐작된다.

경남 거제와 창원을 잇는 국도건설현장인 창원시 현동에서 거대 고분군이 발굴되어 2019년 6월 설명회가 열렸다. 각종 마구류와 무

---

44. 김정배 편저, 한국고대사입문2, 신서원, 2006, p236 참고.

구류, 단야구, 토기류 등 1만여 점의 유물 가운데서 필자의 관심을 끈 것은 주형토기(舟形土器), 즉 배모양토기였다. 길이 29.2cm, 높이 18.3cm의 주형토기는 판재를 조립한 준구조선(準構造船) 형태였다. 노를 고정하는 고리가 없는 돛단배여서 국제항로를 운항하던 선박모형으로 추정되었다. 창원 현동 유적의 조성시기는 연구가 더 필요해 보이지만 상당히 이른 시기부터 돛을 단 범선이 대한해협을 항해하였음을 시사받게 된다.

일본 덴리시 히가시도노쓰카 (東殿塚)고분에서 출토된 타원통형토기에 그려진 배를 보면 한쪽 측면에 4~7개의 노가 확인된다. 선형회화(船形繪畫)는 AD 4~5 세기 일본의 근해를 항해하던 선박을 묘사하고 있지만 고대의 기술발전 속도는 매우 느렸던 만큼

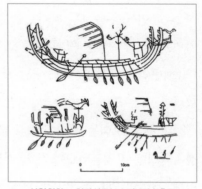

선형회화 – 히가시도노스카 고분 출토

BC 3세기에도 농민여객을 잔뜩 태운 선박은 비슷한 규모와 구조를 지녔다고 짐작된다. 한쪽에 5개의 노가 있었다고 하면 10명의 노잡이와 선장을 포함하여 최소 11명의 선원이 탑승했다고 볼 수 있다. 순풍이 불 때는 돛을 올려서 노잡이들의 수고를 덜어주었을 것이다. 이런 정도의 선박이라면 20~30명의 여객과 화물을 태우고도 인력과 조류를 활용하여 대한해협을 무난히 건널 수 있었을 것이다. 결론적으로 내륙의 농민들이 열도로 건너가기 위해서는 ①해인족의 도움을 받아 ②규모 갖춘 선박을 이용해 ③집단적으로 해협을 건넜다고 보는 것이

합리적이다. 물론 합당한 대가는 제공하였을 것이다. 필자가 도식화한 열도행 가운데서 두 번째 경우, '자발적인 타력 이주'에 해당된다고 하겠다.

해인족의 도해사업(渡海事業)과 강제이주 발생

진주와 함안, 합천, 고령 등 한반도 내륙에 살던 농민들이 일본열도에 대한 정보를 획득한 것은 해변인과 교류접촉한 결과로 보아야 한다. 내륙인들의 농사를 지켜보던 해인족들이 '배를 타고 바다를 건너가면 임자 없는 넓은 땅이 있다'고 말해주는 것은 상상하기 어렵지 않다. 해변인과 내륙인은 '소가 닭 보듯' 서로를 무시하면서도 교류하고 협력할 이유 또한 많았다. 해변인이 확보한 소금·물고기와 농경민이 생산한 쌀과 보리는 상대에게 강렬한 유혹이었던 것이다. 해변인과의 접촉과정에서 일본열도에 대한 정보를 얻던 농민집단이 전쟁 등으로 인해 '소멸의 위기'를 맞았을 경우 바다를 건너기로 마음먹는 것은 자연스러운 상정이다. 한반도 농민집단의 열도행에 해인족이 관여하였다는 가설을 수용할 경우 한일 고대사에서 숨겨져 온 많은 베일이 벗겨질 뿐 아니라 수많은 의문점도 풀리게 된다.

그러나 세상일은 공짜가 없는 법이다. 해인족이 대가없이 험한 항해에 나서지 않았을 것이다. 그렇다. 오히려 비싼 교통비를 받는 조건으로 자신들의 해상교통능력을 제공하였다고 봐야 마땅하다. 대한해협은 농민들에게는 높은 장벽이지만 해인족들에게는 활동무대였던 것이다. 한반도 농민집단은 교류·협력관계에 있던 해변민들에게 대가를 제공하는 조건으로 선박지원을 받아 마름모꼴 바다를 건너갔다고 사료된다. 전쟁이나 흉작 등 대재앙기를 맞은 농민들이 '비싼 뱃삯'을 내고 해협을 건넜을 것이다.

야요이농민들의 열도 이주보다는 훗날의 일이지만 내륙에 위치한 고령의 대가야와 함안의 아라가야가 열도의 정치체와 외교관계를 수립하여 교통한 사례는 쉽게 발견된다. 예컨대 5세기 아라가야의 토기는 명품(名品)인데 일본 나라분지에서 확인된다. 토기는 매우 무거운데다 운송과정에서 파손우려가 높은 상품이다. 단거리라면 몰라도 함안에서 나라분지까지 토기화물을 다량배송하는 것은 물류비 면에서 효율적이지 못하다. 결국 아라가야가 나라분지의 정치체와 수시로 교류하였고, 일본측의 요청에 따라 토기장(土器匠)을 보내어 그곳의 흙과 물, 불로 구웠다고 보아야 옳다. 대가야와 아라가야인들이 바다를 오가는 과정에도 해인족의 도움이 작용했다고 보아야 합리적이다. 혹자는 내륙소국 사람들이 해안으로 몰려가서는 거국적으로 선박을 건조하여 도해하는 방안을 떠올릴지 모르겠다. 그러나 이 또한 현실성이 없으니, 대한해협은 배가 있다고 마냥 횡단할 수 있는 소하천이 아니다. 조류와 물때, 계절별·조석으로 미친 듯이 바뀌는 바람의 성질을 충분히 숙지하고 있어야만 항해 가능한, 험하고 거친 바다이다.

한반도 농민집단의 열도행과 해인집단의 역할에 대한 연구는 많지 않지만 사와다 요타로(澤田洋太郞)가 저술한 『가야는 일본의 뿌리』는 참고할 만하다. 사와다는 "일본서기 신대(神代)를 보면 천황족의 조상에 '우가야후끼아헤즈'라는 이름을 붙이고 있는데 이는 천황족이 우가야, 즉 대가야 출신임을 나타내고 있다."고 주장하였다. 구체적으로는 포상팔국(浦上八國)의 해인들이 가야의 왕족들을 규슈로 도해·진출시킨 사람들이라고 말한다. 사와다는 한반도 남단의 낙동강 유역에 내려와 살던 북방 기마민족의 후예인 가야인들이 남해안 포상팔국 중에서 항해술에 능한 해인집단을 앞세우고 이들의 안내를 받아 파상적으로 북규슈 해안으로 건너갔다고 보고 있다. 북규슈로 건너간 가야인들은 그곳에서 벼농사를 짓고 살던 야요이인들을 정복하였다는 가설이다.[45]

사와다는 AD 2~3세기, 야요이 후기를 다루고 있지만 어쨌든 '대한 해협 횡단의 방법론'을 고민한 드문 사례여서 반가운 마음이 앞선다. 사와다의 가설은 기본적으로 수긍할 만하지만 '가야인들이 포상팔국 해인집단을 앞세우고 이들의 안내를 받아 북규슈로 갔다'는 대목 만큼은 선뜻 동의하기 어렵다. 해인족이 아무런 대가없이 자원봉사에 나선 것처럼 기술하고 있기 때문이다.

필자는 사와다의 가설과 달리 포상국의 해인족은 도해문제에 관한 한 갑(甲)의 입장에서 내륙세력과 협상하였다고 여긴다. 거듭 말하지만 파도 거센 대한해협을 횡단하는 일은 고도의 기술력과 값비싼 장비가 동원돼야 하는 데다 '항해를 거듭하면서 축적한 경험과 담력'이 필요한 만큼 일반 농민들로선 불가능한 일이다. 그러나 수백 년간 바닷길을 연구해온 사람들은 다르다. 특정분야에서 대(代)를 이어 삶을 영위하는 인간집단의 능력은 무한대로 증폭된다. 고대에도 야철장이나 금은(金銀) 세공인, 토기장인들의 역량은 평범한 농민과 비교가 될

---

45. 승천석, 고대 동북아시아의 여명, 백림, 2003, pp 176~182에서 재인용.

수 없었다. 현대인도 깜짝 놀랄 만한 실력을 전수하였던 것이다. 항해 능력도 마찬가지이다. 고대의 해상활동은 가족제도의 연속성에 기초된 전문적인 노하우였다.[46] 대를 이어가며 배를 소유하고 운영하는 세습직업이었던 셈이다. 조상 대대로 혹독한 시련을 받아가며 능숙한 뱃사람으로 단련된 항해전문집단에게 대한해협 횡단은 능히 감당할 만한 일이었다.

한반도 인간집단의 열도행 방식은 고대국가가 형성된 이후와 이전이 달랐다고 보아야 한다. AD 5세기 이후 '백제국인(百濟國人)들'이 일본열도로 다수 도해한 것은 잘 알려져 있다. 고구려 광개토대왕과 장수왕의 남정이 백제국인 도일(渡日)의 배경일 것이다. 그런데 5세기의 백제인은 국가의식과 국어가 확립된 상황이니 낯선 땅으로의 이주는 장소의 이동만이 아니라 각인의 정체성을 모두 바꿔야 하는 힘든 일이다. 결국 비상한 시기에 지배층(왕실과 귀족층)의 독한 결단과 체계적인 방책에 의한 대량이주일 수밖에 없다. 백제를 비롯한 고대국가는 해인족(海人族)을 정복하여 해상기능인으로 부렸던 만큼 해변인들은 도해소비자(=지배층)의 요구(지시)에 따라 선박을 준비하고 항해에 나섰을 것이다. 반면 야요이 등 선사시대에는 해인족의 자율성이 굳건하였다. 그런 만큼 도해공급자, 즉 해상운송력을 지닌 해인족이 우월한 입장에서 (소규모)농민집단의 도해문제를 결정했다고 보아야 합리적이다.

그러면 농민들의 도해를 지원한 데 대한 반대급부는 어느 정도였을

---

46. 김성호, 중국 진출 백제인의 해상활동 천오백년, 맑은소리, 1996, p253.

까? 한반도에서는 살기 힘들다는 엄혹한 현실과 바다 건너편에 풍요로운 땅이 있다는 양극단의 상황으로 인해 선객들은 선가(船價)를 아끼지 못했을 것이다. 순전히 추정이지만 1명당 1년 농사 정도의 뱃삯을 건네지 않았을까? 나는 한반도 해인족 사회에서 농민들의 도해를 지원하고 그 대가를 받는 역사가 제법 길었을 것으로 생각한다. 가칭하여 도해사업(渡海事業), 도해 비즈니스이다. '선박을 이용하여 농민들을 열도로 보내는 이윤(利潤)추구 활동'을 개념화한 용어이다. 한반도의 농민을 일본으로 보낼 경우 막대한 수익이 실현되는 상황에서 자연적으로 발생하는 비즈니스를 말한다.

유감스럽게도 도해(지원)사업에 대한 문헌증거나 이전의 연구사례는 찾아볼 수 없다. 순전히 필자가 개념화한 '가상의 경제활동'이다. 그렇다고 해서 황당무계한 주장이라고 치부하면 섭섭하다. ①BC 3세기 이후 일본열도에 한반도계통의 농민집단이 대거 출현한다는 사실과 ②내륙출신 농민들이 스스로 바다를 건널 수 없다는 두 가지 상식에 비춰보면 해인족의 관여는 필수였다고 상정할 수 있다. 아울러 ③ 어떤 행위이든 대가가 필요하다는 인간사(人間事)의 보편법칙과 ④수요가 있는 곳에는 반드시 공급이 생겨난다는 경제원리 또한 빠뜨릴수 없다. ①, ②, ③, ④ 4가지 조건을 감안한다면 한반도 해인족이 (기원전부터 수백 년간)대가를 받고 야요이농민들의 도해에 관여하였을 것이란 추론은 충분히 가능하다. 도해사업자가 없었다면 농민들의 열도행이 불가능했을 것이라는 '상식'에 기초하여 (다소 과격한 주장일수 있지만)가상의 비즈니스를 실제 역사과정에 대입해 보는 것이다. 그럴 경우 한일 고대사의 수많은 의문점들이 풀린다.

이즈음에서 고대 한반도와 일본열도의 인구밀도를 감안할 필요가 있다. 한반도 남부는 북방의 대륙에서 남하하는 자발적 이주민이 줄을 이었기에 인구압이 넘쳐나는 사회였다. 반면 대한해협 건너편의 일본열도는 한동안 달랐다. 강수량과 기온 등 농사와 관련한 기후조건과 화산토지의 비옥도 등을 감안할 때 부양 잠재력에 비해 인구가 과소(過少)한 지역이었다. 한반도 사람들이 손쉽게 바다를 건너기 힘든 탓이었다. 고대는 인구가 곧 국력이던 시절이다. 춘추전국시대에 활동한 맹자의 기록을 보면 휘하의 인구를 늘리는 문제가 군주들의 최대관심사였음을 알 수 있다. 대부분 한반도 출신인 일본의 지배층들은 한반도 농업인구에 대한 수요가 컸다. 수요가 있는 곳에 공급책은 자연히 생겨난다. 해인족은 한반도 남부의 인구 과다·일본열도의 농업인구 과소문제의 해결사로 역할하였다.

해인족 입장에서 도해 관여는 '위험하지만 고수익이 보장되는' 쏠쏠한 사업이었을 것이다. 열도에서 한반도 농민에 대한 수요는 충분하였기 때문이다. 고금을 막론하고 위험한 여행은 대체로 전문집단의 도움을 받아 시스템적으로 수행된다. 항해전문집단이 주도한 도해 비즈니스를 상정할 때 바다와 무관했던 한반도계 야요이농민들의 일본열도행은 비로소 합리적으로 이해될 수 있다.

그러나 도해사업은 문헌이나 고고학적으로 근거가 없는 허무맹랑한 주장이라는 비판이 제기될 수 있다. 필자 역시 도해사업에 기반하여 논리를 끝까지 전개할 의향이 아니므로 너무 염려하거나 비난할 필요는 없다. 도해사업이라는 가상의 비즈니스는 한일 고대사에서 확인되는 '인간사냥'이 등장한 경위를 포착하기 위한 중간단계적 설정

(設定)이다. 즉 한반도계 야요이농민이 수백 년에 걸쳐 일본열도로 건너간 역사에는 해인족의 역할이 지대하였음을 확인하는 동시에, 도해를 둘러싼 경제효과가 새로운 역사를 만들었음을 환기하기 위해 설정한 가상의 개념장치인 것이다.

사실 도해 지원은 장기간 행할 수 있는 비즈니스가 아니다. 어느 착한 해인족 무리가 농민집단의 열도행을 돕는 일을 한두 차례, 단기간 행하였을 수 있지만 곧바로 인간본능에 부합하는 형태로 진화(?)했다고 짐작한다. 규율할 법률과 엄정한 정부기구가 없으면 인간은 대개 이기적(利己的)인 본능대로 움직인다. 본성대로 행동하던 고대사회에서 이타적(利他的)인 사업은 애초부터 성립하기 힘들고, 장기간 지속되기는 더더욱 어렵다. 더욱이 모든 산업은 경기순환이 있게 마련인데 불황기에는 폭력성이 가미된 '플랜B'가 가동되기 쉽다.

농민사냥이 출현한 근본 배경은 일본열도의 농경화 진전이다. 열도에 먼저 건너가 안착한 '예전의 도해 고객들'이 더 넓은 땅을 개간하고픈 욕구에서 노예노동력을 갈구한다. 열도의 농민집단이 해인족에게 한반도 농민을 주문할 수도 있고 반대로 해인족이 먼저 '노예상품'을 확보하여 열도에 판매처를 물색했을 수도 있다. 아마도 두 가지 매매 형태가 동시에 이뤄졌을 것이다. 한반도 농민집단의 열도행은 처음에는 자발적으로 이뤄졌고 해인족은 적절한 대가를 받고 도해를 지원하는 방식으로 시작했을 것이다. 그러다가 농민 도해가 '돈이 되는 사업'이 되는 시점부터 완력을 활용한 강제도해가 발생하였고 시간이 흐를수록 점점 확대됐을 것으로 여겨진다.(한반도 농민의 자발적인 도일(渡日)이 감소하는 대신 농민사냥을 통한 강제도해가 대세가 되는 시기는 언제부터라고 확정하기 어렵다. 해인족 사회가 포상국(浦上國)이라는 소국 체제로 성장하는 단계라고 짐작할 뿐이다. 강제도해는 기원전부터 시작되었겠지만 삼국사기의 기록을 근거로 볼 때 기원후에 본격화된다고 추정한다.)

사실 고대사회는 그리 낭만적이지 못하였다. 인간이 생존하기 고달픈 시절로서 지배층을 제외한 대다수의 하층민들(농민·해변인 가릴 것 없이)은 눈앞에 저승을 둔 채 하루하루를 살아갔다. 굶어 죽고 얼어 죽고 맞아 죽기 일쑤였다. 고대의 해인족 역시 살아남기 위해 죽음의 바다로 배를 몰았던 모질고 험한 족속이었다. 바다를 예측하기란 쉬운 일이 아니니 잔잔하다가도 순식간에 돌변한다. 운수 나쁜 날, 눈앞에 산 같은 파도가 끝없이 닥쳐오는데 그 모든 파도를 용케 피해가지 못하면 물귀신이 된다. 죽음의 공포가 일상화된 해인족의 삶에서 측은지심이나 인간적 도리라는 도덕적 관념은 후순위였다고 보는 것이 옳다. ①자발적 자력 이주, ②자발적 타력 이주, ③비자발적 타력(강제) 이주라는 세 가지 도해방안 가운데 '③비자발적 강제 이주'의 비율이 가장 높았을 것으로 필자는 간주한다. 특히 기원후 내륙과 해변에서 제각기 '소국체제'가 성립된 이후부터는 더욱 그러했을 것으로 본다.

농민집단을 열도로 보내는 도해 비즈니스가 해인족 사회에 끼친 영향은 작지 않았을 것이다. 해변경제의 번성을 불렀고 해인족 사회를 성장시킨 중요한 요인으로 짐작한다. 그러나 도해 비즈니스가 포로사냥으로 변질된 것이 문제였다. 해인족의 농민사냥은 내륙세력의 격렬한 반발을 불러일으켰고 결국 한반도 해인족이 소멸되는 중요한 원인이 된다고 판단한다. 이 점은 2부에서 소상히 다룰 예정이다.

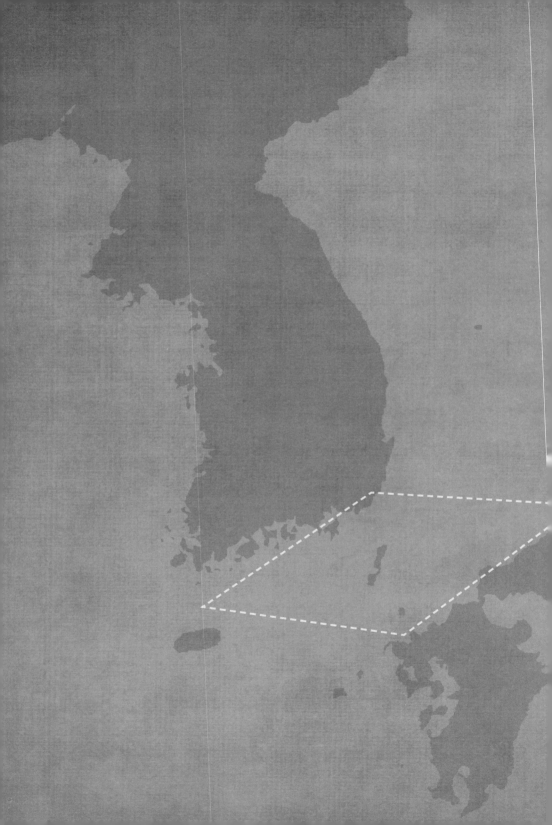

2부
·
반도왜 몰락과 열도왜 시대

● 韓日 古代史 再建築

1부에서는 '왜'라는 종족명이 한반도와 일본열도 중간의 바다를 활동무대로 하던 해인족의 지칭으로 출발하였을 개연성을 살펴보았다. 이제 2부는 왜라는 단어가 일본열도 거주민의 명칭으로 바뀌는 역사의 흐름을 총체적으로 추적한다. 한반도왜가 사라지고 열도왜가 시작되는 단계이다. 열도왜는 한반도에서 도해한 농경민들이 중심이 되어 기존의 조몬인(繩文人)들을 대체하면서 등장하였다. 세월의 흐름과 함께 바다를 건너는 한반도 출신자의 숫자는 점점 늘었고 열도왜의 규모도 비례하여 커졌다. 한반도와 인접한 규슈를 중심으로 야요이 농경문화가 꽃을 피웠고 열도왜는 한반도 남부와 유사한 수준의 정치발전 단계를 밟아나갔다.

　반면 한반도쪽 해인족의 운명은 달랐다. 해인족 세력은 해상경제의 발전에 힘입어 주요 항 포구를 중심으로 소국체제 포상국(浦上國)을 건설하는 등 한동안 풍요로운 시기를 보내기도 하였다. 중원에서 한반도를 거쳐 일본열도로 이어지는 해상무역로의 번성과 한반도 농민들을 열도로 보내는 도해(渡海) 비즈니스는 포상국 번영의 기본바탕이었다고 하겠다. 그러나 내륙에서 힘을 키운 농경국가의 파워가 해상세력을 압도하게 되면서 포상국들은 AD 3세기 초엽에 궤멸되기에 이르니 한반도왜의 최종적인 몰락이다. 내륙에서 흥기한 농경세력에 밀린 반도왜 해인족의 운명은 두 갈래로 짐작된다. 신라 등 농경국가의 변방으로 흡수합병된 경우도 있었지만 상당수는 일본열도로 도주하여 '열도왜'의 규모를 키웠다고 사료된다.

5장
해인족의 나라
포상국(浦上國) 전성시대

　기원을 전후할 즈음, 왜의 무게중심은 한반도에서 열도로 옮겨간 것이 분명하다. 왜라고 한다면 점점 일본열도를 지칭하는 용어로 인식되기 시작했다는 말이다. AD 57년 규슈에 위치한 왜노국(倭奴國)의 왕이 후한 광무제에 조공을 바치고 '한위노국왕(漢委奴國王)' 인수를 받은 사실이 이를 입증한다. 당시 일본열도에는 해인족의 도움을 받아 BC 3세기경부터 바다를 건너간 한반도 출신 농경민들이 올망졸망한 소국을 이루고 있었다. 이들 가운데 선두주자로 발돋움한 왜노국이 동아시아 국제무대에 명함을 돌린 사건이 후한서에 기록된 것이다. 왜노국은 본시 해상에 살던 해인족이 아니라 한반도계 농민의 후예라고 짐작되는데 국제사회에서는 '왜'의 중심국가로 인정받았다. 이는 곧 왜가 일본열도를 지칭하는 의미로 쓰인다는 뜻이니 한반도 남부의 해인족 내지 해변을 뜻한다고 보았던 '최초 왜'와는 분명히 달라지는 셈이다.

　왜가 열도를 의미하게 된 시기에도 한반도 남해안 일대는 한동안

'왜땅'으로 간주되었다고 짐작된다. 남울산·부산 지역의 왜인들이 동화·제거·도피한 이후에도 남해안의 해인족은 AD 3세기 초까지는 건재하였기 때문이다. 남해안의 해인족은 해상경제의 발전에 힘입어 주요 항포구에 포상국(浦上國)을 건설하는 등 AD 2세기까지는 풍요로운 시기를 경험하였다. 이번 5장에서는 해인족의 나라 포상국이 성립되어 '좋은 시절'을 구가하던 단계를 조명한다. 한반도왜가 완전히 몰락하는 계기는 6장에서 다룰 '포상팔국(浦上八國)의 전쟁'인데, 내륙과 해상세력이 충돌한 이 전쟁의 실체를 정확히 파악하기 위해서는 먼저 포상국의 등장과 발전과정을 알아둘 필요가 있다.

해변에 등장한 포상국은 한반도왜의 후기적인 모습이자 성숙한 형태이다. 해변의 포구에 여러 소국이 등장하여 내륙국과 경쟁하고 대결하다가 결국 소멸하는 일련의 과정이야말로 한반도왜의 후기역사에 다름 아니다. 포상팔국의 첫 출현 시기는 기원전으로까지 거슬러 간다. 포상국이 형성됐다는 것은 남해안 일대에 거만의 부력을 쌓은 세력이 존재하였음을 반증하는데, 고대 한반도 해변의 경제상황은 후대의 상식보다 번성하였음이 포착된다.

해상무역의 발전과 해변경제의 변화

한국인들은 흔히 섬과 해변은 고대부터 가장 낙후된 지역으로 간주하는 경향이 있다. 도서와 해변을 선진문물의 유입이 차단된 주변부로 인식하는 육지중심적 사고의 결과이다. 그러나 고대사회의 실상은 전혀 딴판이다. 전남 해남의 군곡리패총과 경남 사천의 늑도유적, 창원 다호리, 김해 양동리, 경기만의 영종도와 제주도 등지의 고대유적에서 출토되는 물품들은 당시로서는 최고급 제품이다. 예컨대 사천의 작은 섬 늑도에서는 '반량(半兩)'이라는 글자가 선명한 청동화폐와 오수전(五銖錢)이 출토되었다. 낙도 중의 낙도라고 할 전남 거문도에서도 한나라 오수전 980여 점이 출토됐다. 바다에서 멀지 않은 경남 창원의 다호리 유적에서 오수전 등 중국 화폐와 깃털부채, 흑칠

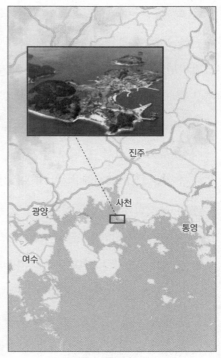

경남 사천시 늑도

한 그릇, 청동거울과 함께 5자루의 붓이 발견된 의미는 작지 않다. 늦게 잡아도 BC 1세기에는 다호리에 문자생활 계층이 존재하였다는 증거이기 때문이다.

이 같은 유물들을 근거로 신석기시대에서 청동기시대, 초기철기시대에 이르기까지의 섬이나 해변사회가 내륙보다 더 선진적이고 더 풍요로운 소비생활을 즐겼다는 결론을 내릴 수 있다.

농업생산력이 낮은 고대의 해변일대가 내륙보다 더 발전한 이유는 무엇일까? 중국과 일본열도를 잇는 국제교역망에 한반도 서남해안이 포함된 사실을 기본환경으로 볼 수 있다. 고대 동북아시아의 국제무

역은 육로보다는 해상교역로를 중심으로 이뤄졌고 상인계층은 주로 해변을 무대로 활동하였다. 고대의 해상로는 현대인의 상식보다 훨씬 활발하였고 해변은 선진지대였다. 우리가 은연중에 고대 해상로의 비중을 홀시하는 이유는 긴 세월동안 지속된 조선시대 해금(海禁)의 역사가 머릿속 관성으로 작동한 때문이다.[47]

사실 우리 역사를 살펴보면 상업은 유교정치가 본격화하면서, 즉 후대로 가면서 퇴행상을 보인다. 급기야 조선왕조 들어 사농공상(士農工商)의 성리학적 질서를 국가이념으로 내걸고 상공업을 말업(末業)으로 천시하면서 (소량의 조공무역을 제외하고)해외무역은 거의 소멸지경으로 몰렸다. 그러나 이념정치의 간섭이 적었던 고대에서 고려왕조까지 한반도 주변의 상업발전상은 세계 최고 수준이었다. 특히 선박을 이용한 해상거래는 규모 면에서 육상의 물류를 크게 능가하였다. 상업의 활성화는 산업생산을 자극하게 마련이므로 상업이 흥성하면 지역경제가 번성하게 마련이다.

이 대목에서 짚고 넘어가야 할 점은 역사에서 '상인과 상업이 역사에 미친 영향은 실제보다 저평가되는 경향이 있다'는 사실이다. 어느 시절, 어느 사회에서나 상인들은 솔직한 기록을 남기는 데 인색하다. 이익을 공유하기보다는 독점하기를 즐기는 상인들은 자신의 영리경험을 공개하기보다 감추는 편이었다.(마르코폴로의 '동방견문록'은 상인의 기록이란 점에서 이례적이다. 그러나 마르코폴로가 동방에 대한 기록을 남긴 것은 다시는 동양으로 갈 일이 없다고 여겼던 탓으로 보아야 한

---

47. 강봉룡, 바닷길로 찾아가는 한국 고대사, 경인문화사, 2016, p16.

다. 즉 재현이 불가능한 상황이 되자 새로운 영리수단으로 출판을 택하였다고 볼 수 있다. 만약 마르코폴로의 동양행이 반복가능한 상황이었다면 그 역시 동방무역의 비밀을 숨겼을 가능성이 크다.) 그 결과 상인들이 역사에 끼친 흔적은 문헌기록에서 찾기 힘들고 교역의 결과물 정도만이 유적 등을 통해 후대에 전해지기 일쑤이다. 그래서 역사에서 상인이 끼친 영향은 실상보다 축소되는 경향이 다분한 반면 기록을 남긴 무장이나 문인이 겪은 경험은 과장되는 경향이 있다. 그러나 이익을 위해 목숨을 내건 용감한 상인의 행보에서 수많은 실제역사가 이뤄졌음을 인식해야 한다.

삼국지 한전(韓傳)에 "그 풍속에 의책(衣幘)을 좋아하여 하호(下戶)가 군(郡 대방군)을 방문할 때 모두 의책을 빌려 스스로 인수의책(印綬衣幘)을 착용하는 자들이 천 명이 넘는다."는 기록이 나온다. '인수(印綬)'는 도장과 도장에 딸린 끈을 말하는데 관리의 임명장에 해당된다. '의책(衣幘)'은 옷과 모자이니 관복을 의미한다. 결국 삼한의 하호들이 인수의책, 즉 중국으로부터 임명된 관직자의 표상을 휴대한 채 대방군을 방문했다는 뜻이다. 여기서 스스로 대방군을 방문한 천여 명의 하호들은 상인집단으로 추정된다. '하호'라는 표현으로 보아 이들은 원래 신지(臣智)·읍차(邑借) 등 수장급의 상징인 인수와 의책을 착용할 수 없는 신분임에도 불구하고 대방군과의 통상을 위해 자복(自服)하고 군에 들어갔던 것이다.[48]

---

48. 박대제, 삼한의 국읍과 구야국, 인제대 가야문화연구소. 김해시, '김해 봉황동유적과 고대 동아시아', 주류성, 2018, p72.

고대 한반도 상인들의 활동은 현대인의 상식보다 활발하였고 그들이 역사에 미친 영향은 생각보다 지대하다. 그럼에도 불구하고 국내의 고대사 연구실적 가운데 상공업의 성과를 심도 있게 천착한 사례는 빈약한 편이다. 상공업의 실상과 영향에 대해서는 소홀히 대하였다는 것이 솔직한 표현이다. 조선조 이래 '말업(末業)'을 가벼이 여겨온 지식계의 풍토 탓일 수도 있다. 한반도 상인들은 따로 기록을 전하지 않았지만 당대 최고 수준의 풍요로운 생활을 영위하였음이 분명하다.

중원의 정치·경제·문화는 전국시대 말기인 BC 3세기에는 이미 상당한 경지에 올라 있었다. 특히 상업은 전 대륙을 하나의 거대시장으로 통합한 수준이었다. 중원과 인접한 한반도와 일본열도는 대륙의 형세에 밀접히 연동돼 나갔다. 상인들은 세상의 변화에 일찍부터 눈을 뜨고 있었고 넓은 세상을 알고 있었다. 삼한의 정치적 중앙집권화는 중국에 비해 소박했을지라도 대륙의 상업네트워크에 단단히 결합돼 있던 한반도 상인들의 실력이나 세계관은 중원과 대등한 수준이었다. BC 3세기 이후의 삼한사회 전체를 후진적인 토인국 수준으로 낮춰보는 시각은 곤란하다. 그렇지만 해변의 상인들이 동북아 교역로에 참가하였다는 사실만으로는 한반도 남부해안에서 대거 확인되는 선진적인 유물들과 경제적 풍요상을 설명하기에 부족한 느낌이 든다. 잘 알려지지 않은 또 다른 요인이 존재하지 않았을까?

해변의 중국계 유물과 염철 전매 관련성

동시대 내륙과 비교하여 고대 해변경제의 풍요상은 쉽게 이해되지 않는 수준이다. 평범한 포구들이 당대 국제화폐의 통용권역에 포함된 것은 뭔가 알려지지 않은 이유가 있다고 여겨진다. 그것은 무엇일까? 한반도 해변의 발전상을 중국의 변화에 따른 파장과 결부시켜야 할 가능성을 조심스럽게 타진해 본다. 고대 시절, 동아시아 변혁의 최대 진원지는 중원이었다. 객관적인 사실(事實 fact)의 문제인 만큼 굳이 부인할 이유는 없다. 자존심이 걸린 문제도 아니다. 그런 맥락에서 필자는 한(漢)나라 무제(武帝)의 염·철·주(鹽·鐵·酒) 전매정책을 주목한다. 염철주 전매란 소금과 철, 술의 제조와 판매를 국가가 독점하는 정책이다. 중원과 주변의 경제사회 환경에 충격파를 던진 염철주 전매제도를 이해하기 위해서는 한의 역사를 잠시 알아둘 필요가 있다.

한나라는 BC 200년 창업군주 유방이 산서성 백등산(白登山)에서 기마민족제국 흉노(匈奴)의 묵특선우(冒頓單于)에게 패전하여 항복한 이후 경제(景帝) 때까지 대(對)흉노 화친정책을 유지하였다. 대외진출을 자제하고 내실을 다졌다. 덕분에 문제(文帝)와 경제 시절은 '문경지치(文景之治)'란 말이 생길 정도로 천하가 안정되었다. 그러나 흉노의 가혹한 세폐요구와 무례한 외교행보는 중국의 자존심을 짓밟았으니 괄괄한 성격의 무제는 흉노를 그냥 두고 볼 수 없었다. BC 141년 집권한 이후 무제는 위청(衛靑)과 곽거병(霍去病)으로 하여금 흉노군대를 격파하고 하서사군(河西四郡)을 설치하여 서역진출의 근거지를 마련하였다. 또 이광리(李廣利)를 파견하여 현재의 우즈베키스탄지역인 대완국(大宛國) 등의 여러 서역국을 복속시켰는가 하면 광동과 광서, 월남, 고조선 등을 침공하였다.

활발한 대외전쟁 덕분에 한나라는 '황제국'의 자존심은 회복하였지

무제 시기의 해외정복 활동상

만 막대한 전쟁비용이 문제였다. 고대의 전쟁도 극심한 재정 소모를 동반하였다. 전투부대를 지원하기 위한 치중대(輜重隊)가 전투병력 이상으로 동원되니 군량과 무기, 군마 등의 군수품은 산더미처럼 소비되었다.(동서고금의 역사에 비춰볼 때 전쟁의 궁극적 승패는 출동부대 간의 싸움에 앞서 양측의 경제력 차이에 의해 결정되는 경우가 대부분이다.) 또 원정대가 귀환한 뒤에는 군공에 대한 포상이 실시되는데 여기에도 많은 재정이 지출되었다. 항복한 '오랑캐'에 대한 상사(賞賜)에도 막대한 비용이 필요하였다. 보상을 받지 못한 군대나 이민족은 창을 거꾸로 잡는 법이기 때문이다. 전쟁이 반복될수록 전비는 빠르게 늘어났고 문경치세 60년간 충실히 쌓은 국력으로도 감당하기 어려워졌다.

무제는 상인 출신인 상홍양(桑弘羊)과 공근(孔僅) 등을 등용하여 전비(戰費) 충당을 위한 재정대책을 주문하였다. 상인집안에서 태어난 상홍양은 어려서부터 총명하여 주판 같은 계산도구 없이도 온갖 수치를 암산으로 틀림없이 계산했다고 한다. 남다른 산술능력에 힘입어 상홍양은 38살이던 BC 115년에 대사농중승(大司農中丞)에 임명되었고 치속도위(治粟都尉), 대사농(大司農), 수속도위(搜束都尉) 등 최고위

경제관료로 군림하였다. 상홍양이 내놓은 해법은 소금과 철의 국영화, 즉 염철전매(鹽鐵專賣)였다. 소금과 철은 무제 집권 이전까지는 민간이 자유롭게 제조하여 판매한 상품인데 이를 국가독점으로 바꾸자는 제안이다. 염철에 이어 술도 국영화 품목에 포함되니 결국 염철주(鹽鐵酒) 전매가 되었다.

상홍양은 우선 소금이 나는 전국 36개 지방에 염관(鹽官)을 설치하여 민간이 생산한 소금을 국가가 독점으로 값싸게 구입하여 비싸게 판매하였다. 염장(鹽場)과 제염(製鹽)에 필요한 일체의 설비와 기구는 국가가 마련하였고 소금 생산은 국가가 선발한 제염업자가 담당하였다. 생산된 소금은 염관이 매입하여 실수요자인 백성에게 판매하였다. 이 과정에서 종래의 염상(鹽商)은 배제되었고 사적 소금생산과 판매가 금지되었으므로 막대한 이윤이 국가수입으로 잡혔다. 또 전국 48개 지역에 철관(鐵官)을 설치하여 국가가 철기(鐵器)를 생산하고 판매까지 독점하였다. 철광석 채광(採鑛)에서 철기 주조(鑄造)에 이르는 모든 생산과정은 철관이 주도하였다. 채광과 주조에 소요되는 노동력은 죄수노동자와 함께 일반백성의 노역으로 충당하였다. 당시 철기의 급속한 보급에 힘입어 농기구를 중심으로 철 수요는 급증세였다. 전매제 이후 사제 농기구는 불법이 되었고 관제 농구만 사용 가능하였기에 철 전매의 재정적 효과는 지대하였다.

술의 전매도 소금·철과 유사하였다. 일단 민간의 양주(釀酒)를 금지하였다. 원래 술은 지주나 귀족 등 대자본가 계층이 제조·판매를 주도하였으며 국가는 주세(酒稅)만을 징수하였다. 그러나 전매제를 실시한 이후에는 술의 생산은 국가가 담당하되 판매만 민간에 위탁하였다.

BC 98년부터 주각관(酒榷官)이라는 주류 전매관직을 설치하여 생산과 판매를 국가가 독점하였다.

소금과 철, 술은 인간생활에서 제외할 수 없는 핵심상품이다. 특히 무제 시대의 야철업(冶鐵業)과 제염업(製鹽業)은 상당 수준으로 발전한 탓에 국가경제에서 차지하는 비중은 컸고 그 제조와 판매의 이득 또한 막대하였다. 상홍양은 이와 함께 '평준(平準)'과 '균수(均輸)' 등의 경제정책 실행기구를 설립하여 주요상품을 국가가 통제하도록 하였다. 값이 쌀 때 사들이고 비쌀 때 팔아 물가를 조절하고 전국의 상품시장을 통제한 것이다.

무제 시대의 염철주 전매는 결국 부유한 호족이나 대상(大商)에게서 소금과 철, 술의 교역통제권을 빼앗아 정부의 재정수입을 극대화하는 정책이었다. 이렇게 얻은 이득을 황실재정을 담당하던 소부(少府)가 아니라 국가재정을 관장하는 대사농(大司農)에 넘겨 국방비로 충당하였다. 덕분에 백성에게서 세금을 더 걷지 않고도 천하가 넉넉하고 풍요로웠다.

그러나 세상일은 밝은 면이 있으면 반드시 어두운 면이 생겨난다. 소금과 철의 국영화로 재정은 개선됐지만 가격과 품질이 문제였다. 독점화의 폐해가 생겨난 것이다. 국영철기는 품질이 나쁜데도 값이 비쌌고 소금도 질이 떨어졌지만 값은 급등하여 백성들의 불만이 높아졌다. 염철주 전매정책이 순탄하게 진행됐다고 믿는 사람은 조금 모자라거나 인간사회를 너무 순진하게 보는 사람이다. 중국 속담에 '상유정책(上有政策) 하유대책(下有對策)'이 있다. '위에 정책이 있으면 아래에는 대책이 있다'는 뜻이다. 조정〈上〉에서 염철 전매정책을 실시하자 호족과 상인들〈下〉은 나름의 대책마련에 나섰다고 봐야 한다. 호족과 대상들이 지금까지의 이익을 순순히 버리고 염철 전매정책에 적극 호응했을 리가 없다. 직업을 바꾼 경우보다는 비밀리에 염철을 제조하여 몰래 파는 사례가 허다했을 것이다. 인간사의 운영법칙은 늘 이러하다. 규모가 큰 철광산은 몰래 경영하기가 쉽지 않다고 하더라도 소금의 밀조·밀매야말로 중국 역사상 한순간도 사라져본 적이 없다.

고대의 소금생산 방식은 암염(岩鹽)과 자염(煮鹽), 크게 두 가지로 나누어진다. 암염은 소금광산에서 결정체를 캐는 방식이고 자염은 바닷물을 끓여 소금을 얻는 방법이다. 중국내륙에서는 암염, 중국해변이나 한반도에서는 자염으로 소금을 확보하였다. 철광처럼 암염은 지명도 높은 소금광산에서 캐내야 하므로 비밀리에 채굴하여 몰래 판매하기가 용이하지 않은 반면 드넓은 해변에서 이뤄지는 자염은 다르다. 한적한 해안에서 소금을 얻은 다음, 배를 타고 멀리 이동해 판매할 경우 관의 추적을 따돌리기 어렵지 않다. 그런 만큼 해변에서 소금을 밀조·밀매하는 일은 중국 전통시대에서 사라진 적이 없다. 훗날의 일이지만 당나라에서 반란을 일으킨 황소(黃巢)는 산동성의 소금밀매상 출신이고 명 태조 주원장의 라이벌이던 장사성(張士誠)은 강소성에서 소금을 밀매하며 힘을 키웠다.

그러나 산동성과 강소성 등지는 아무래도 중국 내지(內地)인 만큼 조정의 감시망에서 완벽히 벗어날 수 없다. 발해만과 황해바다 건너편인 한반도 서해안은 경우가 다르다. 소금생산의 지리환경적 측면에서는 중국 동부해안을 능가하면서도 한나라 조정의 눈길을 확실하게

서남해안 갯벌   서남해안 염전

피할 수 있다. 당시 중국상인들은 넓은 세상을 시장으로 삼고 있었다. 이익을 찾아 머나먼 서역은 물론이고 동남아시아까지 촉수를 뻗치고 있었다. 중국과 가까운 한반도는 당연히 상업네트워크로 단단히 결속돼 있었다. 필자는 무제의 염철 전매정책 실시 이후 중원의 호족과 대상인들이 '반드시' 한반도로 눈길을 돌렸을 것으로 믿는다. 만약 그렇지 않았다면 중국 상인들의 자질이 모자랐다고 평가해야 한다.

소금을 섭취하지 않으면 생존할 수 없는 것은 우리 조상들도 예외가 아니므로 한반도에서도 족히 수천 년 전부터 자염생산이 이뤄져 왔고 상당한 노하우도 구축하고 있었다고 보아야 마땅하다.(한반도에 소금광산은 없으므로 모든 소금은 바닷물에서 나왔을 것이다.) 사실 바닷물을 끓여 소금을 얻는 일은 고도의 기술이랄 것도 없는, 전세계 해변마다 비슷한 범용기술이다. 전통시대의 자염 제조법으로는 해수직자법(海水直煮法)과 염전식(鹽田式)이 있었다. 해수직자법은 바닷물을 직접 끓여 소금을 얻는 방식인데 연료소모량이 많은 반면 소금의 순도가 낮은 탓에 함경도 등 일부 해안을 제외하고는 별로 행해지지 않았다. 결국 바다에서 얻는 대부분의 소금은 효율성 높은 염전식으로 제조하였다. 갯벌에 염전을 조성하여 태양열로 염분농도가 짙은 함수(鹹

水 소금농축수)를 만든 다음, 불로 끓여 소금을 얻는 방식이다. 현대식 천일염과 다르지만 광활한 간석지(갯벌)가 존재할 경우 함수(농축수) 의 염분함량이 높아져 적은 연료로 많은 소금을 생산할 수 있다.

생산기술은 큰 차별성이 없는 만큼 염전식 자염생산에서 가장 중요한 조건은 지리환경이다. 개흙을 써레질하기 쉬운 양질의 넓고 평평한 갯벌이 필수적인데 간만(干滿)의 차가 크면 더욱 좋다. 일조량(日照量)이 중요하므로 비가 너무 많이 내려서도 안 된다. 겨울이 길어 바다가 얼어붙는 기간이 오래되면 당연히 곤란하다. 이런 까다로운 조건들을 한반도 서남해안은 모두 충족시킨다. 갯벌은 넓고도 부드럽고 조수간만의 차이는 세계제일이다. 겨울에 바다가 얼지 않는 데다 해 뜬 날도 길다. 한마디로 한반도 서남해안은 중국의 북부·동부·남부 해안을 능가하는 천혜의 소금생산지였다는 말이다.

이런 상황에서 민간의 자염생산이 금지됐을 때 중원의 소금상인들은 어떻게 대처했을까? 나름 합리적인 '대책'을 마련하였을 것이니 지리적으로 가까워 물류비는 낮고 생산효율은 높으면서도 비밀영업이 가능한 한반도산(産) 소금을 주목하는 것은 충분히 상정해 볼 수 있다. 그래서 한(漢)의 염철 전매제 시행을 계기로 한반도에서 '자염의 대량생산'이 시작됐을 가능성을 제기해 보는 것이다. 출입국 심사가 있었던 시절이 아니니 중국업자가 직접 제염에 뛰어든 경우도 있고 삼한인들이 자체 생산한 소금을 밀수입하는 사례도 있었을 것이다. 필자는 소금생산과 수출로 거만의 부력을 쌓은 한인(韓人)은 훗날 포상국(浦上國)의 지배세력으로 성장하였을 수 있다고 추정해 본다.(포상국의 등장과 발전에 대해서는 이번 5장의 후반부에서 집중적으로 서술한다.)

하지만 서남해안에서 BC 2세기경에 조성된 '거대한 염전유적'은 아직 확인된 바 없다. 문헌이나 고고학적 뒷받침이 없기에 필자의 추정은 현재까지는 허망하다. 다만 2천여 년간 지속된 조류흐름과 태풍이 만든 거센 파도가 개펄을 반복적으로 뒤집은 상황 등을 감안하면 고증의 부재를 이유로 고대의 '상업적 제염활동'을 강하게 부인할 필요는 없어 보인다.

한편 변한 땅은 철산지로 각광받았다. 큰 배가 정박할 수 있는 해안이나 낙동강변에 채굴가능한 철광산이 존재한다는 사실이 최대 강점이었다. 중원이 비록 멀지만 선박으로 운반하면 물류비용은 충분히 감당할 만하다. 삼국지 동이전 변진조의 기사를 살펴보자.

> "나라에서 철이 생산되는데 한(韓), 예(濊), 왜(倭)가 모두 사 간다. 시장에서는 철을 중국의 화폐처럼 사용했고 낙랑군과 대방군에도 공급했다.(國出鐵韓濊倭皆從取之 諸市買皆用鐵如中國用錢 又以供給二郡)"

삼국지는 AD 3세기의 사정을 기록한 책이지만 변한의 철광산이 3세기에 비로소 개발된 것은 아니다. 변한 땅인 창원 다호리유적에서는 BC 1세기에 제작된 칼과 창, 화살촉과 도끼, 따비, 낫 등이 다수 출토되었다. 변한의 철 생산이 BC 1세기 이전에 시작됐다는 방증이다. 세종실록지리지와 신증동국여지승람 등을 보면 변한의 영역에 속하는 김해와 창원, 양산, 밀양, 합천 등지에는 조선시대에도 철산(鐵山)이 다수 존재하였다. 철산의 소재지들은 해상무역로나 낙동강 수로에서 가까운 것이 특징이다.(낙동강과 남해바다가 만나는 물류요충지에 위치한 금관가야=구야국의 건국과정에는 요동·낙랑 출신의 철 생산·밀수출 세력이 물자지원을 하는 등 관여했을 개연성이 있다고 필자는 짐작한다.) 어쨌든 염철 전매가 실시된 한무제 집권기 이후 한반도 해안지대는 중원시장을 겨냥한 염철의 비밀제조·밀수출 기지로 각광받아 신속히 개발되었을 가능성을 배제할 수 없다.

염철 전매제 실시 이후 중국의 상공인들이 한반도로 진출하여 소금과 철을 생산하였음을 보여주는 증거는 아쉽게도 없다. 앞서 언급했듯이 '입이 무거운' 상인들은 기록을 남기지 않는다. 그러므로 필자의 가설은 추정단계에 불과하다. 그러나 직접증거는 아니지만 방증은 없지 않다. 이 대목에서 '염사치(廉斯鑡) 설화'를 새로 읽을 필요성이 제기된다. 삼국지(三國志) 위서 동이전 한전(魏書 東夷傳 韓傳)에 인용된 위략(魏略)의 내용이다.

왕망(王莽) 지황년간(地皇年間 AD 20~23년)에 진한의 우거수(右渠帥)로 있던 염사치(廉斯鑡)가 낙랑의 토지가 기름지고 백성들이 잘산다는 말을 듣고 그곳에 투항하려고 자기의 읍락(邑落)을 벗어나서 길을 가던 중(巡亡中) 밭에서 참새〈雀〉를 쫓고 있는 한 남자를 만났다. 그 남자의 말이 삼한인과 다르므로 이유를 물으니 남자가 말하였다. "나는 본래 한인(漢人)으로서 이름은 호래(戶來)라고 한다. 나와 동료 1,500명이 재목을 벌채하다가 한인(韓人)에게 잡혀 머리를 깎고 종〈奴隸〉이 된지 3년이 된다."라고 하였다. 염사치(鑡)가 "내가 지금 낙랑에 투항하러 가는 중이니 너도 같이 가지 않겠나?" 하니 호래는 좋다고 하였다. 호래를 데리고 낙랑 함자현(含資縣)에 이르러 사유를 말하니 현에서는 곧 염사치를 통역(使譯)으로 삼아 금중(芩中 황해도 인근으로 비정되는 지명)에서 대선(大船)을 타고 진한(辰韓)에 들어가 호래의 동료들〈降伴輩〉을 내놓으라 하여 생존자 1,000인을 얻었으나 나머지 500인은 이미 죽었다. 염사치가 진한(당국자)에게 이르기를 "너희가 500인을 마저 돌려보내라, 그렇지 않으면 낙랑에서 만병(萬兵)을 보내어 배를 타고 와서 너희를 칠 것이다." 진한(당국자)이 말하되 "500인은 이미 죽었으나 그 대신 배상을 물겠다." 하고 진한인 1만 5천 명과 변한포(弁韓布) 1만 5천 필을 내놓았다. 염사치는 그것을 가지고 낙랑으로 갔다. 낙랑군에서는 염사치의 공적을 표창하여 관책(冠幘)과 전택(田宅)을 주고 자손(子孫)이 대대로 계승하여 안제(安帝) 연충(延忠) 4년(AD 125)에 이르도록 부세(賦稅)를 면제받았다.(地皇年間 辰韓右渠帥廉斯鑡 聞樂浪土地美 人民饒樂 亡欲來降 出其邑落 見田中驅雀男子一人 其言非韓人 問之 男子曰 我等漢人 名戶來 我等輩千五百人伐材木 爲韓戶擊得 皆斷髮爲奴積三年矣 鑡曰 我當降漢樂浪 汝欲去不 戶來曰 可 (辰)鑡因將 戶來 (來)出詣 含資縣 縣言郡 郡卽以 鑡爲譯 從芩中乘大船入辰韓 逆取戶來降伴輩尙得千人 其五百人已死 鑡時曉謂 辰韓汝還五百人 若不者 樂浪當遣萬兵乘船來擊汝 辰韓曰 五百人已死 我當出贖直耳 乃出辰韓萬五千人 弁韓布萬五千匹 〈鑡〉收取直還 郡表〈鑡〉功義 賜冠幘田宅 子孫數世 至安帝〈延光〉四年時 故受復除)

한편 후한서 동이전 한조(韓條)에 "광무제 건무(建武) 20년(AD 44), 염사(廉斯) 사람 소마시(蘇馬諟) 등이 낙랑군에 조공을 바쳐 광무제는 소마시를 염사읍군(邑君)으로 삼았다. 낙랑에 소속되게 하여 사시로 조알하게 하였다.(光武帝 建武二十年, 韓廉斯人蘇馬諟等詣樂浪 貢獻 光武封蘇馬諟爲漢廉斯邑君 使屬樂浪郡四時朝謁)"는 기사가 나온다. 이로 미뤄볼 때 염사치는 특정인의 이름이라기보다는 염사(廉斯)고을의 '치(鑡)' 즉 수장으로 보는 견해가 유력하다. 염사의 위치에 대해서는 충청남도 해미(海美) 설과 낙동강 유역 설이 분분하다. 필자는 기록에 나오는 대로 진한(辰韓)의 읍락으로 보아야 한다는 입장이다. 삼한과 중국 군현의 교섭은 교역로에 따라 구분돼 있었다고 여겨지는데 대방군은 해로를 통하여 마한과 변한의 해변과 통하고 있었던 반면 낙랑군은 육로를 이용하여 주로 진한지역과 교역하였다고 알려져 있다.[49] 염사치 설화를 보면 염사치는 '육로를 통하여 낙랑으로' 향한 만큼 진한인일 가능성이 높다고 본다. 진한을 위협하려 할 때 염사치 등이 대선(大船)을 타고 간 것으로 돼 있지만 이는 전쟁도 불사하겠다는 특수한 경우이므로 일반적인 교통양상과는 구분돼야 마땅하다.

염사치 설화에서 필자가 정작 주목하는 것은 호래(戶來)를 비롯한 한인(漢人)노예들이다. 염사치를 만났을 때 호래는 밭에서 참새를 쫓고 있었지만 그와 1,500명 동료의 원래 직업은 벌목공이었다. 1,500명이나 되는 대규모 인원이 왜 나무 베는 일에 투입되었을까? 이들 벌목공은 행정당국에서 동원한 인부들이 아니라 민간의 고용인이 분명하다. 벌목작업 도중에 삼한인들에게 붙잡혀 노예가 된 경우가 1,500명에 이르지만 염사치의 고발이 있기까지 3년 동안 낙랑군은 아무런

---

49. 박대제, 삼한의 국읍과 구야국, 인제대 가야문화연구소. 김해시, '김해 봉황동유적과 고대 동아시아', 주류성, 2018, pp72~73.

조치를 취한 바 없다. 모르고 있었다는 뜻인데, 한인(漢人) 노동력을 활용한 대규모 벌목사업이 민간의 영리행위임을 시사한다. 어쨌든 호래의 증언대로 인부 1,500명을 동원하는 대규모 벌목업체가 활동하였다는 것은 안정적인 구매처가 존재하였음을 의미한다. 구입처가 없는데 무작정 나무를 벨 이유는 없다. 벌목단 규모로 볼 때 가정의 취사용 화목(火木)을 구하기 위한 목적이 아니고 더 큰 구매처가 있었을 것이다.

염사치 설화의 벌목단을 주목하기는 필자만이 아니다. 이희근은 "고대의 한반도는 오늘날 석유에 버금가는 목재의 주요 공급지였다는 정황이 있다."면서 호래 등 1,500명의 벌목단은 중국에 운송할 목재를 벌채하는 무리로 풀이하고 있다. 이희근은 목재 운송비를 감안할 때 당시 진한은 영남이 될 수 없고 낙랑에서 그리 멀지 않은 한강 중상류 지역에 있었던 것으로 보인다고 해석한다.[50] 그러나 당시 진한이 어디에 위치해 있든, 한반도에서 벌채한 목재를 중원으로 운송했을 것이란 추론에는 동의하기 어렵다. 고대의 육상·해상 수송체계를 감안할 때 1차상품인 목재를 머나먼 중국에 운송하는 것은 채산성이 없다. 물류비용을 감안하면 사실상 불가능한 일이다. 중원세력이 한반도의 목재에 집착한 것은 이윤이 더 높은 2차상품을 현지생산하기 위한 목적으로 보아야 합리적이다.

소금을 굽거나 철을 제련하는 과정에는 막대한 화력(火力)이 필요하다. 호래 등은 한반도 내의 자염기지와 제련소에 제공할 대규모 화목을 벌채하기 위해 동원된 벌목공이 아니었을까? 당시 삼한인 가운데

---

50. 이희근, 고대 한반도로 온 사람들, 따비, 2018, pp43~90.

서 천명 이상의 중국노동자를 고용할 민간재력가는 찾기 힘들었을 것이다. 필자는 중국의 부자상인들이 많은 자금을 대어 '소금과 철생산을 위한 화목용 벌목공들'을 부렸다는 방증으로 주목한다.

염사치 설화를 면밀하게 분석하면 벌목공과 그들을 모집한 주체(대상인大商人으로 짐작된다.)의 출신지에 대한 간접정보를 획득할 수 있다. 우선 벌목공들은 낙랑군이 아니라 중원 출신으로 판단된다. 낙랑은 한족보다 조선인이 더 많은 사회로 파악되고 있다. 한서(漢書) 지리지를 보면 AD 2년, 낙랑군 25개 현의 인구는 6만 호에 40여만 명이다. 최근의 연구 결과 낙랑군의 피지배층은 물론이고 지배층 역시 토착 조선인의 비율이 압도적으로 높았다고 한다. 한인(漢人)이 많지 않았던 낙랑에서 1,500명을 관청이 모르게 모집하기란 쉽지 않았을 것이며 또 1,500명을 한꺼번에 잃었다면 소문이 나지 않았을 리 없다.

그런데 호래가 출현하기까지 낙랑군에서 아무런 대책이 없었다는 것은 '벌목공 1,500명 실종사건'이 낙랑 행정당국과 무관한 일이라는 것을 의미한다. 다시 말해 호래 등은 중국 본토에서 건너왔음을 암시한다. 호래가 육지로 곧장 통하는 낙랑·대방군으로 도주하지 않고 3년간이나 꼼짝없이 삼한 주인의 밭에서 참새를 쫓았다는 사실 역시 그가 한반도 지리에 어두웠음을 의미한다. 삼한에서 가까운 낙랑이나 대방군 출신이 아니라는 말이다. 결국 호래 등은 중원에서 모집해 온 벌목꾼으로, 아마도 가난하고 불쌍한 농민의 자제였을 것이다.

호래를 낙랑군이 아니라 중원 출신으로 보아야 제반 상황이 합리적으로 설명된다면 호래 등을 모집해 삼한으로 파견한 주체 역시 중국 본토의 대상인(大商人) 등으로 추정할 수 있다. 설명이 길었지만, 염철 전매제 실시 이후 중원의 상공인들이 한반도로 진출하여 소금과 철을 밀조(密造)하였을 단초를 염사치 설화에서 구할 수 있다는 말이다. 아울러 삼한의 토착세력이 벌목공들을 붙잡아 농업노예로 부린다는 것은 중국인들의 대규모 벌목활동에 한인(韓人)들이 강한 저항감을 갖고 있었음을 암시한다. 이 점 역시 당시 삼한 일원에서 중국인들의 경제활동이 광범위하게 이뤄지고 있었음을 방증한다.

염사치 설화는 AD 1세기 초반의 일이지만 중국상인들이 한반도로 진출하여 나무를 베어 소금과 철을 생산하기 시작한 역사는 더 오래되었다고 짐작한다. 구체적인 계기로는 BC 119년 무제(武帝)의 염철전매제 실시 이후부터로 추정한다. 염사치 설화는 중국 상공인의 한반도 진출을 입증하지는 못하더라도 간접증거가 되기에 충분하다. 또 한반도 서남부해안지방에서 화폐와 복골(卜骨) 등 중국계 문물이 다수 출토되는 고고학적 증거는 예사로 넘길 일이 아니다. 동아시아 해상무역로에 위치해 있었다는 배경설명만으로는 부족해 보인다. 오히려 한반도 서남해안이 소금과 철 등을 몰래 생산하여 중원으로 밀수출하는 기지역할을 담당한 흔적으로 볼 수 있지 않을까 싶다. 이 부분에 대한 밀도 있는 연구를 기대해 본다.

도해(渡海) 비즈니스와 해변사회의 번성

남부해변에는 또 하나의 경제상의 무기가 있었으니 바로 '도해(渡海) 관련 사업'이다. 한반도 해인족은 내륙의 농민집단에게 대안지가 존재한다는 '정보'와 대안의 땅으로 이동할 수 있는 '수단'을 제공하는 방식으로 농민들을 일본열도로 보냈고, 그 덕분에 일본의 야요이 농경문화는 출현할 수 있었다. 앞의 4장에서 해인족은 비싼 교통비를 받고 농민집단을 열도로 건네주었을 것이라고 말하였다. 가칭 '도해(渡海) 비즈니스'이다.

바다를 건너야만 오갈 수 있는 거대한 열도가 적당한 거리에 존재한다는 지리환경이야말로 한일 간 해상교통 수요를 창출한 원초적 요인이었다. 인간사 가운데 먹고사는 문제와 무관한 일은 없다. 수요가 있으면 그에 부응하여 삶을 사는 무리는 반드시 생겨난다. 한반도 전국시대에 전란은 끝이 없었고 무수한 패배자가 열도로 향했으니 해상교통 수요는 끊이지 않았을 것이다. 열도행 인구가 늘어날수록 도해관련 사업은 번창하게 마련이었다.('도해 관련 사업'이라는 포괄적인 이름을 붙인 것은 자발적인 도해 외에 비자발적인 도해가 적지 않았을 것이란 판단에서이다. 포로사냥을 통한 강제적인 열도행까지 포함한 개념이라고 하겠다. 강제적 도해에 관해서는 잠시 뒤에 상술한다.) 도해(관련)사업이야말로 한반도의 해인족이 생존을 영위하는 중요한 일거리 가운데하나였다고 여긴다. 도해 비즈니스의 존재를 증명하는 문헌은 현재찾을 수 없다. 도해사업 종사자는 기록이나 증거를 남기지 않았고 제3자인 역사채록자들은 해인족의 삶의 방식을 이해하지 못한데다 관심도 낮았기에 문헌기록으로 남기 어려웠을 것이다. 어쨌든 한반도의해변인들은 어로와 채집, 제염 등 전통적인 어업경제 외에 해상무역과 약탈, 도해(관련)사업이라는 또 다른 꿀단지를 확보하고 있었던 셈이다. 해변사회가 번성을 누린 숨은 이유이다.

하지만 모든 비즈니스가 그러하듯 도해사업 역시 늘 호황일 수는 없다. 해인족 입장에서 볼 때, 제 발로 찾아오는 농민을 기다렸다가 항해하는 것은 비즈니스의 안정성 측면이나 이익의 규모면에서 바람직하지 않다. 언제 올지 모르는 손님을 기다리기보다는 아예 '고객을 만들어' 도해하는 것이 현명하다. 순전히 비즈니스 관점에서만 보면 도해의 방식은 중요하지 않으니, 스스로 찾아온 희망자를 태워주든지 승객을 강제로 만들어 도해시키든지 방법이야 어떠하든 한반도의 농민을 일본열도로 건네주기만 하면 이윤(利潤)이 발생하기 때문이다. 모든 경제활동은 투입비용은 적고 산출이익은 많은 쪽으로 발전해가는 특성이 있다. 적은 비용으로 터무니없는 성과를 노리는 인간의 욕망을 제어하는 장치가 법적규제이다. 그러나 법규 대신 야성(野性)이 판을 치던 고대시절이다. 해인족은 다정다감하고 온정적인 집단이 결코 아니다. 고대사회의 도해 비즈니스는 농민포로 사냥으로 타락할 속성이 다분하였다. 해인족들이 처음부터 인간사냥을 목표로 했다기보다는 어로·제염이 불황이고 무역과 도해사업마저 여의치 못할 때 새로운 활로를 찾다 보니 '험한 일'에 손을 대기 시작했을 것이다. 인간사는 대개 이런 식이다. 처음부터 도둑질·강도질을 인생목표로 삼는 사람은 없지만 상황이 그렇게 몰아가는 법이고 손에 익은 '나쁜 일'을 스스로 중단하기란 매우 어렵다. 그 방식과 경로를 막론하고 도해 비즈니스, '한반도인을 일본열도로 보내고 수익을 얻는 경제(?)활동'의 창출효과는 한일 관계사에 지대한 파급력을 미쳤다고 필자는 확신한다.

1부의 4장에서 설명하였듯이 농민사냥이 시작된 근본배경은 일본열도의 농경화가 진전된 데 있다. 더 넓은 농경지를 개간하여 더 큰 이익을 얻고자 하는 욕망이 노예노동력을 갈구한 것이다. 유사한 사례를 농경화가 빠르게 진전되었던 16~17세기 만주에서 찾아볼 수 있다. 당초 만주경제는 수렵과 목축이 우세하였고 농경은 미약한 편이었지만 15세기 이후 농경화가 활발히 진행되었다. 1600년을 전후한 누르하치 집권기의 건주여진과 뒤를 이은 후금에서는 농업노동자 수요가 급증하였다. 이에 만주족은 무자비한 약탈전쟁을 통해 한인(漢人)과 조선인 농민을 포로로 붙잡아 자신들의 농경지에 충당하였던 것이다.[51]

처음에는 소수의 농민집단이 자발적으로 해인족의 배를 타고 열도로 향했다면 나중에는 수십, 수백 명의 농민포로가 자신의 뜻에 반하여 강제적으로 바다를 건넜다고 사료된다. 모든 사람이 농사를 '잘 짓는' 것은 아니다. 어린 시절부터 농부의 자식으로 훈련된 사람이라야 효율적으로 부릴 수 있고 숙련자를 농장에 투입해야 제 몫의 생산실적을 올릴 수 있다. 해변에서 물고기나 잡던 조몬인을 농장에 투입해서는 제대로 성과를 내기 어렵다.(조몬인도 원시농경을 하였다고 설명되고 있지만 파종기부터 수확기까지 집중적인 노동력을 투입해야 하는 수도작(水稻作)과는 질적 차이가 엄연하다.) 그러기에 고대사회에서 농민포로 만큼 비싼 상품은 없었다. 그러나 농민사냥은 내륙세력의 격렬한 반발을 불러일으켰고 결국 한반도 해인족의 소멸로 이어지게 된다. 어쨌든 어로·채취와 제염(製鹽)이라는 전통적인 바다산업에다 해외무역과 도해 관련 사업이라는 꿀단지가 더해지면서 한반도 남부해안은 한동안 번성하였다.

---

51. 장한식, 오랑캐 홍타이지 천하를 얻다, 산수야, 2018, pp87~104, pp187~206.

해인족의 나라, 포상국(浦上國)의 등장과 발전

한반도 남부의 해안 일대는 내륙 일반과는 조금 다른 방식으로 사회진보가 이뤄지게 된다. 농민과 목축인, 사냥꾼, 제철공장(工匠), 상인 등 다양한 직업군이 한데 어울리며 시대흐름과 함께 발전해 나간 것은 농경사회와 다를 바 없지만 농민 외에 어부와 소금장인, 어구선박 제조장인, 무역상 등 바다를 기반으로 한 직업군이 추가된 것이다. 아울러 한일 간 도해사업을 담당하는 항해전문집단도 존재하였을 것이다. 바다와 육지의 장점을 모두 활용할 수 있는 남해안과 서해남부 일대는 일찌감치 선진지대로 발전하였다.

씨족·부락 단위로 해변에 널리 산재하며 어로와 채집활동에 종사하던 아득한 선사시대에는 해인족 사회에 종족의식이나 정치체가 있었을 리 없다. 그러다가 세월이 흘러 BC 2세기~AD 2세기 즈음(한반도 남부에서도 지역별 차이가 있기에 시기를 특정하기는 어렵다. 대체로 일본에 야요이 농경문화가 이식되는 것과 비슷한 시대라고 하겠다.) 내륙의 농경세력들이 소국정치체를 형성하면서부터는 사정이 달라진다. 해변사회 역시 경제상으로 일정한 진보를 이룬 데다 내륙세력의 진출에 생존의 위험을 느끼면서 종족의식을 각성하게 되었고 더 큰 규모의 공동체를 형성하기에 이른다. 특히 국제교역과 도해 관련 비즈니스의 이권은 대단히 컸을 것이고 염·철을 밀조하여 중원에 밀수출하는 산업의 존재 가능성도 높다. 이 같은 경제력을 기초로 하여 해변에 새로운 정치공동체가 탄생하게 된다. 해인족 집단이 중심이 된 포상국(浦上國)의 출현이다.

해변사회의 실력과 발전상을 알려주는 사료는 드물다. 다만 AD 3세기 초 '포상팔국(浦上八國) 전쟁' 기록이 단비 같은 근거를 제공해준다. 포상팔국 전쟁 기사는 한반도 남부 해변에 포상국이라는 소국공동체가 출현하였고 적잖은 역량을 발휘하였다는 증거가 된다.(포상팔국 전쟁에 담긴 진정한 의미는 6장에서 소상히 다룬다.) 포상국은 관할규모는 크지 않더라도 농경과 어로의 이익에다 도해사업과 염철 밀조, 국제교역의 이윤까지 더해지면서 경제력을 키울 수 있었다. 내륙 곳곳에 읍락국가가 등장하던 시기 서남해 주요 포구에는 포상국이 성장하고 있었던 것이다.

물론 모든 해안선에 포상국이 들어선 것은 아니다. 예나 지금이나 한반도 해안 대부분은 어업보다 오히려 농업이 성하다. 해변 일대에는 해안평야가 발달하기 마련이므로 바닷가 들판에 기대어 농사를 짓는 영역이 꽤 넓은 편이다. 다만 해상교통의 요지, 수심 깊은 내만 등 양호한 입지를 갖춘 포구에서는 어로·제염 같은 기본적인 바다산업은 물론이고 국제무역과 도해사업까지 행할 수 있는 환경이 조성되었다. 선박 접안시설과 상업구역, 상품제조구역 등을 갖춘 포구사회가 바로 포상국, 그리스의 해상 폴리스(polis)와 유사한 도시국가라고 할 수 있다.

특히 BC 108년 한사군 설치 이후 중국과 한반도, 일본열도를 잇는 해상무역이 성행하면서 해상교통의 요지에 자리잡은 일부 포상국은 거만의 부를 축적하였고 내륙 농경지역에 비해 선진지대로 발전하였다. 이들은 삼한삼국시대 한반도와 일본열도의 역사에서 일정시기 동안 비중 있는 역할을 수행하였다. 포상국은 농경민과 해인족이 한데 어우러진 나라였다. 포상국 주민의 인종적 특징은 알기 어렵다. 선주(先住) 해인족의 DNA가 일부 전해졌을 것으로 추정되지만 북방 출신 농경족과 천여 년을 함께 보낸 결과 상당 부분 혼혈이 이뤄졌다고 여겨진다. 내륙 농경민과 비교하면 외모상의 차이보다는 해풍(海風)에 검게 그을린 피부가 더 부각됐을 것이다.

포상국의 세력범위 내지 활동영역은 한반도 근해만이 아니었다. 대마도를 포함하여 한일 간 마름모꼴 바다에 포진한 여러 섬들, 그리고 규슈와 혼슈서부 일대까지 포괄하고 있었다. 백제와 신라, 가야 등 내륙국이나 중국에서도 이런 사실은 인식되고 있었다. 앞서 언급하였지만 포상국은 외부세계에 '왜(倭)'로 표현되기 일쑤였다. 삼국지 위지(魏志) 왜인전에 나오는 "부낙랑해중유왜인(夫樂浪海中有倭人 낙랑의 바다 가운데 왜인이 있다.)"이라는 대목은 이런 실상을 정확히 기술한 셈이다. 포상국이 한반도왜의 대표적인 사례라는 논리는 일찍부터 제시되었다.[52]

현재의 울산에서 부산, 경상남도를 거쳐 대마도와 전라남도 남·서해안 일대에 이르는 남부해변에서 솟아난 여러 포상국 가운데 대표주자는 김해의 금관가야였다. AD 3세기에 출간된 삼국지 동이전은 구야한국(狗耶韓國)으로 적고 있는데 구야는 곧 가야이다. '개 구(狗)' 자에 주목할 필요가 있다. '개'의 옛 발음은 '가이'였다. 북송(北宋)의 서장관 손목(孫穆)이 편찬한 계림유사(鷄林類事)에는 355개의 옛 고려어가 나오는데 견왈가희(犬曰家稀)라고 적고 있다. '개를 가희(=가이)라고 부른다'는 뜻이다. 개에서 모음 'ㅐ'는 현재는 단모음이지만 조선시대

52. 이종항, 고대가야족이 세운 구주왕조, 대왕사, 1987, pp62~63.

까지도 복모음 '아이'로 발음되었다. 고려어의 상당수는 신라어에서 비롯됐는데, 삼국지 동이전에서 변한과 진한은 말과 풍습이 비슷하다고 하였으므로 가야어는 신라어와 유사했을 것이다. 즉 가야어에서도 개를 '가이'라고 불렀다고 짐작된다. 구야의 구(狗)를 현대 한국인들은 음독으로 '구'라고 발음하지만 고대인들은 훈독으로 '가이'라고 읽었을 것이다. 그렇다면 구야는 곧 '가이야'인데 가운데 '이'의 발음이 약하니 '가ᵢ야'가 되는 것이다.

참고로, 가야가 무슨 뜻인지는 확립돼 있지 않다. 구야(狗耶)라는 글자만 보고 '개(犬 dog)'의 의미로 파악하면 곤란하다. 앞에서 구(狗)는 '가ᵢ'로 훈독된다고 말하였다. 야(耶)는 변한일대에서 땅이나 나라이름 끝에 흔히 붙는 어조사로서 훈독이 아닌 음독이다. 가야(加耶), 대야(大耶), 안야(安耶) 등의 사례가 많다.('야'는 '라'로 대치되기도 하는데 가야는 가라, 안야는 안라, 대야는 다라로 표기된다.) 그러므로 '구야=가ᵢ야'에서 고유명사적 속성은 '가이'에 담겨 있다. 가이는 곧 '개'인데 해변을 뜻한다고 생각한다. 갯가, 개펄, 개흙 등에서 보듯이 '가이'에서 축약된 '개'는 물가=바닷가를 의미하므로 구야(=가ᵢ야)는 '갯가땅, 물가나라'를 말한다. 갯가땅이라는 지명을 어색하게 여길 이유는 없다. 옛 도시 가운데는 이런 식의 지명이 더러 존재한다. 보르도와인으로 유명한 프랑스 서남부의 보르도(Bordeaux)는 가론(Garonne)강변에 위치한 하항(河港)인데 '물가'라는 뜻이다. 결국 구야(=가야)는 남해바다와 낙동강을 끼고 있는 '한반도의 보르도'였으니 갯가땅, 물가나라의 의미를 담은 국호 자체가 포상국의 특징을 잘 반영하였다고 하겠다.

6장
포상팔국 전쟁과
한반도왜의 몰락

한반도왜가 완전히 몰락하는 계기는 AD 3세기 초에 발생한 '포상팔국(浦上八國)의 전쟁'이다. 포상국(浦上國)은 한반도왜 최후의 모습이자 가장 발전된 단계였다. 포상국들은 전성기적 상황에서 도박을 행한 '포상팔국의 전쟁'에서 패배하였고, 잔존세력은 내륙국의 변방집단으로 흡수합병되거나 일본열도 등지로 도주하였다.

남해안 주요 포구에서 성장한 해상세력 포상국이 내륙에서 발전한 농경국과 공존하기란 힘들었다고 사료된다. 상호간의 경제적, 정치적 이질성이 컸으니 특히 해상세력의 도해 비즈니스는 내륙세계의 거센 반발을 초래한 요인으로 짐작된다. 아울러 상대를 합병하여 몸집을 키우는 데 따른 정치경제 효과가 분열·공존의 이득을 능가한 것도 두 세계의 충돌을 부른 요인이라고 하겠다. 이번 6장에서는 한반도 남부의 두 세계가 갈등하고 충돌하다 3세기 초, 포상팔국의 전쟁으로 해상세력이 몰락하는 과정을 집중적으로 묘사한다.

신라의 팽창과 해변사회의 위기고조

　세월의 흐름에 따라 '왜(倭)'의 의미는 조금씩 달라진다. 왜는 원래 내륙출신 농민들이 해변사람을 지칭할 때 사용한 단어였으나 신라가 건국된 이후에는 '해상의 적대세력'을 규정하는 정치용어로 굳어져 나갔다고 여겨진다. 건국 직후부터 부지런히 정복전쟁을 펼친 초기신라, 사로국의 행보는 해상세력을 자극하기에 충분하였다. 초기신라는 성장 과정에서 수많은 해변세력과 격렬히 충돌하였고 그들을 멸칭할 용어를 찾았을 것이 분명하다. 의미와 발음 모두 아름답지 못한 '왜'는 신라가 적대적인 해상세력에게 붙이기에 적절한 족속명이었다고 짐작된다.

　내륙에서 몸을 일으킨 신라(=사로국)지만 건국하자마자 동해 방면으로 열심히 영역을 확장하였다. 수도인 서라벌이 동해에서 그리 멀지 않은 덕분에 바다의 이점에 대한 정보를 일찌감치 획득할 수 있었던 점이 초기신라의 해상진출을 독려한 지리환경적 요인이었을 것이다. 신라 입장에서 해변으로의 진출은 막대한 정치경제적 이익이 보장되는 길이다. 기존의 농업 외에 어로와 제염의 이득이 추가된다. 더 큰 이익은 해상교통로를 얻는다는 점이다. 중국과 일본열도, 한반도 내 다른 해안과의 통상과 외교활동이 가능해지니 외교상의 이점이 적지 않다. 특히 무역이익은 농경과는 비교할 수 없는 '꿀단지'였다. 같은 면적이라면 육지쪽 영토보다 해변 포구의 경제효과가 더 컸으므로 초기신라를 비롯한 내륙국은 바닷길을 열기 위해 갖은 애를 썼을 것이다. 신라로서는 국가발전을 위해 동해로의 진출을 가속화하였겠지만 이는 변진한 해변사회의 위기감을 고조시켜 강한 반발을 초래하였다.

AD 3세기 중반 한반도 남부의 사정을 그린 '삼국지 동이전'을 보면 삼한 땅에는 78개 소국이 자리한 것으로 나타난다. 그러나 초기신라, 사로국이 건국된 BC 1세기에는 더 많은 소국이 존재하였을 것으로 보인다. 삼국지에 없는 실직곡국과 음집벌국, 압독국, 사벌국과 골포국과 칠포국, 사물국 등이 삼국지 이전에 사라진 소국명이라면 애당초 100개쯤 되는 나라가 있었을 수 있다. 이 가운데 구야국과 고자미동국 등 약 20개국은 해변을 끼고 형성됐을 것으로 추정된다.(이들이 곧 포상국이다.)

한반도 남부는 AD 3세기까지는 천안지역 목지국(目支國)을 삼한의 중심(中心)으로, 한강유역 백제국(伯濟國)과 경주의 사로국(斯盧國), 김해의 구야국 등 소지역 맹주를 부심(副心)으로 한 나름의 위계질서가 형성돼 있었던 것 같다. 그러나 넓지 않은 한반도 남부에서 100개쯤 되는 올망졸망한 세력이 오랫동안 유지될 수는 없었다. 선진문물을 경험한 북방세력이 밀려드는 시대변화에 따라 통합의 대세를 피할 수는 없었다.

어느 시절, 어느 곳에나 현상변경 세력은 존재하게 마련이다. 삼한사회는 통합에너지가 넘쳐났다. 100개쯤 되는 소국 가운데서도 백제국과 사로국 등은 적극적으로 몸집을 키워나가기 시작하였다. 이들은 출범 직후부터 타국을 공격해 집어삼키는 육식국가(肉食國家)의 본능을 지녔던 모양이다. 마한사회에서 백제국이 골칫거리였다면 진한·변한 사회에서는 사로국이 문제아였다. 훗날 한반도의 주인자리를 놓고 격돌하였던 백제와 사로, 두 독한 녀석들은 강한 승부욕을 드러내며 이웃 소국들을 압박하였고 활발한 정복전쟁을 펼쳐 주변을 집어삼키기 시작하였다. '소국병립 체제'를 부정하는 백제와 사로를 다른 소국들이 두려워하면서도 미워하는 것은 당연한 반응이었을 것이다. 사로국은 진한과 변한 사회의 미움을 충분히 사고 있었다. 변·진한 사회에서 미운털이 박힌 초기신라(=사로국)의 수도 경주는 점차 해변민들의 공공연한 표적이 된다.

해변인의 경주 침탈은 이전에도 많았지만 사로국의 건국과 함께 심화됐다고 볼 수 있다. 초기신라가 비록 큰 나라는 아니지만 그래도 영역국가인 만큼 수도로 재부(財富)가 집중될 것은 정한 이치이다. 경주벌판에 서라벌이라는 풍성한 도회가 생겨나면서부터 원근의 해변인들은 큰 유혹에 빠진다. 견물생심(見物生心)이라는 말처럼 부유한 도시를 확인한 해변인들은 배가 고플 때마다 사로국의 부력(富力)에 강한 흥미를 나타낸다. 특히 경주는 지리적인 견지에서 해상세력이 욕심을 부릴 만한 땅이었다. 내륙이면서도 동해와 가까운 것이 문제였다. 배를 부리는 데 익숙하지 못했던 초기신라로서는 넓은 동해를 늘 지킬 수는 없는 노릇이었다. 해변인들 입장에서는 울산만이나 감포, 영일만 등지에 배를 대고 달려갈 경우 말을 타지 않아도 하루 사이에 경주를 약탈할 수 있다. 해안에 배를 대고 기습공격한 다음 신라가 반격을 하기 전에 철수를 하면 성공의 가능성은 높았다. 사로국, 즉 초기신라가 덩치를 키워가고 수도에 부력이 축적되면서 해변민들의 경주 공격도 비례적으로 증대되었다고 여겨진다.

최초의 '왜'는 경주인근에서 잠수와 어로활동으로 살아가는 해변민을 일컫는 말로 시작되었으나 점차 바다를 통해 접근해 오는 외부세력을 지칭하는 말로 확장·변모된다. 신라인들에게 바닷길로 접근하여 곡식과 재물, 인명을 약탈하는 세력은 모두가 '왜놈'이었는데 배를 타고 재빠르게 도주하는 무리의 실체를 알지 못하니 "모년 모월, 왜가 OO성을 침탈하였다."라는 식의 단조로운 전승을 남겼다고 여겨진다. 여러 곳의 해상세력이 제각기 경주를 침공하였기에 초기신라에서 '왜'의 침탈 기록은 넘치도록 풍부하였고 왜에 대한 적대적 기억은 오랫동안 전해졌다.

그런데 이 대목에서 유의할 점은 초기신라가 남긴 왜의 잇단 침공 사례는 한반도 남부에서 무수히 발생한 '보편적인 현상'에 대한 기록이라는 사실이다. 후대에 기록을 전승하지 못한 내륙소국들도 '왜'라고 표상되는 해변인의 침탈을 수없이 받았다고 보는 것은 합리적인 추론이다. 비슷한 시대, 인근 지역에서 살아가는 인간세상의 작동원리는 대체로 유사하기 때문이다. 경주의 신라가 '배를 탄 해상세력에게 당한 침탈'은 함안이나 진주, 의령, 양산 등지의 내륙소국들에게도 남의 일이 아니었다는 말이다. '왜의 침공을 수없이 받았다'는 신라초기 기록을 통해, 삼국이 정립하기 직전의 한반도 남부에서는 내륙세력과 해상세력의 갈등이 심화되고 있었다는 통찰을 얻을 수 있다.

내륙세계와 해상세계의 갈등 심화

농경화의 진전은 고대사를 뒤흔든 최대변수이다. 양질의 농토를 차지하고 더 많은 잉여농산물과 노예노동력을 확보하기 위한 경쟁은 시대흐름과 함께 가속화되었다. 싸움의 승자는 지위가 올라가고 지배범위를 넓혀나갔으니 부족사회는 읍락국가로 발전하였고 읍락국은 영역국가로 성장하였다. 몸집이 커질수록 승자의 힘과 이익은 증폭되므로 정치지배층은 성장본능에서 전쟁을 반복하게 마련이다. 철제무기로 무장한 영역국 간의 세력 확장 경쟁은 끊임이 없었으니 전쟁이 일상화되는 '한반도 전국시대'가 열린 것이다.(4장 pp117~126 참고)

한반도 전국시대는 중원의 급변에 직접적 영향을 받았다. BC 3세기 진(秦)이 대륙을 통일하고 한(漢)왕조가 등장하는 와중에 무수한 패배자가 생겨났고 그 가운데 일부는 동쪽으로 밀려들었다. 무력을 동반한 인구이동은 심한 연쇄파장을 불러일으킨다. 한(漢)과의 전쟁에서 패한 흉노족이 '훈'이란 이름으로 유럽으로 거주지를 옮기자 게르만족의 대이동이 일어났고 로마세계가 엉망으로 헝클어진 것과 유사하다고 보면 된다. 대륙과 연접한 지형 탓에 한반도는 북쪽으로부터 끊임없이 외부세력이 밀려들었고 큰 영향을 받게 되었다.

축차적(逐次的)인 인구이동의 결과 종착지라고 할 한반도 남부, 특히 해변의 인구압은 다른 곳보다 커지게 마련이다. 한반도 남부로 밀려난 농경집단에게는 더 이상 피할 곳이 없다. 일본열도라는 대안지가 있지만 항해술에 익숙하지 못한 농경민들에게는 쉬운 일이 아니다. 가능한 육지에서 끝장을 봐야 하기에 '막다른 골목'인 한반도 남부에서의 갈등은 다른 지역보다 격화될 수밖에 없다. 이러한 절박한 환경에서 동해남부 지방에서 내륙출신 초기신라와 남울산·부산의 해상세력이 충돌하였다. 싸움의 결과는 내륙국 신라의 승리로 결론이 났다.

기실 북에서 남하한 농경민들이 해안 근처에 터를 잡는 순간부터 해인족의 운명은 달라졌다. 앞서 언급하였듯이 소규모 부락단위로 접촉하던 천년의 세월 동안은 농경족과 해인족이 다툴 일이 적었다. 서로의 활동무대가 다르고 교류협력할 이유는 많았기 때문이다. '소가 닭 보듯' 상호간에 간섭하지 않은 채 각자의 영역에서 삶을 영위하였던 것이다. 그러나 BC 2세기~AD 2세기 즈음(지역별 격차가 적지 않은 만큼 시대를 명확히 하기는 어렵다. 대략적인 시기 구분이다.) 한반도 남부내륙의 농경세력이 통합되어 소규모 정치체를 운영하기 시작하면서부터 해인족 공동체는 위기에 빠지게 된다.

농경소국 간의 경쟁에서 패배한 집단은 소멸하거나 열도로 이주한 반면(패배한 농민집단의 도해에 해인족이 관여한 것은 4장에서 언급하였다.) 승자들은 해변으로 촉수를 뻗쳤기 때문이다. 지속적인 싸움에서 승리하여 덩치를 키운 내륙의 영역국가들은 해변의 독자성을 인정하기보다 하위집단으로 포함시키고자 시도하였다. 그 결과 드넓은 해안 일대가 내륙출신 영역국의 '변방'으로 편입되어 갔고 신라의 '해척(海尺)'에서 보듯이 많은 해변인은 내륙국의 해상경제를 담당하는 하층민으로 전락하였다.

그러나 입지조건이 양호한 일부 포구를 중심으로 자치능력을 지닌 소국공동체, 즉 포상국(浦上國)으로 발전한 지역도 제법 나타났다. 포상국의 등장은 내륙의 영역국가에 자극받은 측면이 다분하다. 해변으로 힘을 확산시킨 내륙세력의 도전 속에 해상세력은 자구책을 모색하게 되었다. 해변의 여러 소집단이 통합하여 덩치를 키우는 일이 최선이었으니 그 결과가 포상국의 성립이었다.

제각기 소국체제를 이룩한 포상국과 인근의 내륙국은 갈등과 대결로 치닫게 된다. 상대측이 지닌 지리적 장점이나 생산물을 대가를 치르지 않고 차지하려는 욕망의 발로였다. 내륙국 입장에서는 포상국을 삼켜 '변방'으로 삼을 경우 국가발전에 날개를 다는 셈이다. 육지와 해상을 한데 묶는 시너지효과가 컸기 때문이다. 경주 신라가 동해남부로 촉수를 뻗쳤다면 함안의 아라가야는 골포국이 위치한 마산항 쪽을 노렸다고 여겨진다. 포상국 역시 내륙국을 침공하고픈 유혹이 컸다. 특히 해변으로 근접해온 농경국은 표적이 되기에 충분하였다. 어로와 제염, 무역 같은 양성적인 경제활동 외에 약탈이라는 '음성경제'에도 열심이었던 포상국은 농경국의 부력(富力)과 농민인구에 흥미가 많았다. 포상국에서는 농경도 행하였지만 해상경제(海上經濟)의 비중이 더 높았다. 해상경제라면 어로와 제염, 해상무역과 함께 약탈의 비중도 무시할 수 없다. 농사도 해마다 풍흉이 갈리지만 어로와 제염의 풍흉은 더 심한 편이다. 해상무역과 도해사업도 늘 호황일 수가 없다. 해변인들은 물고기잡이나 소금 작황, 해상무역이나 도해사업이 만족스럽지 않을 경우 서슴없이 '해적'으로 돌변하여 부족분을 벌충하였을 것이다.(생산이 부족해 생존이 위협받을 경우 이웃을 강탈하는 일은 고대사회의 보편적인 현상이었다. 이런 점에서는 농민이나 유목민도 다를 바 없다.) 농작물과 가축, 금은보화를 노리기도 하였겠지만 농민이 최대 약탈대상이 됐을 것이다. 일본열도로 한반도 농민을 실어 보낸 도해(渡海)비즈니스의 경험은 인간사냥으로 진화(?)할 속성이 다분하였다.

애당초 도해사업의 선두주자는 김해의 구야국이었을 것이다. 열도와의 지리적 근접성과 고(古)김해만이 지닌 탁월한 항만조건, 그리고

포상국 지도

오랜 항해역사 등을 감안할 때 그러하다. 구야국이 내륙의 농민들을 일본으로 건네주고 풍성한 대가를 거두는 것을 관찰한 골포국과 칠포국, 고자국, 사물국, 보라국 등이 너도나도 도해사업에 뛰어든다.

모든 업종의 신참자들은 선발주자에 비해 적극적이고 무자비한 경향이 있다. 기존룰을 지켜가며 평범한 방식으로 사업을 실행하면 경쟁력이 밀리기에 혁신적이고 과감한 변칙수단으로 돌파구를 찾으려든다. '착한 후발주자'도 더러 존재하지만 이들은 대부분 얼마 못 가 도태되게 마련이다. 그러므로 살아남은 후발주자는 대체로 효율성과 공격성이 높다. 선발주자인 구야국으로서는 인심을 잃어가며 무리한 비즈니스를 할 이유가 적지만 뒤늦게 뛰어든 골포국과 칠포국, 고자국 등은 사정이 다르다. 후발주자들로서는 고객이 들쑥날쑥하여 도해사업의 안정성이 충족되지 않으니 무리를 하기 쉽다. 후발주자가 늘면서 도

178

해 비즈니스의 경쟁이 심화되고 수익성이 떨어지자 변칙적인 대안으로 등장한 것이 노예노동력 확보, 즉 인간사냥으로 짐작된다.

이타적인 도해 지원사업이란 애초부터 성립되기 쉽지 않다는 점도 감안할 필요가 있다. 도해 비즈니스는 처음부터 인간사냥으로 변질될 속성이 다분하였다. 고대사회에서 가장 값비싼 거래품목은 노예였다. 세계 모든 고대문명에서 공통적으로 발견되는 현상이다. 인권개념이 박약하던 시대인 만큼 노예의 상품가치는 매우 높게 매겨졌다. 수요처가 존재하는 상황에서 한반도 농민을 붙잡아 일본열도로 팔아넘기는 노예공급자는 자연발생적으로 생겨나게 마련이었다. 포로사냥은 형편이 힘든 후발 포상국들이 더 열심이었을 가능성이 높다. 농민들이 자신을 노예로 부리라고 순순히 잡혀줄 리 없기에 포로사냥은 힘들고 위험한 일이었을 것이다. 그러나 수익률로만 따진다면 인간사냥은 도해사업과 비교할 바 아니다. 처음에는 좋은 뜻으로 시작했을지 모르지만 도해사업은 무자비한 포로사냥으로 변질되기 쉬웠다.

곧이어 다루지만, 해상세력이 인간사냥에 열심이었다는 가장 분명한 증거는 포상팔국 전쟁 그 자체이다. 그뿐만이 아니다. 신라는 훗날 역사를 정리하면서 건국초기부터 수시로 해변을 침공한 외부인을 '왜'로 통칭한 것으로 여겨지는데 자세히 보면 특징이 있다. 왜놈들이 노리는 재물로는 곡식도 있겠지만 포로를 잡아가는 일이 빈번하다는 사실이다. 관련 기록들을 살펴보자.

> **남해차차웅 11년(BC 14)**
> 왜인이 병선 100여척을 보내어 해변의 민호(民戶)를 노략질하므로…(倭人遣

兵船百餘艘 掠海邊民戶)

유례이사금 4년(AD 287)

왜인이 일례부를 습격하여 불을 놓고 사람 1,000명을 사로잡아 갔다.(倭人襲
一禮部 縱火燒之 虜人一千而去)

흘해이사금 37년(AD 346)

왜병이 갑자기 풍도에 이르러 변호(邊戶 변방의 민가)를 약탈하고 또 진격하여
금성을 포위하므로…(倭兵猝至風島 抄掠邊戶 又進圍金城)

실성이사금 6년(AD 407)

3월에 왜인이 동변을 침공하고 또 6월에 남변을 침략하여 (백성)100명을 잡
아갔다.(春三月 倭人侵東邊 夏六月 又侵南邊 奪掠一百人)

눌지마립간 24년(AD 440)

왜인이 남변을 침공하여 생구(生口 사람)를 약취해 갔다.(倭人侵南邊 掠取生口
而去)

자비마립간 5년(AD 462)

왜인이 활개성을 습격하여 부수고 나라사람 1,000명을 사로잡아 갔다.(倭人
襲破活開城 虜人一千而去)

위의 기록들은 왜가 신라백성을 약탈한 수많은 사례 가운데 극히
일부라고 봐야 한다. 왜는 기원 이전에도 수없이 인간사냥을 감행하

였고 신라 외에 다른 내륙소국을 상대로도 같은 행위를 반복하였을 것이다. 그나마 신라의 피해사실은 일부라도 전해지는 반면 기록을 남기지 못한 내륙소국들의 무수한 피해사례는 망실되었다고 봐야 한다. 예컨대 '왜'는 함안의 아라국이나 진주 등지에 자리잡은 내륙국을 상대로도 수백 년간 해적식 포로사냥을 펼쳤을 것이 분명하다. 이런 시각에 보면 왜가 행한 인간사냥의 역사는 꽤나 길었다고 판단된다.

흥미로운 점은 왜가 신라백성을 잡아가지만 죽였다는 기록은 거의 나오지 않는다는 사실이다. 그 이유는 뭘까? 이 대목 역시 왜의 실체와 왜가 수시로 침탈한 이유를 알려주는 바로미터이다. 왜인들의 최대 표적이 농민포로이기 때문으로 판단된다. '상처 입지 않은 건강한 인간'이 최고의 상품이므로 강하게 저항하지 않는 한 해칠 이유가 없다. 왜가 생구(生口), 즉 인간포로를 중시하였다는 단서는 많다. 중국에 조공물로 바치기도 하였다. 후한서 왜전에는 "안제(安帝) 영초(永初) 원년(AD 107)에 왜국왕 수승(帥升) 등이 생구 160명 등을 바치며 뵙기를 청하였다."는 기사가 있다. 짧은 기록이지만 많은 정보를 내포하기에 소상히 살펴볼 필요가 있다.

왜왕 수승은 왜(why) 생구를 바쳤을까? 생구는 저항 가능성 때문에 수송하기도 위험하고 중도에 사망하거나 도주할 가능성도 다분하다. 160명이라는 어중간한 숫자를 감안하면 당초 200명을 준비했으나 도중에 40명을 잃었을 개연성도 엿보인다. 입을 가진 생구이기에 먼 길을 가는 동안에 먹일 식량도 만만치 않았을 것이다. 그런데도 왜국왕이 생구를 바친 것은 자기네 사회에서 '가장 귀한 상품'이었기 때문이다. 중국 황제에게 바쳐야 하니 가장 귀한 생구가 제일 좋은 선물이라고 여겼다는 뜻이다. 사실 황제는 수중에 수만 명의 노예가 넘쳐나는 처지이니, 어리석은 오랑캐가 생구를 바친 점은 가상하지만 크게 매력적인 선물은 못 된다. 금은보배나 특산물을 바치는 것이 여러모로 나을 뻔했다. 어쨌든 이런 사례를 통해 왜가 초기부터 생구사냥에 열심이었음을 시사받게 된다.(왜의 인간사냥 역사는 오랫동안 지속되어 조선시대까지 이어졌다. 다만 14~16세기의 근세왜구는 인명을 쉽게 해치는 등 고대의 왜인보다 더욱 흉포해진 특징을 보여준다. 이는 근세일본의 인구밀도가 높아지면서 인간노예에 대한 왜구의 관심이 상대적으로 낮아졌기 때문이 아닌가 싶다. 근세왜구가 인간사냥을 단념한 것은 아니지만, 운반과 처분이 용이한 곡물과 재물을 중시하면서 약탈에 반항하는 사람들에게 가혹하게 대응한 탓으로 풀이된다.)

'생구 약탈'을 일삼는 왜와 '포로 6천 명을 잡은' 포상국은 같은 무리이다.(포상국의 포로사냥은 다음 절에서 언급한다.) 왜=포상국이다. '왜의 신라민호 약탈기사'를 통해 포상국은 오랫동안 내륙국의 인간사냥에 관심이 많았음을 짐작할 수 있다. 사로국과 아라국 등 내륙계 농경국은 해적질을 마다하지 않는 포상국의 해변인을 '흉측한 왜놈' 등으로 지칭하며 미워하고 경계했을 것이 분명하다.

해상과 농경세력의 대충돌 '포상팔국(浦上八國) 전쟁'

상이한 생존방식에다 국가발전 차원에서 상대영역으로의 진출이 불가피하였기에 해상세력과 내륙농경세력의 충돌은 갈수록 격화된다. 가장 극적인 사건이 포상팔국 전쟁이다. 관련 기록들을 보자.

① 삼국사기 신라본기 내해(奈解) 14년(AD 209) 7월조

포상의 팔국이 가라(加羅)를 침범하려고 하였으므로 가라왕자가 와서 구원을 요청하였다. 왕이 태자 우로(于老)와 이벌찬 이음(利音)에게 명하여 6부의 군사를 이끌고 가서 구원하여 팔국의 장군을 공격하여 죽이고 포로가 되었던 6천 명을 빼앗아 돌려주었다.(浦上八國 謀侵加羅 加羅王子來請救 王命太子于老與伊伐飡利音 將六部兵往救之 擊殺八國將軍 奪所虜六千人 還之)

② 삼국사기 열전 물계자전(勿稽子傳)

이때에 포상팔국이 함께 모의하고 아라국을 침입하므로 아라가 사신을 보내 구원을 청하였다. 이사금이 왕손 내음(股音)으로 하여금 가까운 군(郡)과 6부의 군사를 거느리고 가서 구원케 하니, 드디어 팔국병이 패하였다… 그 뒤 3년에 골포·칠포·고사포의 삼국 사람들이 와서 갈화성(竭火城)을 공격하니 왕이 군사를 거느리고 나가 구원하여 삼국의 군사가 대패하였다.(八浦上國同謀伐阿羅國阿羅使來請救尼師今使王孫股音率近郡及六部軍往救遂敗八國兵…三年骨浦柒浦古史浦三國人來攻竭火城王率兵出救大敗三國之師)

③ 삼국유사 물계자전(勿稽子傳)

제10대 나해왕 17년에 보라국·고자국(지금의 고성)·사물국(지금의 사천) 등 팔국이 힘을 합쳐 변경을 침략하므로 왕이 태자 이음과 장군 일벌 등에게 명하여 군사를 거느리고 이를 막게 하니, 팔국이 모두 항복하였다. 이때에 물계자의 군공이 으뜸이었다.(第十奈解王卽位十七年

壬辰保羅國古自國(今固城)史勿國(今泗州)等八國 併力來侵邊境 王命太子捺
音將軍一伐等率兵拒之八國皆降勿稽子軍功第一)

　전쟁의 진상은 뒤에서 다루기로 하고 먼저 이들 기사가 담고 있는
해상세력과 농경세력 충돌의 배경부터 살펴본다. 포상팔국 관련 기사
는 소략하지만 당시의 시대상과 연계해 세밀히 살펴보면 중대한 정보
를 담고 있다. 핵심은 ①기사에서 '포로가 되었던 6천 명'이다. 8개국
이 합쳤다고 하더라도 바닷가 여덟 개 포구에 불과하다. 작은 포구들
에서 모은 병사래야 6천 명에 미쳤을 리 없고 가라(아라)국의 군대도
비슷한 규모였을 것이다. 극단적으로 가라(아라)국 병사가 모조리 포
로가 되었다 해도 6천 명에 이르기는 어렵다. 그러므로 포상팔국 전쟁
에서 언급된 '포로'의 대다수는 병사가 아니라 아라국과 인근 농경소
국의 일반 백성이었다고 보아야 한다.

　그런데 포상국들이 백성포로를 6천 명이나 잡는 것은 언뜻 무모
해 보인다. 해변은 인구부양력이 떨어지므로 자체적으로는 포로를 무
수히 확보할 이유가 없다. 그런데도 6천 명이나 잡은 것은 다른 이유
가 있기 때문일 것이다. 포상의 해인족이 포로 확보에 열을 올린 이유
는 어렵지 않게 짐작할 수 있다. 바로 매매할 목적이었던 것이다. 어디
에? 수요처는 일본열도라고 상정된다. 당시 활발히 개척되고 있던 열
도의 농경지대에는 삼한의 숙련된 농부들을 노예로 부릴 수요가 충분
하였다. 앞의 4장에서도 언급하였지만 야요이인의 열도이주는 평화
로운 이민행렬이 아니었다. 포상팔국 전쟁 기사에서 이 같은 어두운
진실이 포착된다. 포로 6천 명이 포상국의 구상대로 바다를 건넜다면

184

이들 역시 야요이농민의 일부가 됐을 터였다.

포상팔국이 포로를 잡으려고 시도했다는 것은 판매처와 구매자의 존재를 시사한다. 판매처는 열도이고 구매자는 먼저 바다를 건너가서 농경의 터전을 닦은 농경집단일 것이다. 과거의 피해자가 미래의 가해자가 되는 전염병의 원리처럼 앞서 바다를 건넌 사람이 훗날의 포로를 구매하는 패턴이 반복된다. 반복작업이 많은 벼농사는 인내심이 필요한 노동으로서 아무나 짓지 못한다. 어려서부터 농민의 자식으로 성장한 사람이 농사를 잘 짓는다. 수렵과 채집생활을 하는 조몬인을 붙잡아 벼농사를 시키는 것은 '불가능하지는 않더라도 성공하기는 힘든 일'이다. 한반도 농민후예는 열도의 땅을 개간하는데 절대적으로 필요한 존재였다. 그 다수는 한반도 전국시대의 패배자로서 부득이하게 난민형태로 열도로 향했거나 노예로 끌려간 비자발적 이주민들이었다. 한마디로 야요이농민의 대다수는 난민 아니면 포로출신이었다는 뜻이다. 앞의 4장에서 언급한 사실을 상기할 필요가 있다. "야요이인 상당수는 자신의 의지에 반하여 노예로 끌려간 한반도 농민과 그들의 후손이다." 야요이농민의 일본행을 현실화시킨 존재가 바로 해인족이었고, 그들 해인족이 이룩한 정치체가 포상국이었던 것이다.

어로와 제염 등 해변인의 삶 자체가 연도별·계절별 진폭이 큰 데다가 해상무역과 도해사업도 호황과 불황이 반복되게 마련이다. 불황기에는 폭력성이 강한 플랜B가 가동되기 쉬운데 '열도행 고객을 만들어 팔자'는 유혹이 생겨난다. 이런 상황에서 해변의 포상국들이 어려운 시기를 맞아 '한번 크게 털어먹자'며 대대적인 포로사냥에 나선 것이 포상팔국 전쟁의 시작이다. 수십·수백 년간 축적돼 온 농경국에 대한 적대감이 대규모 약탈전의 배경으로 짐작된다.

포상국의 농민포로 사냥에 대해 농경국의 반응이 어떠했을지 짐작하기란 어렵지 않다. 생산력의 기초인 농민을 잃는 것은 곧 국력약화로 이어지게 마련이므로 농업국은 '더러운 범죄'를 반드시 저지하려 들었을 것이다. 그러나 배를 타고 몰래 접근하여 사람을 잡아가는 해적들을 완벽하게 방어하기란 불가능에 가깝다. 그 본거지를 쓸어버리는 것이 최선이다. 아라가야는 (신라가 그랬던 것처럼)자국의 농민들을 보호하기 위해서라도 골포(骨浦 현재의 창원시) 등 해변으로의 진출을 적극 추진하며 포상국과 사생결단을 시도한다. 해상의 포상국과 내륙의 농경국 모두 상대를 타멸할 의도를 숨기지 않은 채 오랫동안 갈등하였을 것이다. 양측의 인내심이 한계치를 넘긴 3세기 초, 대충돌이 일어나니 바로 포상팔국의 전쟁이다.

포상팔국 전쟁의 본질은 '인간사냥을 둘러싼 대결'

포상팔국 전쟁 관련 기사는 짧고 간단하지만 역사학계에서 복잡다양한 논전이 붙은 주제이다. 그 시기와 원인, 주체를 놓고 의견들이 크게 엇갈린다. 우선 시기 문제를 보면 삼국사기 내해이사금 조에는 재위 14년(AD 209년), 물계자전에는 재위 17년(AD 212년)에 벌어진 일로 기록되어 있어 3년의 차이가 난다. 삼국사기 기년대로라면 209년 7월에 전쟁이 벌어져 212년까지 지속된 것으로 볼 수 있다. 그러나 동시대 기록인 삼국지 동이전에는 포상팔국의 국명이 전혀 나타나지 않고 있어 3세기 초에 발생한 사건이 아니라 더 후대의 일이라는 설들이 다양하다. 심지어 300년 후인 6세기의 일로 보는 연구자도 있다. 필자는 특별한 증거가 나오지 않는 한 삼국사기 기록대로 3세기 사건으로 보아야 한다는 입장이다. 역사발전 단계를 감안하면 그럴 만하기 때문이다.

포상팔국 전쟁의 원인에 대해 기존 사학계는 'AD 4세기 초, 낙랑군과 대방군의 소멸로 중국~한반도~일본열도로 이어지는 해상교역망이 약화되어 무역이익이 축소되는 상황에서 포상국과 아라가야(또는 금관가야)의 경제적 이해관계가 충돌되면서 벌어졌을 것이다'라는 식으로 설명하고 있다. 전쟁의 배경을 경제적 이해관계의 충돌에서 찾는 것은 틀리지 않을 것인데 교역이익의 약화에서 원인을 찾는 것은 설득력이 약하다. 한중일 삼국의 교역은 한나라 군현의 존폐와 무관하게 일관되게 이어졌다. 낙랑군과 대방군이 등장하기 이전에도 한중일 교역은 이어졌고, 군현들이 소멸한 이후 동아시아의 교역이 약화되었다는 증거는 없다. 해상무역로 중간에 위치한 한반도 해변의 포구들은 여전히 교역관계망에 관여하고 있었다. 포상팔국 전쟁의 본질적인 성격은 농민포로 사냥을 둘러싼 갈등양상으로 보아야 한다.

포상팔국과 전쟁한 주체를 놓고서도 의견이 분분하다. 신라본기는 팔국의 공격을 받은 나라를 가라(加羅)라고 기술한 반면 물계자전에서는 아라국(阿羅國)으로 적고 있다. 최근 고고학적 성과 등을 바탕으로 하여 아라가 공격받았다고 보는 설이 우세하다. 필자 역시 포상팔국이 싸운 상대를 아라(阿羅)로 본다. '가라'라고 언급된 금관국(金官國)은 후발 포상국들이 미워하는 경쟁상대이지만 강력한 해군력을 보유한 또 다른 포상국이므로 전쟁을 걸기가 힘들다.(필자는 과거의 글에서 포상팔국의 적수가 금관가야라고 간주한 적이 있는데 여기서 바로잡는다.) 그런데 포상팔국 전쟁의 단초가 포상국과 아라국 간의 충돌이라는 시각에서 보면 '무역갈등이 전쟁 원인'이라는 사학계의 설명은 설자리를 잃게 된다. 내륙국인 아라는 해상무역 루트에서 비켜서 있던 나라이기 때문이다. 포상국들은 왜 아라가야와 전쟁을 벌였을까? 여기에 고대 한반도 남부의 실상에 대한 진실이 담겨 있다. 포상팔국 전쟁의 본질은 아라국의 농민포로를 확보하기 위한 대규모 약탈전이었던 것이다.

아라가 금관국이 아닌 신라에게 지원을 요청한 것은 당연하다. 금관국과 아라국이 서로 인접하면서 경쟁하던 국가였음을 상기시켜 본다면 금관국은 아라를 도와줄 형편이 되지 못했거나 오히려 팔국의 전쟁을 즐겼을 가능성이 높다. 아라와 신라는 포상국의 내륙농민 약탈에 동병상련의 입장이었다. 내륙국들로서는 절정으로 치닫는 해변세력(포상국)의 농민사냥에 제동을 걸 필요성이 다분하였다. 그래서 공동대응에 나선 것이다.

배를 부리는 해인족으로서는 내륙 깊숙이 진출하기는 힘들었을 것이다. 아마도 해안에서 도보로 하루거리, 100리(40km) 이내가 해인족의 주약탈지였을 것이다. 남강 인근이나 그 이남의 내륙, 구체적으로 진주와 의령, 함안 등지가 남해안 포상국들에게 많이 시달렸다고 여겨진다. 만약 아라의 초기 역사기록이 발견된다면 '왜'의 침공기사가 신라보다 적지 않았을 것이 분명하다. 지형으로 볼 때 신라가 위치한 동해남부보다 남해안 방면이 포상국(=해인족=왜)이 더 흥성한 지역이기 때문이다. 당장 포상팔국만 하더라도 모두 남해안 포구에서 비롯하지 않았는가? 물론 아라국을 순수한 피해자라고 짐작하면 오산이다. 신라가 최초임나를 흡수하여 국력을 키운 것처럼 아라국 또한 골포국과 칠포국 등 포상국을 장악하여 내륙과 해양을 아우르는 영역국가로 성장하길 희망하였을 것이다. 아라국 역시 인근 포상국을 집어삼키려는 흑심을 숨기지 않았을 것이라는 말이다. 어쨌든 AD 2~3세기경, 다수의 농사인력을 바탕으로 국력을 키운 다음 해변까지 진출하고자 노렸던 농경국과 내륙의 농민을 포로로 붙잡아 일본에 팔아넘기고자 하였던 포상국은 공존할 수 없는 단계로 진입한 셈이다. 그런 측면에서 포상국의 대대적인 포로확보 전쟁으로 다수의 백성을 잃고 멸망지경에 몰린 아라국이 같은 처지인 신라에 구원을 요청했다고 보는 것은 자연스럽다.

포상팔국 전쟁은 2단계로 진행되었다. 먼저 8개의 포상국연합이 농경국 아라를 침공해 '①대대적인 포로확보 전쟁'을 일으킨다. 이 과정에서 6천 명이 포로로 잡혔다. 거듭 말하지만 일본열도에 팔아넘길 심산이었다. 6천 명이라면 별로 크지 않았던 아라국의 농민가족 상당수가 붙잡혔다고 하겠다. 아라의 부용세력이던 인근소국의 농민들도 날벼락을 맞았을 것이다. 나라가 망할 지경에 이른 아라는 급히 신라로 달려가 원조를 청한다. 아라국의 불행을 방치할 경우 힘을 키운 왜놈들의 칼날은 언젠가 신라로 향할 것이 분명하다. 왜놈들(포상국)의 계속된 농민사냥은 신라도 진절머리가 났을 것이다. 이에 신라가 아라국 지원에 나서니 '②포상팔국에 대한 농경국연합의 반격전'이다. 신라 태자 우로(于老)와 이벌찬 이음(利音), 물계자 등의 분전에 힘입어 신라·아라 농경국 연합이 전쟁에서 승리하였고, 포로로 잡혔던 아라국 농민들은 고향으로 돌아간다. 한반도의 포상세력은 처절히 패배하여 더 이상 내륙을 침공할 역량을 상실한다. 포상팔국 전쟁은 농민을 약탈해 열도로 팔아넘기려는 해상세력연합을 아라·신라 등 내륙국연합이 소멸시킨 사건으로 설명할 수 있다.

참고로 신라와 아라는 포상팔국과의 전쟁을 계기로 가까워졌던 것 같다. 금관가야를 가운데 두고 영남의 동과 서에 나뉘어 있던 신라와 아라는 (6세기 중엽 이전에는)직접적인 영토분쟁을 벌일 이유가 적었던 만큼 갈등보다는 연합의 이익이 더 컸다고 여겨진다. AD 400년경, 광개토대왕의 군대가 신라를 침공한 임나가라·왜연합군을 공격할 때 아라(=안라 安羅)는 고구려·신라와 동맹군으로 움직이고 있다.(『한일고대사의 재건축②』11장 p253의 괄호 안 내용 참고)

포상팔국의 실패와 한반도왜의 소멸

포상팔국 전쟁에서도 입증이 되었지만 한반도에서 벌어진 농경세력과 해상세력 갈등상은 농경인의 승리로 귀결되었다. 그래서 수없이 많은 해변인들이 자신의 터전에서 밀려나게 되었다. 포상국은 왜 농경국들과의 투쟁에서 패했을까?

단기전이라면 해상세력이 불리할 이유가 없다. 피터 자이한은 모든 해양국가는 월등한 운송능력을 이용하여 갈등이 발생했을 때 자국군이 양적으로 우월한 지위를 점하도록 만전을 기한다고 역설하였다.[53]

---

53. 피터 자이한, 21세기 미국의 패권과 지정학, 김앤북스, 2018, p120.

이는 근현대에만 적용되는 것이 아니라 고대사회에서도 마찬가지였다. 해상세력은 선박을 이용한 기습에서 강점이 있고 내륙 쪽으로부터 공격을 받을 경우에는 배를 타고 바다로 도주하거나 섬으로 피할 수 있다. 충돌이 발생하는 장소와 시기를 자유로이 선택할 수 있는 우월한 기동성을 갖추고 있다는 것이 해상세력이 지닌 본질적 강점이다.

하지만 육지에서의 싸움이 길어지면 상황은 달라진다. 육상의 거점을 확보하고 지키는 점에서는 내륙세력이 절대 우세하다. 단기약탈전에서는 해상세력이 배를 활용한 '치고 빠지기식 작전'을 구사할 수 있지만 성곽 중심의 거점대결, 장기물량전에서 선박은 무용지물이다. 결국 병사의 숫자와 무장 수준, 양곡 보유량 등으로 우열이 가려질 수밖에 없다. 그런데 해상세력은 인구수와 저축물량에서 내륙의 농경집단에게 밀리게 마련이다. 결국 한반도 해인족은 국가체제를 이룩한 내륙세력이 해변으로 힘을 투사하기 시작하면서 동화되거나 축출될 수밖에 없는 비극적인 운명을 갖게 되었다.

특히 기마전술을 지닌 북방족이 신라·가야로 진출하고 해변일대에서 자신들의 정치체를 강요하면서 영남의 해변사회는 기존 관습대로 살아가기가 힘들어졌다. 포상국으로 대표되는 해변사회의 운명은 크게 세 가지로 결론이 났다고 하겠다. 첫째는 북방족에 동화돼 '해변민'으로 격하된 경우이고 둘째는 북방족의 압박에 벗어나 일본 등지로 도주하는 방안이다. 셋째로 북방족과 맞서 싸우다 제거된 사람들도 적지 않았을 것이다.

세 갈래 방안 가운데서 대항하다 제거된 경우보다는 아무래도 동화되거나 도주한 사람들이 더 많았을 것이다. 동화된 사람들은 신라가야의 하층민이 되어 해변경제를 담당하는 역할을 맡았을 것이다. 앞서 언급한 신라의 해척(海尺)이 이에 해당된다. 반면 열도로 도주한 해인들에 대해서는 '왜인들 상당수가 조정에 귀복하지 않고 왜의 땅으로 갔다'고 신라인들은 간주하였을 것이다.

해상세력의 입장에서 포상팔국 전쟁은 최후의 불꽃이었다. 대체로 BC 2세기 이후, 내륙의 농경세력이 소국정치체를 이룩한 뒤 해변진출을 시도하면서부터 줄기차게 밀렸던 해변인들은 소멸의 위기를 맞아 폭발적인 정치도박을 감행하였던 것이다. 그런데 신라가 개입하는 등 상황이 묘하게 꼬이더니 끝내는 일이 엎어져 버렸다. 신라와 아라 등 내륙국도 절박한 심정으로 전쟁에 임하였다. 내륙국 입장에서 해변세력(포상국)의 농민사냥과 열도로의 포로 매각은 용납할 수 없는 범죄행위였다. 포상국의 오랜 약탈행위에 종지부를 찍겠다는 각오로 신라와 아라는 총력전을 벌였고 결국 포상국연합을 박살내기에 이르렀다.

포상팔국 전쟁의 결과 해상세력은 정치단위로서의 역할을 제거당한 채 내륙에 중심을 둔 농업국가의 '변방'으로 전락하게 된다. 문자 그대로 '해변(海邊)'이 된다. AD 3세기 초 신라·아라연합과의 전쟁에서 처절하게 패배함으로써 포상국연합, 즉 한반도왜는 결정적으로, 그리고 최종적으로 소멸하였다. 수천 년간 지속돼 왔던 한반도 해인족의 역사는 이제 새로운 국면을 맞이하게 된다.

7장
반도왜에서 열도왜로 ①
-'왜 인식' 변화

이제는 한반도에서 왜가 사라지고 일본열도가 왜의 땅이 되는 역사적 변화상을 다룰 차례가 되었다. 당초 왜(倭)라는 족속·개념은 한반도 남부해안에서 비롯되었지만 시대흐름과 함께 일본적 속성(屬性)으로 바뀌어나갔고 어느 순간 '열도왜(列島倭)'만 남게 되었다. 열도왜의 개념은 기원전부터 시작되어 AD 3세기경 완결되었다고 사료된다. 즉 늦게 잡아도 3세기 중엽 이후 왜라고 규정되는 족속이나 영역은 한반도에서는 모두 사라졌고 왜는 일본열도, 왜인은 열도 거주민을 뜻하게 된다.

현실세계의 사건은 여러 현상이 동시에 또는 앞뒤로 질서 없이 출현하는 만큼 혼란스런 상황에서 정확한 시말을 포착하기란 쉬운 일이 아니다. 반도왜에서 열도왜로의 변화 역시 마찬가지이다. 왜가 한반도에서 소멸되고 열도에 자리잡는 과정을 잘 살펴보면 2개의 얼굴이 나온다. ①왜라고 규정하는 지역이 한반도 해안에서 일본열도로 바뀌는 '인식상의 변화'와 ② 왜라고 불리던 인간집단(해인족)이 '열도로 이주'하는 현상이다. 왜 인식의 변화와 해인족의 열도이주는 전혀 다른 현상이지만 '반도왜에서 열도왜로 전변(轉變)'이라는 점에서 결과는 동일하다. 두 가지 현상은 거의 동시에 혼재되어 진행되었으므로 당대인은 물론이고 후대인들도 진면목을 파악하기 어려웠다. 7장과 8장은 반도왜가 열도왜로 바뀌는 역사적 사건의 두 가지 측면을 구분하여 분석하고자 한다.

한반도왜의 존재 가능성을 제기한 학자들(주로 일본학자들)은 모두 두 번째 가능성에 주목하였다. 즉 한반도에 살던 왜인들이 제거·동화되거나 일본열도로 이주함으로써 사라졌고 열도에만 거주하게 되었다는 논리였다. 그러나 필자는 왜의 규정범위에서 한반도가 제외되고 열도만 남게 된 첫 번째 측면이 더 큰 비중으로 작용했다고 본다. 첫째 현상과 둘째 현상은 상호배타적인 것이 아니고 복합적·동시적으로 이뤄졌다고 여긴다. 왜에 대한 인식 변화와 '왜라고 불린 해변인'의 열도이주는 관련이 깊다. 두 요인을 모두 감안해야 왜와 관련된 고대사의 실체를 정확히 포착할 수 있을 것이다.

왜지(倭地) 범위의 3단계 인식 변화

모든 것은 변화한다. 왜의 개념과 지칭 대상, 왜를 규정하는 범위 역시 시대흐름과 함께 바뀌었다. 왜가 한반도적 속성을 탈피하고 일본열도와 열도거주민을 지칭하는 이름으로 규정된 가장 큰 이유는 사람들의 관념이 바뀐 탓이다. '왜 인식'에 대한 사람들 머릿속의 변화는 역사서에 기술된 바 없기에 지금껏 주목받지 못하였을 뿐이다.

'왜'가 지역명과 종족명, 국호로 다양하게 쓰인 점도 왜의 실상을 파악하는 데 걸림돌이 된다. 즉 왜(倭)라는 한 글자를 두고 일본열도라는 땅 자체를 떠올리기도 하고 열도에 사는 인간집단을 연상하기도 한다. 아울러 열도에서 출현한 모든 정치체는 왜로 규정되었다. 열도에 수많은 나라가 명멸하였지만 모두 '왜국'으로 불렸고, 그 결과 열도에는 마치 1개국만 존재해온 것 같은 착각이 생겨났다. 이는 다른 나라와는 결정적으로 다른 왜만의 특징이다.

예컨대 신라와 비교해보자. 신라라고 하면 '삼국시대에 한반도 동남부에 자리잡았던 고대국가'를 떠올릴 것이다. 신라는 진한연맹의 후예이며 초기의 위치는 영남 동부로 한정된다. 신라영역은 신라라는 국명 외에도 한국(韓國), 삼한, 진한의 일부로 지칭되었고 신라주민은 신라인 말고도 한인(韓人)으로 구분되기도 하였다. 즉 신라보다 범위가 넓은 상위개념의 지칭용어가 있었다는 말이다. 또 신라가 멸망한 뒤에는 신라라는 이름에서 벗어나 고려, 조선으로 바뀌었고 주민들도 고려인, 조선인으로 새롭게 규정되었다.

반면 왜는 상고시대부터 근세까지 시종일관 사용되었는가 하면(일본의 해적집단에 대해 조선과 중국에서는 최소 16세기까지 왜구(倭寇)라고 불렸고 특히 조선에서는 일본영사관격인 건물을 19세기까지 왜관(倭館)으로 지칭하였다.) 열도 전부가 왜지(倭地), 즉 왜의 땅으로 인식되었다. 규슈이든 혼슈이든 시코쿠이든 모두 왜지로 통칭됐고 규슈 사람이든 혼슈의 기나이(畿內) 사람이든 모두 '왜인'으로 불렸다. 열도 내에서 생겨났다 사라진 수많은 소국을 모두 '왜국'으로 인식한 사실도 신라의 경우와 확연히 구분된다. 이는 일본열도가 동아시아의 문화중심인 중원에서 멀리 떨어진 데다 아시아대륙과 확연히 구분되는 섬이라는 지리적 특징이 크게 반영된 탓으로 풀이된다.

한 가지씩 따져보자. 먼저 왜(倭)라고 규정된 지역이 달라지는 측면이다. '왜의 땅'이 애당초 한반도 해변에서 열도로 바뀐 것은 왜라는 단어를 만든 사람들, 구체적으로는 신라의 정치체제가 확장되고 대외 인식 범위가 넓어지면서 생겨난 불가피한 변화이다. 맨 처음 왜지(倭地)로 인식됐던 동해남부 해안이 신라의 통치영역에 포함되면서 왜땅에서 곧바로 제외된다. 대신 남해안과 규슈해안 등 신라에서 멀리 떨어진 해변이 새로이 왜의 영역으로 여겨지는 현상이 반복된다. 그러다가 최종적으로는 일본열도만이 왜지로 규정되기에 이른다.

왜인(倭人)의 개념도 시대에 따라 달라진다. '원조(元祖) 왜놈'은 진한(辰韓)의 농민들이 잠수일을 하는 해변민들을 일컫는 용어였으나 신라가 건국될 즈음에는 동해남부 해안에 거주하는 해변인으로 바뀌었다. 그러다 신라의 통치영역이 부산방면으로 확장돼 나가면서 동해남부해안은 점차 왜땅에서 제외되니 이곳 주민들도 왜인에서 벗어난다. 대신 남해안과 규슈·혼슈 등지의 해변에 거주하면서 수시로 신라를 약탈하는 집단을 멸칭하는 단어로 바뀌었다. 최종적으로는 일본열도가 한반도와 정치적으로 구획되면서 일본의 거주민을 규정하기에 이르렀다고 풀이한다. 즉 한반도 남부와 대마도의 해변인을 '왜놈'으로, 그들의 거주지를 '왜땅'으로 보던 인식은 사라지고 규슈와 혼슈 등 일본열도를 왜지로, 그곳에 거주하는 모든 사람(해인·농민 구분 없이)을 왜인으로 간주하게 되면서 왜는 한반도가 아니라 열도를 뜻하는 단어로 바뀐 것이다.

이런 점을 분명히 인식하면서 '왜'의 실상에 대한 규명작업에 나서야 한다. 왜땅에 대한 인식 범위의 변화단계를 도식화하면 다음과 같다. 1단계는 남울산·부산 일대, 2단계는 남해안과 영산강유역, 3단계는 규슈·혼슈 등 일본열도이다. 물론 '왜 관련 인식의 변화'가 3단계의 순서대로 차근차근 진행됐다는 뜻은 아니다. 현실세계에선 거의 동시에, 또는 앞뒤로 뒤죽박죽 진행되었겠지만 독자의 이해를 돕기 위해 3단계로 도식화해 본 것이다. 왜에 대한 머릿속의 그림은 역사기술이나 채록과정에서 적잖은 혼선이 빚어졌고 선후가 뒤바뀐 경우도 허다할 것이다. 다만 시대흐름에 따라 이 같은 경향성이 관찰된다는 의미로 받아들이면 족할 것 같다.

최초의 왜지(倭地)는 동해남부 해변

'왜(倭)'라는 단어가 처음으로 등장한 시기는 알기 힘들지만 출현의 계기는 농경인과 해변인의 접촉이라는 것이 필자의 가설이다. 한반도에서 농경이 시작되고 천년의 세월이 지난 어느 시절, 아마도 BC 300~400년경... 서북한 방면에서 경상도 지방으로 진입한 일군의 농민들이 동해남

신라초기(BC 1세기)의 왜지(倭地) 인식

부 해변에 살던 선주민을 본격적으로 접촉하기 시작한다. 농민과 어

부의 삶은 지금도 사뭇 다르다. 경주분지에 터를 잡은 농민들은 어로와 채집에 종사하는 사람들을 외(倭)사람, 외(倭)놈 등으로 불렀고 해변인들의 활동무대를 '외(倭)땅'으로 간주했던 것 같다. 처음에는 경주 인근의 감포나 영일만 등지에 살던 해변민을 외(倭)놈으로 지칭하였을 것이다. 경주의 농민들이 무슨 이유로 해변민들을 외(倭)라고 불렀는지는 알기 힘들다. 필자는 2장에서 '외치다'의 어근 '외'를 주목한다고 언급하였다. 해변인들이 자맥질을 끝낸 후 물 밖에서 토하는 숨비소리가 농민들에게 특이하게 각인되었고 '(소리를)외치는 사람'이란 뜻에서 '외(倭)인'이란 이름을 얻었을 수 있다고 추정해 보았다.

경주 외에 다른 해변에서도 농민과 어민의 접촉은 다양하게 이뤄졌을 것이고 그곳의 농민들도 해변민을 지칭하는 나름의 단어가 존재하였을 것이다. 그러나 다른 지역에서의 해당 용어는 계승되지 못하고 사라진 반면 신라 수도의 농민들이 부르던 '왜'는 살아남아 후대로 전달된 것으로 보아야 한다. 경주 인근 해변에서 '왜' 개념이 생겨났다고 보는 근거는 1장에서 언급했듯이 혁거세왕의 재상 호공(瓠公) 관련 기록을 치밀하게 검토한 결과이다. 호공이 '박을 허리에 차고 바다를 건너왔기에 왜인'으로 분류됐다는 기사를 통해 신라 건국이전부터 잠수업으로 살아가는 해변민을 왜인으로 불렀고 그들의 땅〈해변〉을 왜지(倭地)로 지칭했다는 정보를 추출해낼 수 있다. 왜의 실체를 새로운 얼개로 재구성해 보려는 필자의 사고틀은 이 대목에서 비롯되었다.

왜라는 단어가 도출된 땅, 원조왜지(元祖倭地)이겠지만 경주 인근 해변은 혁거세왕의 신라 건국 이전에 이미 진한의 영역으로 포함됐다고 판단된다. 석탈해 표착기사를 보면 현재의 경주 동해안으로 여겨지는 아진포에 '해척(海尺)'이라는 직업군이 확인된다는 점에서 그러하다. 진한의 여러 나라 가운데 사로국이 일찌감치 강국으로 부상할 수 있었던 것은 경주분지의 농작물에다 동해안에서 생산된 해산물과 소금의 산출이 더해진 덕분으로 보인다.

그러므로 BC 57년 신라 건국 즈음에는 감포와 영일만 등 경주 인근의 동해안은 이미 왜땅이 아니었다. 그곳 해변인은 '해척(海尺)'이라는 직업명을 가진 '신라백성'이었다. 혁거세 시기의 왜는 경주에서 100리 이상 떨어진 동해남부 해안을 지칭하는 단어로 바뀌었다고 짐작된다. 건장한 남성이 하루 동안 걸을 수 있는 거리가 대략 100리(40km)인데 초기 국가들의 관할 범위는 수도를 중심으로 반지름 100리를 채 넘지 못한다. 신라 지경에서 벗어나 있으면서도 침공하기는 그리 멀지 않은 곳, 구체적으로는 남울산과 부산광역시 해변, 그리고 대마도에 거주하면서 수시로 접근해 신라를 약탈하는 무리이다. 2장에서 언급했던 '역사서에 기록된 최초의 왜(倭)' 관련 기사를 다시 검토해 보자.

혁거세거서간 8년(BC 50)
"왜인이 군사를 이끌고 와서 변방을 침범하려다가 시조의 신덕이 있음을 듣고 도로 가 버렸다.(倭人行兵 欲犯邊 聞始祖有神德 乃還)"

위의 기사는 일어나지 않은 사건에 대한 기록이지만 사실은 꽤 중요한 정보를 담고 있다. 왜인들이 신라에서 그리 멀지 않은 곳에 거주하고 있음을 시사해 주는 대목이다. 왜가 대한해협을 건너오는 집단이라면 수천 명의 원정대를 모집하는 한편 많은 선박과 무기류도 구비해야 한다. 그런 입장이라면 이미 투입된 비용 때문에라도 '신덕(神德)'을 들었다고 공격을 그만두기 어렵다. 위의 기록은 왜가 마음만 먹으면 언제든지 재공격할 수 있는 위치에 있음을 암시한다. 시간 간격이 있긴 하지만 AD 2세기 초에도 왜가 그리 멀지 않은 곳임을 시사하는 기사가 출현한다.

지마이사금 11년(AD 122) 4월

"서울 사람들이 왜병이 크게 몰려 온다는 헛소문을 듣고 앞다퉈 산골짜기로 도망하였다. 왕이 이찬 익종 등에게 명하여 잘 타일러 (집으로) 돌아가게 하였다.(都人訛言 倭兵大來 爭遁山谷 王命伊湌翌宗等 諭止之)"

비록 헛소문이지만 왜병이 대규모로 침공해 온다는 소문이 났다는 것으로 보아 왜는 신라와 소문이 닿는 곳에 위치해 있음을 시사해 준다. 만약 왜가 일본열도에서 배를 타고 침공해 오는 존재라면 경주에 이런 소문이 날 리가 없다. 필자는 BC 1세기부터 AD 1세기까지 초기신라를 괴롭히는 초기왜의 중심지는 남울산·부산의 동해안 일대라고 간주한다.(대마도는 초기왜의 주변부였다고 짐작된다.) BC 57년 혁거세왕이 나라를 세웠을 즈음 경주신라와 최초왜는 교류·협력하면서도 격렬하게 투쟁하였을 것이 분명하다. 우선 초기신라와 최초왜는 규모 면에서 비슷하다. 개인 간에도 체격과 역량이 대등하면 다투기 쉬운 법이다. 실력 차이가 월등할 경우 약한 쪽이 굴복하므로 다툴 일이 적은 반면, 비슷한 상대끼리는 거센 투쟁의 과정을 거쳐 서열이 정해지기 마련이다.

초기신라와 최초왜 간에는 크기의 유사성 말고도 부딪칠 일이 많았다. 진국(辰國)이나 삼한 시기, 영남권에서는 경주와 김해가 양대세력이었다. 양자 간에는 낙동강이라는 천연의 장애물이 있어 강의 동북쪽과 서남쪽에서 각자의 위상을 구축하는 것으로 충돌을 미루고 있었다. 그런데 경주신라와 최초왜는 국경을 마주한 데다 양측 사이에 지리적 장애물도 거의 없었다. 고(古)울산만과 태화강이 중간에 존재하였지만 바다 규모는 작았고 강도 좁고 얕았기에 침공을 저지할 정도가 되지 못하였을 것이다.

특히 경주 쪽은 평야가 넓어 농산물이 풍성했던 반면 최초왜는 좁은 해안들판뿐이어서 살림살이가 팍팍한 편이었을 것이다. 바다 산물은 왜의 해변이 더 많았겠지만 농업생산력은 경주신라가 우세하였다. 최초왜는 육지와 바다의 산출이 부족할 때마다 신라의 농작물에 흥미를 보였을 것이다. 신라수도 경주는 바다에서 가까운 반면 해상방어력은 취약하였기에 약탈이 용이하였다. 신라는 자신의 재부(財富)를 노리는 동해남부 해변인들을 '왜놈'이라는 멸칭으로 부르며 경계하였을 것이다.

초기신라 입장에서도 국가발전 차원에서 동남쪽에 위치한 최초왜 영역으로의 확장이 불가피하였다. 신라는 먼저 고울산만을 확보한 다음 부산항까지 흥미를 뒀을 것 같다. 최초임나의 노른자위를 노렸다는 뜻이다. 파도 거친 동해안에서 잔잔한 내만은 고울산항이다. 신라의 해상진출을 안정적으로 담보하기 위해서는 고울산항을 국경이 아니라 독점적 포구로 만들어야 한다. 신라는 건국 후 얼마 안 된 시기에 고울산항을 확보하였을 것으로 여겨진다. "파사이사금(AD 80~112) 시절에 굴아화촌(屈阿火村)을 빼앗았고 경덕왕이 현을 설치하고 울주(=울산)로 개명했다.(婆娑王時取屈阿火村置縣景德王改名今蔚州)"는 삼국사기 지리지 기록이 증거이다.

울산항을 차지한 신라의 다음 목표는 부산항이다. 한반도 남부에서 부산항만한 천연의 양항(良港)은 없다. 수심이 깊은 데도 영도(影島)라는 큰 섬이 바깥에 버티고 있어 파도는 잔잔하다. 태풍 등 자연재해는 물론이고 외적의 공격으로부터도 방어하기 유리하다. 부산은 포구로서의 장점도 뛰어나지만 위치 또한 탁월하다. 한반도 동해와 남해의 결절점(結節點)에 위치한 부산항을 신라가 차지할 경우 중국에서 서해안과 남해안을 거쳐 일본열도로 향하는 황금노선을 불시에 차단할 수 있는 잠재력을 갖게 된다. 금관가야의 해상력은 신라에 의해 언제든지 간섭될 수 있는 것이다. 일본서기 수인(垂仁) 2년 조의 '신라가 길을 막고 임나인에게 준 붉은 비단 100필을 빼앗았다'는 일본서기 기사를 액면 그대로 믿을 수는 없지만 신라가 부산항 인근까지 진출한 뒤 가야-일본을 잇는 해상로를 뒤흔들었음을 시사하는 대목이다.

3부에서 상세히 다루지만 필자는 최초임나는 곧 신라초기의 최초왜와 동일한 존재이며 동해남부 해변에 위치했다고 보는 입장이다. 영남 동남부라는 좁은 지경에서 신라와 최초왜(=최초임나)는 공존하기 힘들었다. 결국 초기신라와 최초왜는 오랫동안 다투었고 그 기억을 후대로 전승하였다. 다만 최초왜(=최초임나)는 중도에 멸절하여 자신들의 기록을 남기지 못한 반면 신라는 왜의 침공기사를 충실히 전승하였다. 그 결과 신라의 초기역사는 '흉악한 왜'의 침공기사로 넘쳐나게 되었다. 초기 신라본기에서 한반도왜 관련으로 짐작되는 기사의 대부분은 동해남부 해변인과의 교섭과 투쟁의 기록이라고 판단한다.(신라에 밀린 최초왜인들은 일찌감치 일본열도로 이주한다. 이 또한 열도가 왜지로 인식되게 만든 중요한 변수가 되었다. 이 점에 대해서는 8장에서 상세히 다룰 예정이다.)

'왜인 호공'은 초기신라와 최초왜가 격렬히 투쟁하던 상황에서 혁거세왕에게 몸을 맡긴 인물로 짐작된다. 그래서 호공이 몸에 박을 차고 건넌 바다는 고울산만으로 판단한다. 호공이 신라로 귀순한 이유는 알 수 없지만 새로 등장한 나라에서 무한한 성장·발전의 가능성을 발견했기 때문이 아닐까? 어쨌든 적지(敵地)에서 망명한 인물에게 국가대사를 맡긴 사실에서 혁거세왕 신라의 개방성과 활달함을 시사받을 수 있다.

초기신라와 최초왜의 경쟁은 마침내 신라의 승리로 결론이 난다. 경주평야에 위치한 초기신라가 해변의 최초왜보다 성장력 측면에서 유리하였기 때문이다. 최초왜는 신라의 대대적인 반격을 받고 힘이 약화된다. 착실히 국력을 키운 신라는 북에서 남으로 최초왜의 땅을 계속 삭감해 나갔으니 동해남부 해변민의 국적은 점차 신라로 바뀌었다. 신라에 동화된 무리도 있었겠지만 남해안이나 일본열도 등지로 도주한 집단도 적지 않았을 것으로 여겨진다. 신라 영역에 포함되면서 동해남부 해변은 '왜땅'이라는 거친 누명을 벗게 되었다. 이제 또다른 왜가 등장할 차례가 되었다.

남해안→영산강유역→규슈·혼슈…멀어지는 왜

세월이 흐르면서 동해남부 해안은 물론이고 남해안과 대마도 지역에 거주하는 해변민들까지 '황금의 나라'를 노리게 되었을 것이다.(대마도는 부산에서 직선으로 이어지는 해상로에 위치해 있는 만큼 동해남부 해변인과 거의 같은 시기부터 경주를 약탈한 무리로 짐작된다.) 한반도 남부에 크고 작은 읍락국가가 솟아날 즈음, 김해 금관가야와 인접한 남해안에는 여러 포상국이 출현하였다. 포상국의 주민들은 신라와 아라가야, 금관국 등 농업국의 부력(富力)과 인간포로에 흥미가 많았다. 그래서 수시로 해로나 강줄기를 타고 기습해 경주와 함안, 양산, 밀양은 물론이고 멀리는 창녕, 합천 등지의 낙동강변을 약탈하였을 것이다. 김해의 금관가야는 강한 해군력을 갖춘 또 다른 포상국인 만큼 섣불리 공격했다가는 반격을 당한다. 반면 해군력이 약한 경주신라와 아라가야, 합천의 다라국 등은 좋은 먹잇감이 되었을 것이다.

기원 즈음이 되면 신라의 지리감각은 진한 시절이나 국초(國初)에 비해 향상된다. 신라인이 바보가 아니라면 자기 땅을 침공한 '왜인'을 붙잡아 어느 항구에서 출발했는지를 추궁하였을 것이고 매를 견디지 못한 포로는 골포나 칠포, 고사포 등의

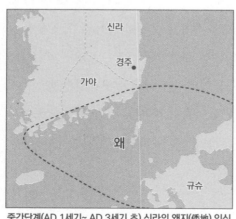

중간단계(AD 1세기~ AD 3세기 초) 신라의 왜지(倭地) 인식

출신지를 실토하였을 것이다. 신라는 정확한 지도를 그리지는 못하더라도 '최초왜지(동해남부 해안)의 남서쪽 바닷가에도 무수한 해변인(왜인)이 살고 있다'는 사실을 새롭게 인지하였을 것이다. 자연히 신라인들 인식에 왜땅, 즉 왜놈들의 거주지는 경상남도 남해안으로 확장된다. 한마디로 동해남부 해안(남울산·부산해변)에 이어 남해안이 두 번째 왜지(倭地)가 되는 셈이다. 때로는 이들과 합세하여 신라를 침공하는 금관국(구야한국) 사람들도 싸잡아 왜놈으로 규정됐을 수 있다.

그다음 단계가 되면서부터는 경주의 부(富)와 관련한 소문은 점점 멀리까지 확산돼 현재의 전라남도 해변과 대한해협 건너편 규슈 일대까지 전파된다. 배를 타고 경주 해변으로 접근하면 큰 수고 없이도 많은 재물과 포로를 획득할 수 있다는 소문이 나면서 규슈와 영산강유역 해변민들도 약탈대열에 합류하기 시작한다. 이해를 돕기 위하여 두 번째와 세 번째로 나눠 도식화하였지만 신라인들이 왜로 인식하는 데 있어 남해안과 영산강·규슈 해변 간에 실질적인 시간 차이는 거의 없었다고 여겨진다.

AD 1세기 중반쯤 되면 신라인들의 머릿속에는 현재의 전라남도 서남해와 대한해협 건너 규슈와 혼슈서부가 왜의 중심지로 인식되었다고 추정할 수 있다. 두 지역을 굳이 비교한다면 아무래도 영산강유역보다는 대마도를 거쳐 직선항로로 통하는 규슈와 혼슈서부 지역이 신라를 약탈하기에 더 유리하다. 신라에 붙잡히는 열도 출신 포로숫자가 늘어났고... '배를 타고 거친 바다를 사흘 동안 건너왔다'는 식으로 진술하였을 것이다. 그 결과 신라인들 인식에 점점 규슈와 혼슈서부 등 열도가 왜땅으로 각인되기 시작한다. 신라인들은 열도인을 왜놈으로 지칭하며 경계하였고 왜놈으로 계속 불리는 와중에 열도인들도 싫든 좋든 스스로를 '왜인'으로 자각해 나갔을 것이다.

늦어도 1세기 중반쯤에는 '왜'라고 하면 일본열도를 먼저 떠올리게 되지만 머릿속 고정관념은 쉽게 변하지 않는다. AD 3세기까지는 한반도 남해안도 '왜의 일부'로 인식되었다고 인정할 수 있다. 3세기에 편찬된 삼국지가 그 방증이다. 삼국지 동이전에 따르면 변진구야국(弁辰狗倻國)은 변진한 24국 중 하나이니 삼한의 구성원이 분명하다. 그런데 같은 시대 왜의 실상을 전하는 왜인전에 '기북안 구야한국(其北岸 狗耶韓國)'이라는 구절이 나온다. "그(왜) 북쪽 끝은 구야한국이다."라는 뜻이다. 왜의 북안이 구야한국이라니? 삼국지 가운데서 논란이 가장 심한 대목이기도 하다. 일본학자들은 구야한국이 왜의 영역이라는 증거라고 해석하였다. 반면 한국의 학자들은 도저히 있을 수 없는 일로 여겼다. 그래서 기북안(其北岸)을 '왜의 바다북쪽 대안'으로 해석해 구야국을 왜 영역에서 제외시키고자 노력하였다. 김해 금관가야는 왜가 될 수 없다는 상식에서였다.

그러나 문맥 그대로 해석하면 '구야한국은 왜의 북쪽해안'으로 풀이하는 것이 더 설득력 있어 보인다. 여기서 흥분은 금물이다. 냉정할 필요가 있다. 삼국지는 구야한국을 삼한의 일부이면서 왜에도 포함되는 양속지역(兩屬地域)으로 기술하고 있는 것은 아닐까? 삼국지 편찬자도 구야한국의 실체를 놓고 고심했을 것이 분명하다. 나는 '포상국 금관가야는 왜와 한통속'이라는 이전 시기의 관념이 이때까지 남아 있던 흔적으로 해석한다. 즉 '반도왜 관념'이 거의 사라진 AD 3세기에도 한반도 남해안을 놓고 "우리는 한(韓)"이라고 소개하는 현지인의 증언과 "저들은 왜(倭)"라고 말하는 내륙인의 증언이 엇갈리고 있었고, 삼국지 편찬자는 혼란을 겪고 있었음을 시사한다고 하겠다.

최종적으로는 대마도를 포함한 일본열도가 왜땅이 되고 (해인·농민 구분 없이)열도 거주민이 왜인으로 규정되었다. 열도가 왜로 인식된 단초는 남울산·부산·대마도라는 최초의 임나가 신라의 공격을 받고 그곳의 주민들이 열도로 이주한 때(기원전에 시작된 일이다.)부터였을 것이다. 왜놈들이 도주해 살아가는 땅이기에 당연히 새로운 왜지(倭地)로 간주되었고 그곳에 사는 사람도 자연스럽게 왜인이 되는 것이다. 일본열도에는 바닷일로 살아가는 해변인 외에도 한반도에서 건너간 야요이농민도 다수였지만 싸잡아 왜인으로 간주되기 시작한 것이다.

규슈와 혼슈서부가 왜지로 개념화된 시기는 남해안이 왜땅으로 인식되기 시작한 때와 큰 격차가 없었다고 본다. 늦게 잡아도 AD 1세기 초반에는 일본열도=왜지(倭地)라는 인식이 생겨났고 점차 확산되었을 것이다. 비슷한 시기 중국도 일본열도를 왜로 간주하게 되었다. 후한서(後漢書)에 의하면 1세기 중엽인 AD 57년, 왜의 노국(奴國)이 후한에 조공하여 광무제로부터 인수(印綬)를 받고 있으니 중국에서도 규슈를 비롯한 일본열도를 왜의 땅으로 인식하였음을 알 수 있다. 이처럼 왜의 지칭범위가 울산·부산·대마도에서 남해안 일대로 바뀌었다가 최종적으로 일본열도로 변화·확장되기까지 걸린 시간을 명확히 할 수는 없지만 대략 BC 2세기에서 AD 2세기까지 약 3~4백년 사이에 일어난 현상으로 추정한다.

사람들 머릿속의 그림은 현실을 정확히 반영하지 못한다. 신라를 비롯한 삼한의 내륙민들에게 서남해안과 섬지역은 한참 뒤에까지 왜

의 영역으로 각인되었다. 따라서 "마한과 변한의 남쪽은 왜와 접한
다."고 간주되었고, 이런 인식은 왜의 중심이 일본열도로 바뀌고 2~3
백년이 흐른 AD 3세기까지 지속되어 삼국지 편찬자에까지 전해진 것
이다. 삼국지와 초기 신라본기에서 언급하는 왜의 영역이 일본열도인
지 한반도 남부까지 포함한 것인지 애매하게 기술된 혼란상이 노정된
것도 그 때문이다. 흔히 사람들은 과거에 형성된 고정관념을 상당한
후대에까지 고집하곤 한다.

인식상의 변화는 느리지만 착실히 진행되었다. 한반도왜가 소멸하
게 된 이유는 '왜'로 불린 해변인들이 모조리 죽거나 일본열도로 이주
한 결과가 아니라 신라를 비롯한 삼한삼국인들이 한반도 해변을 더
이상 왜로 여기지 않은 데서 찾아야 한다. 해변인 스스로도 '우리는 신
라인(또는 가야인)'이라고 인식하기 시작하면서 한반도왜는 사라졌다.
거듭 말하지만 사람들 머릿속의 인식변화가 한반도에서 왜가 사라진
근본적인 배경이다.

반면 '일본열도가 왜지'라는 관념은 갈수록 확산되었다. 대략 AD 1
세기 이후에는 '왜땅=일본열도'라는 인식이 굳건해진 것으로 볼 수 있

최종 단계의 왜(倭) 인식

다. 왜땅이 일본을 가리키
는 용어로 굳어지면서 당
초 한반도 해인족을 지칭
하던 '왜인'은 농민들을
포함한 열도인의 족속명
으로 변화한다. 즉 원조왜
인은 한반도 해인족인데

왜땅은 일본열도가 되는 인식상 불일치 현상이 생겨난다. 이 같은 인식상의 불일치는 '왜땅 거주민=왜인'이 되는 새로운 인식의 형성으로 해소된다. 한반도 해인족은 이제 왜인이 아니라 한인(韓人)으로 간주되는 대신, 일본열도에 거주하는 사람은 한반도 출신의 (야요이)농민까지 왜인(倭人)으로 불리게 되는 것이다. 세월의 흐름과 함께 열도의 주민 스스로도 이런 인식상의 변화를 수용한다. 이주 1세대가 사라지면서 옛 고향에 대한 기억은 잊혔기에 한반도 시절의 원(原)출자는 의미가 없어졌다. "농민의 후예이든 해인족의 자손이든 일본열도에 사는 사람은 모두가 왜인이다." 결국 반도왜는 아득한 전설이 되어 사라졌고 현실의 열도왜만 남게 되었다.

반도왜 전승이 적은 이유, 왜=열도라는 고정관념 탓인가?

'왜'라고 불린 한반도 해변세력과 건국초기부터 열심히 경쟁하고 다툰 신라지만 반도왜와 접촉했다고 밝히는 명시적인 기록은 찾기 힘들다. 특히 해변에서 왜와 싸운 기록은 많은 반면 육로를 통한 접촉사례는 드물다. 그 이유는 뭘까?

왜에 대한 신라인들의 인식이 시대와 함께 크게 바뀌었기 때문이다. '왜라고 불리는 해변인은 한반도에도 살고 있고 바다 건너 일본열도에도 존재한다'는 것이 초기신라인들에게는 상식이었다. 하지만 점차 일본열도를 왜로 지칭하게 되면서 후기신라인들의 인식은 달라졌다. 즉 '왜는 당연히 열도에 있다'는 것이 상식이 된 것이다. 특히 통일신라시대 이후에는 '왜가 애초에는 한반도 해변(인)을 지칭한 말이었다'는 기억을 상실하면서 '왜=열도'라는 인식이 고착화되었다.

그랬기에 신라 중대 이후, 예컨대 AD 545년 진흥왕 시절 '국사(國史)'를 편찬할 즈음 왜 관련 기록을 정리하던 사관(史官)들은 적잖은 혼란을 겪었을 것 같다. 건국 초기, 왜인들은 주로 배를 타고 해변으로 접근해왔지만 육지를 통한 접촉의 사례도 상당수였을 것이다. 그런데 '왜=열도'라는 고정관념이 생겨난 탓에 왜가 바닷길로 접근하여 동해안에서 신라를 침탈한 사례는 '확실한 기록'으로 판단돼 잘 전승(傳承)된 반면 육지를 통해 교류하거나 공격·침탈한 사례들은 선뜻 이해가 되지 않았기에 탈락된 사례가 많았다고 판단된다. 즉 '왜는 일본열도'라는 후대인들의 선입관이 이전시기까지 소급적용된 결과 해변·해상에서의 신라-왜 접촉 기록은 잘 살아남은 반면 육지를 통한 접촉 기록은 채택되기가 힘들었다는 말이다. 특히 고려시대에 출간한 삼국사기나 삼국유사의 편찬자들은 이 같은 고정관념이 신라 시절보다 더욱 강하였을 것이다. 그 결과 반도왜의 명시적인 증거는 대부분 사라진 것이다.

왜가 육로로 접근해왔거나 침공한 기사들은 '사실이 아닐 것이다. 뭔가 잘못된 기록이다.'라는 판단에서 탈락·망실되거나 아예 해변에서 이뤄진 사실로 왜곡되기 일쑤였다는 뜻이다. 특히 신라와 왜의 접촉 장소가 선명하지 않은 경우에는 당연히 해안·해상에서 이뤄졌을 것으로 각색돼 전승되었다고 여겨진다. 그런 고정관념과 편견, 선입관 속에서도 초기왜가 신라와 육지를 통해 접촉하거나 전투한 사건기록이 일부나마 역사기록으로 채택돼 전해지는 것은 '원초적 사실의 힘' 덕분으로 보인다.

8장

반도왜에서 열도왜로 ②
- 해인족의 이주

왜의 지칭범위가 달라지는 관념상의 변화와는 별개로 한반도 남부에 거주하던 인간집단이 일본열도로 이주하는 현상이 오랫동안 지속되었다. BC 3세기 이후 농사를 짓는 농민들이 열도로 건너가기 시작하였다. 한반도 농민들의 열도행 단초는 북방에서 남하한 영역국가 간의 경쟁·갈등에 따른 정치적 상황 탓으로 판단된다.

BC 57년 신라의 건국을 위시하여 농경족이 국가체제를 수립하고 해변진출을 강화하면서부터는 경쟁에서 밀린 해인족도 많은 숫자가 열도로 이주한다. 열도로 옮겨간 해변인의 원거주지로는 대마도를 포함한 동해남부와 남해안 일대가 양대 산맥이다. 동해남부 해안은 초기신라와 치열히 경쟁한 지역이다. 필자가 '최초왜'라고 보는 남울산·부산 지역은 신라에 밀려 일찌감치 그 주력이 열도로 이주하였다. 남해안은 여러 포상국이 흥성했던 곳으로 신석기시대 이후 열도와의 교류가 활발했던 지역이다. 그러나 내륙에서 신라·백제를 비롯하여 금관가야·아라가야 등 영역국가가 등장하여 해변으로 세력을 확장하면서 해인족의 처지는 고약해졌다.

내륙국과 해양세력은 거칠게 충돌하였고 최종적으로는 해상세력의 패배로 결론이 났다. 포상팔국의 전쟁은 그 완결판이다. 포상팔국의 전쟁에서 패배한 결과 남해안의 해인족도 대거 열도행에 나선다. 연오랑세오녀 설화(延烏郎細烏女 說話)는 한반도 해변인들이 내륙의 농경세력에 밀려 열도로 쫓겨간 역사를 담은 흔적으로 짐작된다. 신라에서는 적대적인 해변인을 '왜'로 멸칭했으니 그런 왜인이 옮겨간 일본열도가 '새로운 왜지(倭地)'로 각인되는 것은 자연스러운 일이다.

연오랑세오녀 설화(延烏郎細烏女 說話)가 전하는 역사

연오랑세오녀 테마공원

경상북도 포항시 남구 동해면 임곡리, 영일만 바닷가에 일월대(日月臺)란 이름의 누각을 비롯하여 '연오랑세오녀(延烏郎細烏女) 테마공원'이 있다. 연오랑과 세오녀 설화를 토대로 관광지로 꾸민 곳이다. 동해안에 살던 부부가 일본열도로 갔다는 도해설화(渡海說話)는 삼국유사(三國遺事) 기이(紀異)편에 나온다.

(신라)제8대 아달라왕(阿達羅王) 즉위 4년인 정유년(丁酉年 AD 157)에 동해 바닷가에 연오랑(延烏郎)과 세오녀(細烏女) 부부가 살고 있었다. 어느 날 연오가 바다에 나가 해초를 따고 있었는데 갑자기 어떤 바위

(혹은 물고기라고도 한다.)가 나타나 연오를 싣고 일본으로 갔다. 그러자 이를 본 그 나라(일본) 사람들이 말하였다. "이 사람은 매우 특별한 사람이다." 그러고는 연오를 세워 왕으로 삼았다.[일본제기(日本帝記)를 살펴보면 이 무렵 신라인으로 왕이 된 사람은 없었다. 연오는 변방 고을의 작은 왕이지 진정한 왕은 아닐 것이다.]

남편이 돌아오지 않자 이를 이상하게 여긴 세오는 남편을 찾아 나섰다가 남편이 벗어놓은 신발을 발견하고 역시 그 바위에 올라갔다. 그랬더니 그 바위도 예전처럼 세오를 태우고 갔다. 그 나라 사람들이 이를 보고 놀라서 왕에게 아뢰었다. 이리하여 부부가 다시 만나게 되었고, 세오는 귀비(貴妃)가 되었다.

이때 신라에서는 해와 달이 빛을 잃어버렸다. 일관(日官 하늘의 조짐을 살피고 점치는 일을 담당한 사람)이 말하였다. "해와 달의 정기가 우리 나라에 내려와 있었는데 지금 일본으로 갔습니다. 그래서 이렇게 괴이한 변고가 생긴 것입니다." (신라)왕은 사신을 일본에 보내어 두 사람에게 돌아오라고 하였다. 그러자 연오가 말하였다. "내가 이 나라에 도착한 것은 하늘이 시켜서 그렇게 된 것이오. 그러니 이제 어찌 돌아갈 수 있겠소. 그 대신 내 왕비가 짠 고운 명주 비단이 있으니, 이것을 가지고 가서 하늘에 제사를 지내면 잘 해결될 수 있을 것이오." 그리고 곧 비단을 내려주었고 사신은 돌아가 이 일을 아뢰었다. 그리고 그 말대로 하늘에 제사를 지내자 해와 달이 예전처럼 빛이 났다. 그 비단을 임금의 창고에 보관하고 국보로 삼았으며 그 창고의 이름을 귀비고(貴妃庫)라고 하였다. 하늘에 제사 지낸 곳을 영일현(迎日縣) 또는 도기야(都祈野)라고도 하였다.(第八阿達羅王卽位四年丁酉 東海濱 有延烏郞 細

烏女 夫婦而居 一日延烏歸海採藻 忽有一巖[一云一魚] 負歸日本 國人見之曰 此
非常人也 乃立爲王[按日本帝記 前後無新羅人爲王者 此乃邊邑小王 而非眞王
也] 細烏怪夫不來 歸尋之 見夫脫鞋 亦上其巖 巖亦負歸如前 其國人驚訝 奏獻於
王 夫婦相會 立爲貴妃 是時 新羅日月無光 日者奏云 日月之精 降在我國 今去日
本 故致斯怪 王遣使來求二人 延烏曰 我到此國 天使然也 今何歸乎 雖然朕之妃
有所織細綃 以此祭天 可矣 仍賜其綃 使人來奏 依其言而祭之 然後日月如舊 藏
其綃於御庫爲國寶 名其庫爲貴妃庫 祭天所名迎日縣 又都祈野)

연오랑세오녀 설화는 아름다운 동화처럼 보이지만 찬찬히 분석해
보면 무거운 내용들을 담고 있다. 우선 연오랑세오녀 설화는 원본에
서 많이 변형되고 손질이 됐음을 감안할 필요가 있다. 아마도 원본설
화는 해변에 살던 부부가 일본으로 가야 할 곡절이 발생하였고 그들
이 사라진 뒤에 신라 땅에 큰 재앙이 발생하였다는 '독한' 내용이었을
것 같다. 즉 과거 해변인들이 신라조정으로부터 억울한 일을 당하였
고 그 가운데 일부가 열도로 도피하기에 이르자 신라국에 여러 재앙
이 생겼다는 스토리가 원본의 기본 얼개였을 것이다. 설화를 생산하
고 전승한 사람은 해변인들이다. 세월이 흘러 해변인들이 '신라국 백
성'으로 포함된 뒤에는 자국을 심하게 비난할 수 없으니 독한 내용을
완화할 필요성이 제기된다. 그 결과 부부가 바위를 타고 일본으로 건
너가 왕이 되었고 신라에서는 해와 달이 빛을 잃었다는 식의 은유적
인 이야기로 순화되었다고 여겨진다.

이제 설화가 암시하는 내용들을 살펴보자. 우선 바위〈巖〉를 타고 동
해 건너 일본으로 갔다는 점이 흥미롭다. 일본서기에 천신(天神)의 아

들 요속일명(饒速日命 니기하야히미코토)이 하늘〈高天原〉에서 지상으로 타고 온 배가 천반선(天磐船)이라고 한다. 그런데 '반(磐)' 자는 '돌로 만든 배'라는 뜻을 가진 글자이다. 연오랑이 바위를 타고 바다를 건넜다는 것은 일본서기의 이동수단과 유사한데, 바위나 돌은 결국 '튼튼한 배'를 의미할 것이다. 결국 연오랑은 바위처럼 단단한 선박을 타고 동해를 건넜다고 풀이된다. 연오랑은 튼튼한 배를 타고 동해를 쏘다니던 해인족이 분명하다. 연오랑세오녀 설화는 아달라왕 4년, 영일만에서 일어난 사건으로 묘사돼 있지만 특정시기 특정장소에서 발생한 일로 한정할 이유는 없다. 한반도 해안에서 오래전부터 광범위하게 이뤄진 도일(渡日) 관련 전설로 보는 것이 옳다. 즉 연오랑세오녀 설화는 해변인의 일본행이 매우 활발하였다는 증거로 여길 수 있다.

남녀 주인공이 떠난 뒤 해와 달이 빛을 잃었다는 구절은 의미심장하다. 필자는 해변인 사회에서 담지해 온 내륙국가의 토벌전에 대한 원통한 기억과 그에 대한 '정신적 복수 이야기'가 변형된 것으로 짐작한다. 신라가 해변인을 쫓아낸 결과 해와 달이 빛을 잃었고 농사도 지을 수가 없게 됐다는 의미이다. 세오녀가 준 명주비단을 갖고 하늘에 제사를 지냈더니 해와 달이 다시 빛이 났다는 대목은 '자신들을 핍박한 신라에 복수 대신 화해의 손길을 내민 해변인의 고운 심성'을 상징한다. 신라조정이 하늘에 제사를 올린 것은 해변인을 몰아낸 데 대한 사죄를 은유한다. 훗날 신라백성이 된 해변인 사회는 이런 변형된 설화를 통해 억울하고 원통했던 역사를 암시적으로 후대에 전한 셈이다.

연오랑 부부가 일본에서 왕과 왕비가 되는 등 크게 출세한 것으로 묘사된 사실도 중요하다. 바다를 건너간 사람들에 대한 평가가 높은 것은 이 설화를 유지한 해변인들이 '옛 동지'가 낯선 땅에서나마 성공하기를 바라는 애틋한 마음을 지녔음을 보여준다. 신라조정에서 홀대받고 쫓겨난 해변인 이야기가 복수극이나 비극이 아니라 아름다운 성공스토리로 변형돼 전승된 것이 연오랑세오녀 설화의 본질이다.

참고로 연오랑세오녀 설화는 일본서기에 나오는 '신라왕자 천일창(天日槍)'의 도일설화와 결이 다르다. 천일창 설화는 신라 또는 진한계통의 농경족이 열도로 건너간 뒤 유력한 정치세력으로 성장한 사실을 반영하는 것으로 해석된다. 즉 천일창의 도일설화가 내륙농경세력의 열도행에 대한 이야기라면 연오랑세오녀 설화는 해변인의 열도이주를 상징한다는 차이가 있다.

해인족의 도주와 왜땅〈倭地〉이 된 일본열도

포상팔국 전쟁을 비롯하여 농경족과의 경쟁에서 패배한 수많은 해변인들은 피난길에 올랐을 것이다. 문제는 달아난 사람들의 행방이다. 농경국의 침탈을 견디지 못하고 도주한 사람들의 목적지는 어디였을까? 뱃길을 이용해 신라나 아라가야의 촉수가 미치지 못하는 곳으로 몸을 피했을 것이다.

이즈음에서 '왜지에 관한 인식의 변화상'을 재정리할 필요성이 있다. 애당초 서라벌로 남하한 농경집단이 경주 인근의 동해안에 살던 해변인을 접촉하면서부터 그들을 '왜인'으로 불렀다고 사료된다. 세월이 흘러 혁거세왕이 건국할 즈음 경주의 해변인은 이미 신라에 복속되고 해척(海尺)이라는 '백성'으로 편입된 이후였다. 그러므로 신라 초기에 출현하는 최초의 왜인(倭人)은 남울산과 부산·대마도 일대에 살던 해변민으로 판단된다. 남울산·부산지역과 초기신라는 격렬히 갈등하였고 그 전승은 신라본기에 다수 등재되었다.

또다시 세월이 흘러 남울산·부산이 신라의 지경에 포함된 후에는 경남 남해안과 전라도 서남해안, 그리고 대마도를 포함한 일본열도에 살면서 신라의 동·남 변경을 침탈하는 무리가 왜인으로 명명된다. AD 3세기 초, 포상팔국 전쟁은 신라 입장에서 왜와의 결전에 다름 아니었다. 문제의 포상팔국은 현재의 경상남도(일부는 전라남도) 남해안에 위치했다는 것이 정설이다. 배를 타고 움직인 포상국 세력이야말로 신라를 괴롭힌 해인족으로서 초기신라는 이들을 왜(倭)로 지칭하며 경계했을 것이 분명하다.

포상팔국 전쟁은 해인족의 역사에서 결정적인 국면이 되었다. 남해안의 포구에서 힘을 키워 자치권을 행사하던 해변인공동체는 붕괴되었다. 신라아라연합에 패퇴한 포상국 사람들은 남울산·부산의 해변민들이 그랬던 것처럼 제거·동화·도피의 길을 걸었을 것이다. 우선 동화된 무리가 적지 않았을 것이다. 동화된 무리는 내륙 영역국가의 전체 국익을 위해 제한적인 역할을 담당하는 하위집단, '바닷가 하층민'으로 추락하게 된다.

내륙국의 '해척'으로 전락되기를 거부한 해변인들은 머나먼 포구에서 새로운 활로를 찾아야 했다. 영산강유역으로 도피한 무리도 있었겠지만 주력은 규슈와 혼슈서부 등 일본열도로 옮겨간 것으로 추정된다. 그 결과 이제 남해안에는 '왜놈'이 존재하지 않는다. 그러므로 남해안은 왜에서 제외되고 대신 일본열도가 최후의 왜땅이 된다.

왜지에 대한 인식의 변화와 함께 한반도 해안에 살던 '왜놈들' 가운데 동화를 거부한 무리가 최종적으로 열도로 집결하였기 때문이다. 왜놈들이 사는 땅이 곧 왜가 되는 원리이다. 시기적으로 판단한다면 기원을 전후한 즈음에 이미 신라(진한)인들은 열도를 '왜의 중심'으로 인식하기 시작하였고 최종적으로는 3세기경 열도왜 관념이 확립되었다고 짐작된다. 중국인들도 신라인들이 전해주는 '그림'을 받아들였다고 여겨진다. AD 57년 후한에서 왜노국 사신을 접견하였다는 기록이 그 근거이다.

그런데 '왜=열도'의 관념이 확립돼 나가는 과정에서 또다시 인식상의 착각이 이뤄졌다. 원래의 왜는 해상에서 삶을 영위하던 해인족을 지칭했던 만큼, 열도에 거주하는 한반도 출신의 농경민은 애당초 왜인이 아니었다. 그런데 '열도=왜'라는 인식이 확산되면서 일본열도에 사는 사람은 농민까지 왜인으로 분류되게 된다. 열도에서 터를 잡은 한반도계통의 야요이농민들도 결국은 이런 인식상의 변화를 수용하였다. 하루아침에 이뤄진 것이 아니라 점진적으로 이뤄진 현상이다. 수백 년에 걸쳐 인식상의 변화가 축적된 결과 '왜인=열도거주민'은 점차 확고한 개념으로 굳어진다.

농경민-해인족 구분이 사라진 '열도왜'

한반도 농민과 해인족의 열도행은 수백 년에 걸쳐 활발히 이뤄졌다. 사람들 머릿속의 관념은 돌발적으로 바뀌지 않는 만큼, 일본열도에서도 농경민과 해인족은 한동안 구분되었다고 사료된다. 고대사회에서 직업의 차이는 그만큼 컸던 탓일 것이다. AD 3세기에 편찬된 삼국지 왜인전에도 수인(水人)과 농민, 두 종류의 왜인이 나온다.

"왜의 수인(水人)은 침몰(沈沒 잠수업)로 물고기와 조개잡기를 좋아한다. 문신(文身)을 하는데 큰 물고기와 위험한 바다동물을 물리치기 위함이다. 점차 문신이 장식(裝飾)이 되어 여러 지방마다 그 모양이 다르다. 혹은 왼쪽에 혹은 오른쪽에, 혹은 크게 혹은 작게 해서 존비의 차이가 있다.(倭水人好沈沒捕魚蛤 文身亦以厭大魚水禽 後稍以爲飾諸國文身各異或左或右或大或小尊卑有差)"

"밭을 갈아서 경작해 먹는데 (산출이)부족한 듯하다… 나라에 시장(市場)이 있어 각자 있는 것과 없는 것을 교역한다…(중략)…그 풍속은 정세(正歲 정확한 기년)를 알지 못하고 사시(四時)만 기록한다. 봄에 밭 갈고 가을에 추수하는 춘경추수(春耕秋收)로 연기(年紀)를 삼는다.(田地耕田猶不足食…國有市交易有無…其俗不知正歲四時但記春耕秋收爲年紀)"

한반도 내륙에서 건너간 야요이농민들은 농사일을 계속했을 것이고 해변에서 활동하다 쫓겨간 '원조 왜인들'은 수인(水人) 생활을 영위하였을 가능성이 높다. 고대사회에서 조상이 물려준 직업을 바꾸기란 불가능은 아니지만 매우 드문 일이었기 때문이다. 그러나 '왜=일본열도' 관념이 굳어진 만큼 이제 직업구분은 의미가 없다. 수인이건 농민이건 열도거주민은 모두가 '왜인(倭人)'으로 분류되기 때문이다. 어쨌든 한반도 출신 농민과 해변인이 몰려들면서 열도의 내륙과 해변에서는 한반도 남부와 유사한 소국정치체가 잇따라 형성되었다. 삼국지 동이전과 왜인전을 보면 변한의 소국명과 규슈지역 왜의 소국명이 유사한 것이 관찰된다.

변한 12국의 국명은 미리미동국(彌離彌凍國)·접도국(接塗國)·고자미동국(古資彌凍國)·고순시국(古淳是國)·반로국(半路國)·악노국(樂奴國)·군미국(軍彌國)·미오야마국(彌烏邪馬國)·감로국(甘路國)·구야국(狗邪國)·주조마국(走漕馬國)·안야국(安邪國)·독로국(瀆盧國) 등이다.

왜의 소국으로는 말로국(末盧國)·이도국(伊都國)·불미국(不彌國)·투마국(投馬國)·야마대국(邪馬臺國)·사마국(斯馬國)·이백지국(已百支國)·이야국(伊邪國)·도지국(都支國)·미노국(彌奴國)·호고도국(好古都國)·불호국(不呼國)·저노국(姐奴國)·대소국(對蘇國)·소노국(蘇奴國)·호읍국(呼邑國)·화노소노국(華奴蘇奴國)·귀국(鬼國)·위오국(爲吾國)·귀노국(鬼奴國)·야마국(邪馬國)·궁신국(躬臣國)·파리국(巴利國)·지유국(支惟國)·오노국(烏奴國)·노국(奴國)·구노국(狗奴國) 등이 있다.

미(彌)·구(狗)·야(邪)·노(奴)·사(斯)·오(烏) 자가 공히 발견된다. 양쪽 사람들이 음운이 같은 동일언어를 사용하였다는 증거이다.[54] 이는 곧 규슈인 다수가 애당초 변진한 지역에서 건너간 집단임을 강력히 암시하는 대목이다. 규슈왜인의 원래 뿌리는 인구가 많았을 한반도 농경민의 후예가 많았겠지만 한반도 해변인의 후예도 일정한 비율을 점했을 것으로 짐작한다.

---

54. 승천석, 고대 동북아시아의 여명, 백림, 2003 p165.

풍성해진 경제, 왜의 국력 신장

한반도 농민들의 잇단 이주와 철기농법의 발전으로 일본열도의 농업경제는 급속한 발전상을 보였다. '최후의 왜지'로 규정된 열도에서 농민들은 물길 좋은 평탄한 땅에는 논을 조성하고 밀림처럼 빽빽한 임야에는 불을 질러 밭을 넓혔다. 철제 보습으로 화산토를 갈아서 비옥한 농경지로 바꿔나갔다. 화산섬 일본열도는 대체로 비옥하였고 비는 충분히 내렸다. 소출량은 급속히 늘어났고 인구도 빠르게 증가하였다. 열도에 먼저 자리잡은 한반도 출신 농경민들이 옛 땅의 농민들을 농업노예로 부리기 위해 해인족들에게 포로사냥을 주문했을 개연성도 상정할 수 있다. 인간세상에서 충분히 예상되는 추론이다. 결론적으로 기원후에 열도로 건너간 한반도 농민의 상당수는 자발적인 이민이 아니라 폭력에 의한 강제이주일 가능성이 높다.

잉여생산물의 증가와 인구증대는 곧 계급분화와 국가생성으로 이어졌다. 규슈와 혼슈 등 열도에는 많은 소국들이 생겨났고 빠르게 발전하였다. AD 1세기경에는 한반도와 가까운 규슈를 중심으로 혼슈 서부와 시코쿠 등 열도 서쪽의 선진지대에 100여개의 소국이 생겨났다. 열도의 왜국들은 자신들의 존재감을 입증하기 위한 다양한 노력을 기울였다. 신라에 대한 가열찬 침공과 함께 국제무대에서 왜라는 이름을 알리기 위한 노력을 게을리하지 않았다. AD 57년 왜노국왕이 후한에 조공하고 '한위노국왕(漢委奴國王)' 인수를 받은 것은 대표적인 사례이다. 이어 AD 239년 야마타이국의 여왕 비미호(卑彌呼 히미코)가 사신을 위나라에 보내 친위왜왕(親魏倭王)의 왕호를 획득하였다. 1세기인 AD 57년의 인수에는 '노국(奴國)'이라는 특정소국명이 적시된 반면 3세기인 239년의 왕호에는 야마타이국(邪馬臺國)이라는 소국명은 보이지 않고 '왜(倭)'라는 총칭이 강조되었다. 이런 차이는 늦어도 AD 3세기에는 '열도=왜'라는 자각이 굳건해졌음을 보여주는 증거가 된다. 어쨌든 열도의 소국 가운데 발 빠른 작자들이 험한 바닷길을 무릅쓰고 중국에 조공한 사실은 예사롭지 않다. 촌놈 콤플렉스를 극복하기 위한 가상함이 느껴지는 한편 한반도 제국(諸國)에 대한 경쟁의식과 우월의식이 어른거린다.

농업경제의 발전에 따라 규슈 일대의 새로운 지배층 주머니는 해마다 두둑하게 불러갔다. 모자라는 농업인구는 한반도 남부에서 포로사냥 방식으로 조달하였을 것이다. 삼국사기에 출현하는 '왜의 잇단 신라백성 탈취 기사'가 이를 방증한다. 경제력이 커지면서 열도의 소국들은 가야의 철을 더 많이 수입할 수 있었고 철제 무기로 무장하면서 열도왜의 군사력도 빠르게 신장되었다.

어쨌든 넓은 영토와 많은 인구, 높아진 농업생산력 덕분에 야마타이국 등 일부 열도왜국의 규모와 국력은 가야연맹의 소국과 사로국을 능가하는 수준으로 발전하였다고 사료된다. 삼국지 동이전 변진조를 보면 "큰 나라는 4~5천 호가 되고 작은 나라는 6~7백 호가 되어 총 호수가 4~5만 호가 된다."는 기록이 나온다. 반면 삼국지 왜인전을 보면 28개 소국연합체인 야마타이국의 호수(戶數)는 7만 호라고 기록돼 있다. 3세기의 기록이긴 하지만 야마타이국의 규모는 변진을 능가하였다고 인정할 수 있다.

철(鐵), 열도를 움직인 한반도의 힘

한반도의 해인족이 신라·가야에 제거·동화되는 와중에 영남해안에 거주하던 해변인 가운데 상당수는 규슈와 혼슈서부로 이동하였다. 이제부터 왜는 열도를 의미하는 단어로 바뀌어 갔다. 과거에는 한반도와 열도 사이의 바다 주변에 살던 해인족이 왜인이었으나 이제는 일본열도에 사는 모든 사람이 왜인이 된다.(열도주민 대다수는 해인족이 아니라 한반도 내륙 출신의 농민들이었다.) 왜는 점점 열도의 국명이자 열도 거주민의 총칭명이 되었고 한반도와 열도 사이의 바다는 국경의 특성을 지니기 시작하였다.

그러나 고대의 한반도와 열도는 오랫동안 불가분의 관계였다. 서로가 서로를 강하게 필요로 하고 있었다. 무엇보다 철 무역이 긴요하였기 때문이다. 철기시대의 개막과 함께 열도의 여러 소국들은 철제품을 확보하는 데 주력하였다. 철을 안정적으로 공급받는다는 것은 커다란 의미를 지녔다. 현재의 중동 원유생산단지를 확보하거나 그 수입선을 유지하는 것 이상의 가치를 지녔다. 현대의 석유와 원자력을 합친 개념으로 보아도 틀림없다.

철이 없으면 벼농사를 지을 수도, 군대를 유지하기도 힘들었다. 철은 원료를 확보하고 채굴하고 제련하는 모든 과정이 대단히 복잡하고 고난도의 기술이 필요하다. 고대 시절 누구나 원한다고 철을 가질 수는 없었다. 진한과 변한의 힘은 양질의 철을 대량생산할 수 있다는 데 그 원천이 있었다. 오랜 세월과 수많은 시행착오의 축적으로 철생산기술도 탁월하였다고 사료된다. 아울러 낙동강 인근에 거대한 철산지가 몰려 있었으니 채굴해서 제철단지로 운반하는 물류 측면에서도 장점이 많았다.

철산지도 없고 철생산 기술도 미약했던 열도에서는 중간제품인 가야산 철정(鐵梃 덩이쇠)을 선박으로 수입해 수요에 맞게 제작하는 방식을 사용하였다. 그런 만큼 일본열도의 소국들은 철을 얻기 위해 한반도 남부의 가야, 신라와 밀접한 관계를 맺어야만 하였다. 열도에서도 사철(沙鐵)이 소량생산되었지만 생산량이나 품질면에서 한반도산 철제품과 비교할 수 없었다. 열도 내에서 농경이나 전쟁을 수행하기 위해서는 막대한 양의 가야, 신라산 철제품이 필요하였고 그 대가로 열도에서 생산된 농산물이나 수산물, 노예 또는 군사를 기꺼이 제공하였다.

"나라에 철이 생산되어 한(韓)·예(濊)·왜(倭)가 모두 와서 사 갔다. 여러 시장에서의 매매는 모두 철로 이뤄져서 마치 중국에서 돈을 쓰는 것과 같았다. 또한 두 군(郡 낙랑군·대방군)에 (철을)공급하였다.(國出鐵 韓·濊·倭皆從取之 諸市買皆用鐵 如中國用錢 又以供給二郡)"[55]

수요공급의 원리에 따라 수요처가 많으면 철의 수출가치는 높아가고 수요처가 적으면 수입 측이 유리해진다. 수입을 하는 입장에서는 경쟁자가 적을수록 좋다. 철수입권을 독점하기 위한 열도내부의 경쟁은 피할 수 없었다. 열도의 여러 소국들은 한반도산, 그중에서 특히 가

---

55. 삼국지 위서 오환선비동이전 한(韓)조.

야산 철제품의 수입권을 놓고 오랫동안 다투었다. 싸움이 반복되고 길어지다 보면 강자(强者)가 출현하게 마련이다. 철무역권을 놓고 펼친 오랜 리그전 끝에 야마타이국이 최후의 승자가 되었고, 강력해진 힘으로 일본열도의 최선진지 규슈의 패권을 쥐게 된다.

한반도에서 생산된 철을 얻기 위해서라도 열도의 나라들은 반도에 집착하였고 반도 남부의 정치 변화에 민감하게 마련이었다. 때로는 가야를 임나, 즉 본국으로 추앙하기도 하고 군대를 보내 돕기도 하였다. 광개토대왕의 남정 당시 왜병이 가야땅에서 활동한 것은 이런 맥락으로 이해된다. 철 공급의 차질은 곧바로 왜의 경제적·군사적 위기로 이어진다. 열도의 정치체 입장에서 한반도산 철을 확보하는 것은 국가의 발전과 생존을 위해 최우선적인 군국대사였다는 의미이다. 이는 역으로 가야와 신라, 백제 등 한반도의 정치체가 일본열도를 움직일 수 있는 힘의 원천으로 작동한 셈이다. 제철자립을 하지 못했던 수백 년의 세월 동안 '여러 왜국들'은 한반도의 정치질서에 결코 무심할 수 없었다.(일본열도의 여러 정치체가 한반도 제국(諸國)과의 관계망 속에서 패권경쟁을 벌인 상황은 이어지는 3부의 11장, 12장과 『한일 고대사의 재건축③』에서 집중적으로 서술한다.) 이유기 이전의 아기가 어미젖에 매달리듯 철이라는 젖줄이 절실했던 일본열도는 어미의 나라 한반도에 집착하였다. 이는 한일 고대사가 밀접하게 연동된 중요한 배경 가운데 하나라고 하겠다.

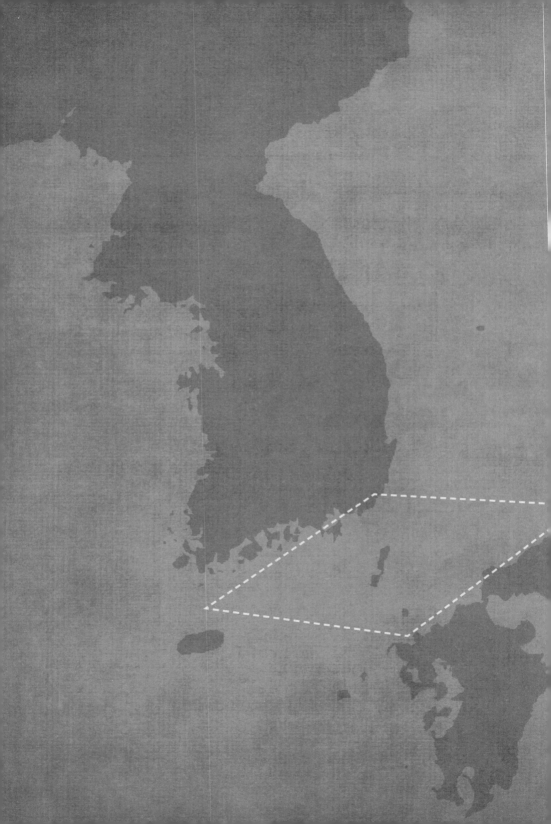

3부
·
임나(任那)의 진실

● 韓日 古代史 再建築

한일 고대사에서 최대의 갈등요인은 '임나일본부(任那日本府)설'이
다. 일본의 학자들은 일본서기를 근거로 "야마토(大和)조정이 임나일
본부를 통해 한반도 남부를 식민지처럼 지배했다."고 주장한다. 반면
한국 역사학계는 날조된 역사라고 간주하며 임나일본부설을 반박하
기 위해 눈물겨운 노력을 쏟아왔다.

　국내의 일부학자들은 '임나(任那)'라는 단어조차 거부하지만 임나라
는 지역명칭은 분명히 존재하였다. 고고학적으로나 국내문헌상으로
확인된다. 임나일본부를 둘러싼 한일 역사전쟁에서 가장 중요한 포인
트는 임나의 실체를 정확히 파악하는 일이다. 임나의 실체를 알면 한
국인들이 임나일본부설에 스트레스를 받을 이유가 없다.

　임나 문제와 관련해서는 '임나'라는 용어가 시대별로, 지역별로 어
떻게 변화했는지를 적확하게 이해하는 것이 무엇보다 중요하다. 임나
라는 용어가 시대별로, 지역별로 다양하게 사용되었기 때문이다. 사
안별로 모순이 많은 임나의 진상을 추출하기 위해서는 시대적·지역적
맥락을 감안하여 해석하여야 한다. 9장 '지역명 임나의 출현과 다양한
분화'는 임나라는 지역명칭이 처음 도출된 시대적 배경부터 살펴본
다. 이어 역사의 흐름과 함께 임나의 의미가 다양하게 분기하는 과정
도 중점적으로 살펴볼 방침이다.

이어 10장 '임나일본부의 실체'에서는 임나일본부의 실제적인 의미를 새로운 시각에서 해부하고자 한다. 한일 고대사전쟁의 핵심소재인 임나일본부이지만 한반도 동남부와 규슈 등 일본열도 서부지역 간에 밀접하게 얽힌 역사과정을 이해하고 보면 그 진상은 생각보다 단순하다. 11장은 임나일본부의 파견주체 문제를 조망한다. 임나일본부를 파견한 정치체가 야마토조정이 아니라 가야계 숭신왕조임을 여러 문헌증거를 바탕으로 입증해볼 계획이다. 12장에서는 임나의 몰락 과정에서 드러난 진상을 추적한다. 임나와 일본열도의 정치체가 연동되었던 복잡한 방정식을 살펴보는 순서가 되겠다.

9장

지역명 임나의 출현과
다양한 분화

1부에서 필자는 '초기신라가 접촉한 최초의 왜는 한반도 동해남부와 대마도 일대에 거주하던 해변인'이라는 논리를 전개하였다. 동해남부 해변인들은 팽창해 가는 초기신라와 격렬히 갈등하였으나 결국은 신라에 흡수되거나 일본열도 등지로 도주하였다. 역사과정에서 패배하였지만 동해남부의 해변인이 담당한 고대사의 무게는 결코 가볍지 않다. 나는 이들이 바로 '최초의 임나(任那)'라고 여긴다. 한반도왜가 출현한 지점과 '최초임나'가 지역적으로 일치한다고 판단되기 때문이다.

왜와 임나는 곧 경주신라와 인접했던 동해남부 해안(과 그곳에 사는 해변인들)을 뜻하는 용어로 시작되었다는 공통점이 있다. 그렇다면 초기왜는 곧 최초임나가 되는 셈이다. 임나와 한반도왜는 동전의 앞뒷면이다. '왜'가 진한(신라)인이 해변인을 비하하는 멸칭(蔑稱)에서 비롯되었다면 '임나'는 해변인 스스로가 자칭한 미칭(美稱)이나 우호(優號)

로 시작됐다는 차이가 있을 뿐이다.

임나 문제는 한일 역사전쟁에서 가장 격렬한 소재이다. 관련한 학설도 수없이 발표되었다. 그러나 임나의 실체를 알게 되면 한국인들이 임나일본부설에 스트레스를 받을 이유가 없고 일본인들도 '자랑스런 고대사'로 착각할 이유가 없다. 필자는 3부를 통해 기존의 임나일본부설을 철저히 해체하고 새로운 건축을 시도하고자 한다. 다만 일에는 순서가 있다. 9장에서는 임나의 지역명칭 문제를 집중적으로 파고든다. 임나라는 지명이 형성되는 첫 단계와 한반도와 일본에서 완전히 다른 의미로 분기해가는 과정까지 다루기로 한다.

임나(任那)가 지닌 여러 얼굴들

먼저 임나에 관한 여러 기록들을 살펴보며 '임나학(任那學)'에 입문해보자. 임나를 둘러싼 논란과 혼란은 그 기록들이 난삽한 데서 비롯된다. 임나를 설명하는 여러 기사들이 서로 배치되는 이야기를 하기일쑤이므로 정신을 집중해야 한다. 하나의 구절에만 얽매이다 보면맥락을 놓치기 십상이다. 여러 기록 가운데서 유의미한 것들을 한꺼번에 모아두고 큰 그림을 읽어내는 방법이 그나마 최선이다.

임나일본부설은 왜곡·과장된 것이 분명하지만 임나라는 지명까지거부해서는 곤란하다. 고대 한국측 문헌에서도 확인된다. 광개토대왕비문에 '임나가라(任那加羅) 종발성(從拔城)'이 출현하며 삼국사기 강수전(强首傳)과 창원 봉림사지의 진경대사탑(眞鏡大師塔) 비문에 임나 관련 구절이 발견된다. 일본과 중국의 사서에도 임나 관련 기록은 여럿이다. 한국·일본·중국 문헌의 순으로 시대별로 일별해 본다.

① 〈광개토대왕 비문〉임나가라 종발성의 출현

광개토대왕 비

"(영락)10년 경자년(AD 400)에 보기(步騎)
5만을 보내어 신라를 구원하였다. 남거
성부터 신라성까지 왜가 그 사이에 가득
차 있었다. 관군(官軍 고구려군)이 바야흐
로 이르자 왜적이 물러나므로 급히 추격
하여 임나가라(任那加羅) 종발성(從拔城)에
이르렀다. 성이 즉시 항복하였다. 안라인
수병(安羅人戍兵), 신라성, 염성을 함락(?)
하였다. 왜구가 크게 궤멸하였다. 성안의
사람 열에 아홉은 왜를 따르기를 거부하
였다.(十年庚子 敎遣步騎五萬 往救新羅 從男
居城 至新羅城 倭滿其中 官軍方至 倭賊退 背急追至 任那加羅從拔城 城卽歸服
安羅人戍兵 拔新羅城鹽城 倭寇大潰 城內十九盡拒隨倭)"〈'안라인수병'을 놓
고 해석이 나뉜다. '안라인으로 수병을 삼았다'는 설과 '신라인을 수병
으로 안배했다'는 것으로 풀이하는 두 시각이 있다.〉

② 삼국사기 열전 강수전(强首傳)(강수의 출생은 미상, AD 692년 타계)

"왕(태종무열왕)이 놀라고 기뻐하며 서로 늦게 만난 것을 한탄하고 그 성
명을 물으니 '신은 본래 임나가량 사람으로 이름은 두(頭)라고 합니다.'
라고 대답하였다.(王驚喜 恨相見之晚 問其姓名 對曰 臣本任那加良人 名字頭)"

③ 창원봉림사지 진경대사탑 비문(AD 923년경 건립)

진경대사탑

"대사의 이름은 심희요 속성은 신김씨(김해 김씨)이다. 그 선조는 임나의 왕족으로 초발성지(草拔聖枝 초발성지의 의미는 불분명하다. 글자대로는 '풀에서 성스러운 가지를 뽑았다'인데 의미가 제대로 통하지 않는다. 나는 초발을 광개토대왕 비문에 나오는 '종발성(從拔城)'의 다른 표기로서 임나의 수도라고 보아 '초발의 성스러운 가지=왕족'으로 풀이해 본다.)이다. 이웃나라의 침략을 매번 괴로워하다가 우리나라에 투항하였다. 먼 조상(遠祖)은 흥무대왕(興武大王 김유신)이다.(大師諱審希俗姓新金氏 其先任那王族草拔聖枝 每苦隣兵投於我國 遠祖興武大王)"

임나라는 지명은 일본서기에 가장 많이 출현한다. 최초의 임나 기록은 숭신(崇神) 65년(일본서기로는 BC 33년이지만 실제보다 수백 년 앞당겨졌다고 보아야 한다. 숭신은 AD 4세기대 인물로 간주된다.)조의 기사이다.

④ 〈일본서기 숭신 65년조〉 임나의 위치 설명 기사

"임나국이 소나갈질지(蘇那曷叱知)를 보내 조공하였다. 임나는 축자국(築紫國 규슈를 말한다.)에서 2천여리 떨어진 거리에 있다. 북은 바다로 막혀 있다(北阻海). 계림의 서남에 있다.(任那者去築紫國二千餘里 北阻海

以在鷄林之西南)"[56]

숭신천황을 뒤이은 수인천황(垂仁天皇) 2년조에는 임나를 '미마나'로 읽게 한 연유가 설명돼 있다. 일본에서 임나를 미마나로 훈독하는 것은 사실이지만 일본서기의 '연유 설명'은 올바르지 않다. 다만 미마나가 숭신천황과 관련성은 있을 것이다.

⑤ 〈일본서기 수인 2년조〉임나를 미마나로 훈독함을 알려주는 기사

"의부가라국 왕자 도노아아라사등(都怒我阿羅斯等)이…(중략)…수인천황을 섬긴지 3년이 되었다…천황이 도노아아라사등에게 '그대의 나라에 돌아가고 싶으냐'라고 물었다. 대답하길 '몹시 돌아가고 싶습니다'라고 하였다. 천황이 아라사등에게 말하길 '그대가 길을 잃지 않고 빨리 왔으면 선황(先皇 숭신천황을 말한다.)을 뵈었을 것이다. 그러니 그대의 국명을 미마기천황(御間城天皇 어간성천황, 숭신천황의 다른 이름)의 이름을 따서 나라 이름으로 하라'고 하였다. 그리고 붉은 비단을 아라사등에게 주어 본국으로 돌려보냈다. 고로 그 국호를 미마나국(彌摩那國)이라 함은 이것이 연유가 된 것이다.(意富加羅國王之子 名都怒我阿羅斯等…仕活目天皇逮于三年 天皇問都怒我阿羅斯等曰 欲歸汝國耶 對諮甚望也 天皇詔阿羅斯等已 汝不迷道必速詣之 遇先皇而仕歟 是以 改汝本國名 追負御間城天皇 便爲汝國名 仍以赤織絹給 阿羅斯等返于本土 故號其國謂彌摩那國 其是

---

56. 전용신 역, 일본서기, 일지사, 2006, pp104~105.

之緣也)"[57]

또 흠명(欽明) 23년(AD 562) 기사에는 임나가 특정한 가야소국의 이름이 아니라 가야연맹 전체를 총칭하는 명칭으로 나오고 있다. 이 또한 중요한 시사점을 제공해 준다.

⑥ 〈일본서기 흠명 23년조〉가야권 총칭이 임나

"신라는 임나의 관가를 쳐 없앴다. 한 책에서 말하였다. 통틀어 임나라고 하고〈總言 任那〉 세분해서는 가라국, 안라국, 사이기국, 다라국, 졸마국, 고차국, 자타국, 산반하국, 걸손국, 임례국 합해서 10국이다.(新羅打滅任那官家 一本云…總言任那 別言加羅國, 安羅國, 斯二岐國, 多羅國, 卒麻國, 古嵯國, 子他國, 散半下國, 乞飡國, 稔禮國 合十國)"[58]

AD 660년경에 편찬된 중국 역사서 '한원(翰苑)'의 신라전(新羅傳)에 임나와 관련 내용이 나온다. 한원에서는 임나가 금관가야와 구분되는 별도의 소국임을 분명히 하고 있다.

⑦ 〈한원 신라전〉임나는 가라와 별도의 소국

"지금 신라의 늙은이들이 말하기를 '가라(加羅)와 임나(任那)는 옛날에 신라에게 멸망당하였다. 그 옛 땅은 지금 나라의 남쪽 7~8백 리에 나

---

57. 위의 책, pp107~108.
58. 위의 책, pp347~348.

란히 있다'고 하였다.(今訊新羅耆老云 加羅·任那昔爲新羅所滅 其故今並在
國南七八百里)"

이상 7개의 기록은 임나의 실체를 포착하는 데 도움이 되는 유의미
한 문헌증거라고 판단된다. 그런데 잘 살펴보면 제각기 다른 이야기
를 하고 있다. 아울러 상호 간에 모순되는 내용도 많다. 예컨대 '가야
권의 총칭'이라는 ⑥의 임나와 '가라와 병재한 별도의 소국'이라는 ⑦
의 임나는 완전히 다른 개념이다. 임나의 진짜 얼굴을 묘사하기가 어
려운 것도 기록들 간의 모순과 불일치 때문이다. 그런데 시대에 따라,
각 정치체의 요구에 따라 임나의 모습이 다양하게 바뀌어 갔을 것이
란 동태적(動態的) 시각에서 보면 임나의 실체를 찾아내기가 불가능한
것만도 아니다. 중국의 가면예술인 변검(變臉)처럼 임나는 여러 개의
얼굴을 지니고 있지만 그 본질은 일관되기 때문이다.

북조해(北阻海) 조건과 '고(古)울산만 남쪽땅'

위에서 언급한 기록 가운데 임나의 위치를 알려주는 대목은 ④와 ⑦
이다. "임나는 축자국(築紫國)에서 2천여 리 떨어진 거리에 있다."는
④의 표현은 임나가 축자(규슈)의 대안(對岸)에 위치해 있음을 시사한
다. '축자에서 2천 리'라는 거리도 중요하다. 후대의 2천 리(800km)가
아니다. 삼국지 위서 동이전에는 김해에 있던 구야한국(狗耶韓國)에서
대마도까지를 1천 리라고 적고 있고 대마도 크기를 4백 리로 표현하
고 있다. 이를 감안하면 축자에서 2천 리 떨어진 임나는 축자(규슈)-대

마도 거리의 대략 2배쯤 되는 곳에 위치해 있을 것이다. 거리로만 보면 현재의 부산·김해 일원으로 비정된다.

또 ⑦기록에 따르면 임나는 신라 수도(경주)의 남쪽에, ④에 따르면 서남방향에 있다. 가라(加羅)와 병재(並在)하고 있다는 ⑦기록은 임나는 가라의 옆에 있지만 가라와는 다른 독립된 존재라는 뜻이다. 여기서 가라는 김해의 금관가야를 의미한다고 할 때 임나는 김해의 동쪽(부산)이나 서쪽(안라)에 위치해 있다고 볼 수 있다.

문제는 ④기록에서 '북조해(北阻海), 즉 임나의 북쪽이 바다로 막혀 있다'는 표현이다. '험할 조(阻)'는 조격(阻隔)으로 활용되어 '격리되다, 막히다'는 의미로 쓰인다. 김해의 서북쪽(내륙 방향)인 안라는 바다가 없으므로 임나가 될 수 없다고 한다면(안라의 북쪽이 바다일 가능성은 희박하지만 전무한 것은 아니다. 이 점에 대해서는 바로 뒤에서 검토한다.) 임나는 김해의 동쪽, 즉 부산일대에 '병재'한다고 봐야 한다. 그런데 현대인의 상식으로 볼 때 부산의 북쪽은 바다로 격리돼 있지 않다. 여기서 혼란이 나온다. 일본서기나 한원의 편자가 방위를 잘못 이해한 것은 아닐까? '남쪽은 바다로 막혀 있다'고 쓸 것을 북쪽으로 잘못 기술한 것은 아닐까?

북조해(北阻海), 북쪽이 바다로 격리돼 있다는 이 대목을 근거로 임나는 한반도가 아니고 대마도라는 주장을 하는 사람이 적지 않다. 문정창 박사와 고려대 최재석 교수, 이병선, 황순종 씨 등이 '임나 대마도설'을 지지한다.[59] 대마도 북단에 조해(阻海)와 음가가 통하는

---

59. 이병선, 임나일본부는 대마도에 있었다, 아세아문화사, 2006.

'조해(鉏海)'라는 포구가 있었기에(일본서기 신공섭정 5년 미사흔 탈출기에 '조해'라는 지명이 나온다.) 필자 역시 '임나 대마도설'을 진지하게 검토한 바 있다. 그러나 조그마한 섬에서 다양한 역사 스토리와 활동상이 생산되기란 힘들다. 더욱이 대마도에 고구려, 백제, 신라가 제각기 관장하는 영토가 존재하였다는 '임나 대마도설'을 사실로 받아들이기 어렵다. 그런 식이라면 열도의 거의 모든 소지역마다 삼국의 식민지가 나란히 자리잡고 있어야 할 것이다. 또 임나가 섬이라면 '북조해'는 정확한 표현이 아니다. 사면이 바다이니 만큼 '(동서남북)사방조해(四方阻海)'라고 표현해야 옳다. 특히 섬이라는 것을 짐작할 수 있는 대목이 적지 않아야 한다. 예컨대 "급히 배를 마련해 가라로 갔다." "배를 타고 모처로 이동했다."는 유형의 기사가 수없이 나와야 마땅하다. 일본서기가 거짓이 많지만 섬을 육지라고 우길 정도로 날조하지는 않는다. 대마도 역시 범(汎)임나의 주변부에 해당한다고 간주하지만 임나의 핵심은 한반도의 육지에 있었다고 보는 것이 자연스럽다.

대마도(對馬島)

대마도 선주민들은 한반도 해인족과 사실상 동일한 족속이며 초기신라를 침탈한 최초왜(=최초임나)의 일부분이었다고 판단된다. 그렇지만 육지인 남울산·부산과는 지리적으로 구분되었기에 일정한 독자성이 존재하였고 '임나 개념'이 확립될 즈음에는 별개의 정치체로 인식됐던 것 같다. 삼국지 왜인전에 대마국 이야기가 따로 출현하는 것이 그 방증이다.

> "군(郡 대방군)으로부터 왜(倭)에 도착하기까지는 해안을 따라 물길로 가서 한국(韓國)을 거치고 남쪽으로 가다 동쪽으로 가면 구야한국의 북쪽에 이르는 데 거리가 칠천여 리이다. 다시 바다 하나를 건너 천여 리를 가면 대마국(對馬國)에 도착한다. 그 큰 관리를 '비구'라 하고 부관을 '비노모리'라 한다. 외딴섬에 거주하는데 크기가 사백여 리이다. 땅은 산세가 험하고 깊은 숲이 많고 도로는 짐승이 다니는 길처럼 좁다. 천여 호(戶)가 있다. 좋은 밭은 없어 해물(海物)을 먹으며 스스로 생활하며 배를 타고 남북으로 다니며 곡식을 사들인다.(從郡至倭 循海岸水行 歷韓國 乍南乍東 到其北岸狗邪韓國 七千餘里 始度一海 千餘里至對馬國 其大官曰卑狗 副曰卑奴母離 所居絶島 方可四百餘里 土地山險 多深林 道路如禽鹿徑 有千餘戶 無良田 食海物自活 乘船南北市糴)"

다만 '규슈의 대안, 즉 한반도 해안에 위치하면서 북쪽에 바다가 존재하는 지형'을 김해(금관가야) 인근에서 찾아보기 힘들다는 것이 지금까지 연구자들의 고민이었다. 이 대목을 치밀하게 따져볼 필요가 있다. 결론을 말한다면 필자는 이를 근거로 해서 최초의 임나는 남울산·부산 일대였다고 간주한다. 현재가 아니라 고대로 눈을 돌리면 남울산·부산지역은 '북조해(北阻海)'라는 조건을 충족시키고 있다. 1장에서 언급한 고(古)울산만의 존재를 상기할

고(古)울산만 추정도

필요가 있다.

2004년 해안에서 100km 가량 내륙인 경남 창녕군 부곡면 비봉리에서 패총이 발견되었다. 비봉리패총에서는 신석기시대의 조개더미와 목선(木船), 짚풀로 만든 망태기[60]와 도토리 저장시설, 멧돼지와 사슴 그림 등이 출토되었다. 패총과 목선이 발견됐다는 것은 BC 6000년경에는 낙동강 중류지역이 '해변'이었음을 의미한다. 비봉리패총에서 보듯이 한반도 주변의 해수면은 빙하기와 간빙기라는 시대변화에 따라 크게 변동하였다. AD 4세기만 해도 해수면은 현재보다 3~4미터 높았고 현재의 김해평야는 고(古)김해만이라고 부르는 바다였다.

필자는 이 대목에서 창녕 비봉리패총 일대가 AD 3~4세기에도 바다라고 부를 정도였을지 고민하였다. 만약 이 당시에도 해수면이 높거나 지반이 낮아서 바닷물이 낙동강 계곡을 따라 내륙 깊숙이 진입해 있었고 비봉리패총 주변이 해만(海灣)이었다면 그 남쪽 대안인 함안, 즉 안라(安羅)는 '북조해(北阻海)' 조건이 일부 충족된다. 그렇다면 임나는 가라 서쪽의 안라를 일컫는다고 볼 여지가 전혀 없지는 않다.

그러나 3~4세기에는 BC 6000년에 비해서는 해수면이 많이 내려간 탓에 함안의 북쪽은 낙동'강(江)'이었지 바다는 아니었다는 것이 과학계의 상식이다. 아울러 ① 광개토대왕 비문에서 '임나가라 종발성' 뒤에 출현하는 '안라인수병(安羅人戍兵)' 대목도 감안해야 한다. 이 기록을 액면 그대로 해석하면 '안라인으로 수자리 병사로 삼았다'는 뜻이다. 그렇다면 안라는 임나와 적이 되어 싸운 별도의 소국이 분명하

60. KBS 뉴스9, 2005년 4월 15일자 보도.

다. 따라서 임나=안라일 가능성은 배제한다.

그런데 낙동강 중류까지 바닷물이 들어갔다면 동해안의 해수면도 마찬가지로 높았을 것이다. 울산의 중앙에 위치한 울산만 역시 고대에는 현재보다 훨씬 넓었고 내륙 깊숙이 만입해 있었다. 이른바 고(古)울산만이다. 암각화 덕분에 널리 알려진 반구대는 울산항에서 태화강의 지류인 대곡천(大谷川)을 따라 내륙으로 20km 가까이 진입한 곳에 위치해 있다. 이런 반구대 유역이 신석기시대에는 고래잡이가 행해진 '해변'이었다.

임나의 위치와 관련된 기록이 생산되던 AD 3~4세기경에는 바다 수위가 비봉리패총이 만들어진 절정기보다는 내려갔지만 현재보다는 높았고 고(古)울산만 역시 내륙으로 상당히 해진(海進)한 상태라고 여겨진다. 일본의 연구결과 3세기 중반인 AD 250년경의 해수면 수위가 가장 높은 것으로 밝혀졌다고 한다.(고대의 해수면이 현재보다 높았던 탓일 수도 있고 고대 동해안의 지반이 지금보다 낮았기 때문일 수도 있다. 또는 해수면 하강과 지반 상승이 동시에 이뤄져 현재의 지형이 형성됐을 가능성도 있다.) 고울산만은 현재의 울산시내 육지부를 상당 부분 잠식한 소

고대 울산-부산 인근 지도

(小)지중해였다. 때문에 당시 울산지역의 남부와 북부는 바다를 경계로 분리돼 있었을 것이다.(1장에서 혁거세의 신하 호공이 박을 타고 건넌 바다가 바로 고울산만일 것으로 추정하였다. 대한해협은 박을 타고 횡단하기 불가능한 거친 바다이지만 고울산만은 잔잔한 내만(內灣)이었다. 호공은 고울산만 남쪽에서 여러 개의 박을 몸에 묶고 헤엄을 치거나 박으로 엮어 만든 뗏목을 이용해 바다 북쪽인 신라 지경으로 건너갔다고 짐작된다.)

역사기록으로 볼 때도 신라시대 동해안은 현대와 다소 차이가 있었다는 추정이 든다. "왜가 목출도(木出島)를 침범하였다."는 신라본기 탈해왕 17년(AD 73)의 기사와 "왜병이 풍도(風島)에 이르렀다."는 신라본기 흘해왕 37년(AD 346)의 기사를 보면 경주 앞바다에 여러 섬이 존재하였다고 생각할 수밖에 없다. 그러나 현재는 목출도나 풍도로 비정할 섬을 찾기 힘들다.

우선 강진(強震)에 따른 지질변화의 가능성을 떠올려 볼 수 있다. 문정창은 "고대의 동해안 지세는 오늘날과 약간 달라서 경주 토함산 동쪽에 동(東)토함산이 있었고 그 앞바다에 목출도와 풍도 등 여러 도서가 산재했던 것으로 생각된다."고 기술한 바 있다. 이들 섬들이 사라진 것은 수세기에 걸친 동해 해중화산의 활동 탓으로 설명하였다.[61]

나는 문정창과 반대로 생각한다. 목출도와 풍도가 지진의 충격으로 침강해 사라졌다기보다 동해안의 지속적인 융기경향과 해수면 저하에 따라 육속화되었을 가능성이 더 크다고 본다. 동해변의 수많은 작

---

61. 문정창, 일본상고사-한국사의 연장, 백문당, 1970, pp50~52.

은 동산 가운데 육지가 된 목출도와 풍도를 찾을지도 모른다. 동해안의 계속된 융기와 해수면의 하강을 감안하면 2천년 전(前) 고울산만은 생각보다 넓었을 수 있다. 현재의 울산광역시는 고울산만을 경계로 하여 남북으로 갈라진 상태였다고 짐작된다. 아울러 고김해만도 낙동강 상류방향으로 깊숙이 형성돼 있었을 것이다. 이렇게 볼 때 고대의 남울산·부산 일대는 일종의 반도처럼 동해바다로 돌출된 모습이었다고 하겠다.

여기서 "임나의 북쪽은 바다로 막혀 있다."는 일본서기의 ④기사와 "임나는 가라(김해)와 나란히 병재(並在)하고 있다."는 한원의 ⑦기록을 떠올려 보자. 임나의 위치가 저절로 확정된다. 최초임나는 금관가야의 동쪽에 병재한 남울산·부산지역이었던 것이다. 이 지역은 규슈의 대안에 해당될 뿐 아니라 북쪽에 '두 개의 바다(고김해만과 고울산만)'가 존재하였기에 북조해(北阻海)의 조건도 충족시킨 셈이다.

이 대목에서 분명히 해야 할 점은 최초임나와 후기임나의 영역에 상당한 편차가 생긴다는 사실이다. 최초임나는 남울산과 동래·부산, 대마도에 이르는 광범위한 영역이었다면 후기임나는 남울산과 동래를 신라에 빼앗기고 구(舊)부산권으로 영역이 축소됐다고 짐작된다.

신라가 임나라는 이름을 외면한 이유

임나라는 지역명이 일본서기에는 무수히 확인되는 반면 한반도의 대표적인 고대사서인 삼국사기에는 찾아보기 힘들다. ②의 열전(列傳) 강수전(强首傳)을 제외하면 삼국사기에서는 '임나'라는 용어가 발견되지 않는다. 일본측 사료에 다수 출현하는 임나가 한반도의 사서에는 나오지 않는 이유는 뭘까? "한반도 남부에 임나가 존재했다면 삼국사기에 등장하지 않을 리가 없다."면서 삼국사기를 근거로 임나의 존재를 원천부정하는 주장도 만만치 않다.[62](앞서 말했듯이 전혀 안 나오는 것은 아니다. 강수전에 출현한다.) 이 밖에도 많은 연구자들이 삼국사기에 임나라는 지명이 나오지 않는 이유를 두고 다양한 의견을 제시하였다.

필자의 의견은 간단하다. 삼국사기에 '임나'라는 단어가 (거의)출현하지 않는 것은 신라가 임나라고 부르지 않았기 때문이다. 임나에 담긴 고대한국어의 의미를 감안하면 당연한 귀결이다. 이 또한 임나의 실체를 알려주는 유의미한 단서라고 확신한다.

임나(任那)는 한자나 일본어로는 특별한 의미를 포착할 수가 없다. 고대한국어이기 때문이다. 즉 '임의 나라'를 뜻하는 고대한국어 발음 '임나(imna)'에서 그 소릿값을 한자로 표기한 것이 '任那'인 것이다. 고대한국어로 '임(im)'은 '님' 또는 '임금'을 뜻하므로 한자로는 '주(主)'로 표현할 수 있다. '나(na)'는 내〈川〉 또는 나라〈國〉의 의미를 담았다고 풀이된다. 결국 '임나=임의 나라'이니 주국(主國), 본국(本國), 본향(本鄕), 맹주국(盟主國), 중심국(中心國) 등의 의미를 지닌 고대한국어라고 보아야 가장 합리적으로 해석된다. 이런 해석은 특정인을 거론할 필요가 없을 정도로 여러 국내 연구자들이 제기한 바 있다.[63] 당

---

62. 이덕일, 동아시아 고대사의 쟁점, 만권당, 2019, pp50~51.
63. 김정학, 가야경성신고(加耶境城新攷), 부산대학교논문집21, 1976.

시 임나인들도 자신들의 나라를 한자로 표기할 때 '본국(本國)'이라고 썼다고 생각되는데 나름의 자부심이 물씬 담긴 국명이라고 하겠다.(AD 479년 가라국 하지왕(荷知王)이 중국 남제(南齊)에 조공하고 '본국왕(本國王)'이라는 왕호를 받은 사실에서 추정한다. 고대한국어 '임나'를 한자어로 번역한 단어가 '본국'이라고 간주한다.)

임나의 유래와 관련하여 김해의 금관가야(金官伽倻)가 스스로를 본가야(本加耶)라고 지칭한 사실이 주목된다. 국호 앞에 '본(本)'이라는 관형사를 붙인 것은 가야권역의 맹주국임을 표현한 것이 분명하다. 이렇게 볼 때 '본가야'는 곧 '임나가라'와 같은 말이었다고 짐작된다. 임나가라에서의 '임나'는 본국, 맹주국, 중심국을 뜻하는 일종의 관형사이다. 임나는 미칭(美稱) 내지 우호(優號)인 만큼 '임나가라'는 그렇게 불리기를 희망한 세력이 스스로 채택한 용어라고 하겠다. 반면 인접국으로서 '임나'의 의미를 정확히 알았던 신라는 적대국을 임나라는 좋은 이름으로 부르지 않았던 것이다.

초기신라와 최초임나(왜)와의 악연을 다시 한번 떠올려 보자. 건국 초기 신라(사로국)의 라이벌은 임나였다. 양측은 고(古)울산만과 태화강을 경계로 남과 북에 위치하며 오랫동안 다투었다. 우호의 기간도 없지 않았지만 기본적으로는 갈등관계였다. 어린 신라가 소규모 읍락국가에서 고대국가로 성장하기 위해서는 동해남부 지역 정복은 필수였다. 경주평야에서 출발한 내륙국 신라가 해상진출을 목표로 세력을 확장하는 과정에 타격을 받은 불운한 지역이 최초임나인 셈이다. 신라는 울산항을 확보한 데 이어 한중일 해상로의 길목에 위치한 부산항을 노리고 줄기차게 남진정책을 폈던 것이다. 일본서기 계체(繼體) 23년(AD 529년) 3월의 기사는 신라가 이사부(異斯夫)를 보내어 부산일대를 최종 정복한 사건을 암시한다.(일본서기가 신라를 왜의 번국으로 묘사한 것은 왜곡이지만 이사부의 군사행동 자체는 신뢰할 만하다.)

"이에 따라 신라는 상신 이질부례지간기(이사부)를 보내 군사 3천 명을 거느리고 와서 (천황의)칙언을 듣고자 청하였다…(중략)…상신이 4개 마을(금관, 배벌, 안다, 위타의 4개 마을이다. 어떤 책에서는 다다라, 수나라, 화다, 비지 4개 마을이라 한다.)을 약탈하고 사람들을 모두 이끌고 자기나라로 돌아갔다.(由是 新羅改遣其上臣伊叱夫禮智干岐 率衆三千 來請 聽勅…(중략)…上臣抄掠四村〈金官.背伐.安多.委陀 是爲四村 一本云 多多羅.須 那羅.和多.費智爲四村也〉盡將人物 入其本國)"[64]

신라가 부산을 완전장악하고 3년이 지난 후인 AD 532년, 금관가야 구형왕은 신라 법흥왕에게 항복한다. 신라의 부산정복이 지닌 정치적 비중을 짐작케 해주는 대목이다.

고대 부산항의 가치

부산항은 대마도와 가깝고 일본열도로 진입하기가 가장 유리한 항구임에도 불구하고 사학계에서는 고(古)김해항보다 주목도가 낮다. 고대사학계가 김해를 더 주목한 것은 삼국지의 기록 때문이다. 즉 낙랑에서 일본열도로 가는 항로에서 한반도의 최종 출발지는 김해였고 부산항은 언급이 없기 때문이다. 서

---

64. 전용신 역, 일본서기, 일지사, 2006, pp299~300.

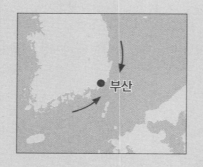

쪽에서 접근해 온 낙랑·대방 등 한(漢)군현 입장에서는 부산까지 갈 필요 없이 김해에서 대마도로 향하는 것이 최단항로이다. 그렇지만 신라가 남해안이나 일본열도로 힘을 투사하기 위해서는 동해와 남해의 결절점(結節點)에 위치한 부산항은 반드시 확보해야 할 항구였다. 남쪽으로 영토를 확장하고 한중일 황금해로의 이권에 개입하기 위해 신라는 국초부터 부산방면으로의 진출을 줄기차게 시도하였다고 여겨진다.

반면 최초임나 입장에서도 경주분지를 정복해 자신들의 농경지로 삼는다면 국가발전에 크게 유리할 터였다. 일찍부터 '왜인'으로 불렸던 남울산·부산 일대의 선주(先住) 해변인들은 초기신라의 세력확장에 직접적인 영향을 받을 수밖에 없었다. 두 세력의 충돌은 정해진 경로였고 격렬한 투쟁은 불가피하였다. 신라본기에 다수 출현하는 왜 침공 기록은 신라의 남하에 동해남부 해변인들이 어떻게 대처했는지를 보여주는 증거라고 할 수 있다. 그러나 총체적인 국력에서 밀린 최초임나는 점점 남쪽으로 쪼그라든다. 김해의 금관가야는 낙동강이라는 천연의 장벽 덕분에 신라의 팽창에도 한동안 버틸 여력이 있었지만 태화강 남쪽의 동해안은 신라와 인접했던 탓에 곧바로 타격권 내에 들어가게 마련이었다. 지리적 근접성이 불리하게 작용한 사례라할 것이다.

신라와의 충돌과정에서 살아남은 동해남부인들에게는 결국 2가지 선택만이 기다리고 있었다. 신라백성으로 동화되는 길과 신라의 촉수가 닿지 않는 곳으로 도피하는 길이었다. 도주를 선택할 경우의 대안지로는 한반도 서남해안과 일본열도가 있겠는데, 바닷길로 곧장 이어지는 열도가 더 선호되었다고 여겨진다. 물론 모든 임나인이 하루아침에 터전을 버리지는 않았을 것이다. 갈수록 열악해지는 삶의 환경 속에서 열도로의 이주행렬은 장기간에 걸쳐 이어진다. 정든 고향을 떠나야 했던 임나인들은 이제 '열도왜'가 되어 신라에 대한 적개심과 복수원념을 불태웠을 것이 틀림없다. 신라 또한 열도왜가 자신들을 저주하는 것을 잘 알고 있었다. 양측 간 우호의 여지는 점점 줄어들었다.

신공황후의 이름 '기장벌 계집'의 의미는?

비류백제 일본정복설을 주창한 김성호는 기장족희(氣長足姬)란 이름을 가진 일본서기의 신공황후가 '기장발(=벌) 계집'이라는 뜻이라고 풀이한 바 있다.[65] 기장(氣長)은 현재 부산의 동해변에 위치한 기장군(機張郡)과 소릿값이 통한다. 결국 동해남부 해안의 기장 출신 후예들이 신라에 대한 복수심을 담아 만든 설화가 '기장벌 계집(=신공황후)의 신라정복설'이라는 논리이다. 기장벌 계집의 복수원념이 일본서기에 채록될 정도로, 동해남부 해안일대가 일찍부터 신라와 적대시했다는 것이 김성호의 시각인 셈이다. 흥미로운 가설이다.

훗날 일본국이 되는 '열도왜'는 신라와는 거의 대부분의 기간 동안 앙숙이다. 일본서기를 보면 왜와 가야는 한 몸, 일체라는 느낌을 주며 백제와는 친밀한 관계이다. 반면 신라는 시종일관 적대적인 대상으로 묘사돼 있다. 삼국사기

---

65. 김성호, 비류백제와 일본의 국가기원, 지문사, 1984, p186.

를 보더라도 신라는 왜를 무척이나 미워하고 경계하고 있다. 신라가 한반도를 통일하며 승리한 반면, 패배한 백제와 가야계 후손들이 열도의 중추를 이뤘기 때문이라는 후대의 역사만으로는 설명이 부족하다. 신라와 왜는 처음부터 경쟁관계, 적대관계였고 그 점이 양측의 역사적 DNA에 깊숙이 스며든 탓으로 여겨진다. 수백 년에 걸쳐 일본열도에 정착한 여러 종족·집단 가운데 신라에 대한 적개심을 가장 먼저, 가장 강하게 피력하기는 단연 최초임나 출신으로 짐작된다.

신라는 '임나'의 의미를 정확히 알고 있었다. 임나는 좋은 뜻을 지닌 아름다운 국호〈優號 우호〉이다. 그러므로 신라는 자신들이 새로 획득한 동해남부를 '임나'라고 지칭하지 않았고 그렇게 간주하지도 않았다. "우리를 괴롭히던 해변(왜)놈들 땅이 임나(본국)라고?… 말도 되지 않아."라는 것이 신라인들의 시각이었을 것 같다. 필자는 삼국사기에서 '임나'라는 지역명이 삭제된 것은 신라가 외면하고 금기시한 때문으로 풀이한다. 신라는 국초에는 '왜'라는 멸칭으로 최초임나를 지칭하였고 중기 이후에는 '가야'라는 중립적인 국명으로 거론했을 뿐 임나라는 미칭은 붙이지 않은 것이다.

이런 사례는 현대에서도 쉽게 찾을 수 있다. 6·25 전쟁 기간 대한민국 정부는 자신들과 싸운 상대를 '조선'이라고 부르지 않고 '북괴'라고 지칭하였다. 이북 정권도 대한민국의 정식국호 대신 '남조선 괴뢰'라고 불렀다. 서로 싸우는 적대국이 정식국명으로 지칭하는 경우는 오히려 드물다. 이런 이유로 임나와 가장 밀접하게 접촉한 신라의 기록에 임나라는 지역명이 모조리 사라지게 된 것이다. 신라가 입에 담지 않았다는 점에서 임나는 '본국, 중심국'의 의미를 지닌 아름다운 국호임을 역설적으로 시사받게 된다. 강수전(強首傳)에 '임나가량(任那加良) 출신'이란 기록이 남은 것은 강수를 미화하는 과정에서 검열의 잣대가 느슨해진 결과로 짐작된다. 임나가량 내지 임나가라는 '본(本)가야'라는 뜻이다.(강수는 김해김씨 금관가야 후예로서 최초임나(남울산·부산)의 후예는 아니다. 금관가야가 임나를 칭한 것은 또 다른 이유가 있다. 한반도에서 임나는 가야맹주국의 상징으로 변모하는데 금관가야가 임나국 지위를 자칭한 것이다. 이 점은 뒤에서 다룬다.)

신라에게 배척된 지역명 '임나'는 가야권과 일본열도에서는 살아남는다. 하지만 그 의미는 완전히 달라진다. 가야에서 말하는 임나와 열도에서 말하는 임나가 서로 다를 뿐 아니라, 시대별로도 임나의 의미는 달라졌다. 글자는 동일하지만 내용 면에서는 정신없이 바뀌어나간 탓에 '임나'의 실체를 파악하기란 결코 만만한 도전이 아니다.

'최초임나=초기왜=초기가야'라는 등식의 성립

고울산만 남쪽의 동해남부 해안을 최초임나라고 간주하다 보면 한 가지 의문이 생겨난다. 필자는 앞(1장, 2장, 7장)에서 초기신라를 괴롭힌 '최초의 왜땅'은 남울산·부산일대와 대마도 해역이라는 주장을 수차례 설파하였다. 그러고 보니 최초임나는 최초왜와 지리적으로 겹쳐지게 된다. 바로 그것이다. 임나와 왜는 전혀 다른 존재처럼 보이지만 그 출발지점은 일치한다. '최초의 왜는 곧 최초의 임나'라는 것이 필자의 주장이다.(물론 AD 4세기 이후에는 왜와 임나가 완전히 달라진다.)

동일한 정치체의 이름을 다르게 부르는 일은 흔히 있는 일이다. 한반도 북부에 자리잡고 있는 현실적인 정치체의 이름은 '조선민주주의인민공화국'이다. 즉 자칭은 조선이다. 그러나 그 남쪽에 위치한 대한민국에서는 '북한'이라고 부르니 타칭인 셈이다. 1948년 이후 1980년대까지는 '북괴'라는 멸칭으로도 불렸다. 결국 조선과 북한, 북괴는 동일한 국가의 다른 이름이다. 고대에도 비슷하였다. 광개토대왕 비문을 보면 고구려는 백제(百濟)를 백잔(百殘)이라고 비하하고 있다. 백제와 백잔은 같은 국가를 지칭하는 용어이다. 임나와 왜도 그러하다. 임나가 조선·백제 같은 좋은 이름이라면 왜는 북괴와 백잔 등의 멸칭이다. 임나는 좋은 의미를 담은 미칭(美稱)이자 자칭(自稱)이었던 반면 왜는 비하의 뜻을 담은 멸칭(蔑稱)이자 타칭(他稱)이라는 것이 필자의 판단이다.

이런 점을 염두에 둔 채 최초임나(=초기왜)가 어떤 존재인지 그 본질을 탐색할 필요가 있다. BC 1세기 이후, 경주신라와 최초임나(남울산·부산)는 격렬하게 투쟁하였다. 국경을 마주한 초기신라와 최초임나는 규모가 비슷한 데다 국가발전을 위해서는 상대지역으로의 확장이 불가피했기 때문이다. 하루가 멀다 하고 싸우는 최초임나를 신라는 우호(優號)인 '임나' 대신 '왜놈'으로 멸칭하며 적대시했다고 보는 것이다.

고울산만 남쪽에서 부산과 대마도에 이르는 지역은 해양문화와 농경문화가 병존하는 땅으로 발전하였다. 바다에 기대어 살아온 해인족의 전통에다 해안평야를 중심으로 농경문화도 제법 이식되었던 덕분

이다. 부산과 울산의 해안에서 광범위하
게 발견되는 지석묘는 농경화의 생생한
증거이다. 농경과 어로를 함께하는 이곳
의 반농반어민(半農半漁民)들은 한반도에
서 일본열도로 '자력 이주'할 수 있는 역
량을 갖춘 드문 집단이었다. 게다가 지리
적으로도 열도와 가장 가까웠다.

고대 영남 동부지역 정치질서

　동해남부 해변인들은 일찍부터 한반
도의 다른 해안은 물론이고 규슈와 혼슈
등지와 교류하며 넓은 시야를 지니고 있었다. 이곳의 농경해인족 가
운데는 열도로 향한 무리가 없지 않았을 것이다. 열도로의 도해를 평
화로운 이주로 한정할 이유는 없다. 최초임나 지역은 신라의 건국
초기부터 격렬히 전쟁하였고 궁극적으로는 패배하였다. 신라장군
거도(居道)의 '마희(馬戲) 전설'에서 보듯 신라는 부산 인근에 위치한 거
칠산국과 장산국 등의 소국을 줄줄이 멸망시켰다. 신라의 거센 공격을
받은 동해남부 해변인들 중에는 살해되거나 신라백성으로 통합된 경
우도 있지만 일본열도로 도주한 사람도 적지 않았을 것이다.

　도해의 경위야 어떠하든 열도로 이주한 남울산·부산지역 출신들
은 '한동안' 옛 고향을 본국이라는 뜻이 담긴 '임나'라고 불렀던 것 같
다.('한동안'이라는 단서를 붙인 것은 세월이 흘러가면서 열도인들이 임나
라고 부르지 않는 현상이 나타나기 때문이다. 앞에서 언급한 '⑤ 〈일본서
기 수인 2년조〉 임나를 미마나로 훈독함을 알려주는 기사'가 대표적인 사
례이다.) 고향을 떠난 사람들이 조상이 살던 옛터를 본국으로 부르는

것은 자연스러운 설정이다. 일본으로 이주했던 임나인 중에서도 교역 등을 위해 고향땅을 다시 찾는 일은 수시로 일어날 수 있다. 열도로 진출한 무리와 접촉했을 동해남부 주민들도 자신의 고장을 (열도와 비교해서)본국, 즉 임나라고 내세우는 것 역시 합리적인 추론이다.

그런데 '최초임나=초기왜'라는 결론에만 머무를 수가 없다. 신라 초기의 '가야' 기록도 예사롭지 않기 때문이다. 삼국사기 신라본기 파사이사금(재위 AD 80~112) 조를 보면 신라는 가야(加耶)와 금관국(金官國)을 구분하고 있다. 상식적으로는 이 시기의 가야는 곧 금관국을 말한다고 여기지만 신라는 양자를 별개 나라로 보고 있는 것이다. 적어도 초기신라에게는 가야와 금관국이 다른 나라로 간주됐다는 뜻이다. 이 점은 임나와 한반도왜의 실상을 알게 해주는 중대 포인트이므로 조심스럽게 접근해 볼 필요가 있다. 금관국과 구분되는 이 '초기가야'는 도대체 누구일까? 초기가야는 신라의 '남쪽 국경'을 주로 공격하고 있으니 신라의 서쪽에 위치한 대가야도 아니다.

〈파사이사금 15년(AD 94) 2월〉
"가야적(加耶賊)이 마두성(馬頭城)을 공위하므로 왕이 아찬 길원을 보내어 기병 1,000명을 이끌고 쳐서 쫓았다…(加耶賊圍馬頭城 遣阿湌吉元將騎一千 擊走之…)"

〈파사이사금 17년(AD 96) 9월〉
"가야인이 남쪽국경을 습격하므로 가성(加城)의 성주 장세(長世)를 보내 막게 하였더니 적에게 죽임을 당하였다. 왕이 노하여 용사 5천 명

을 거느리고 나가 싸워 적을 깨뜨리니 노획이 매우 많았다.(加耶人襲南
鄙 遣加城主長世拒之爲賊所殺 王怒率勇士五千出戰敗之虜獲甚多)"

〈파사이사금 18년(AD 97) 정월〉
"(신라가)군사를 일으켜 가야를 치려 할 때 그 국왕이 사신을 보내어
죄를 청하므로 이에 그만두었다.(擧兵欲伐加耶其國王遣使請罪乃止)"

〈파사이사금 23년(AD 102) 8월〉
"음집벌국이 실직곡국과 지경을 다투어 신라왕에게 와서 재결을 청하
므로 왕이 이를 난처히 여기어 이르되 금관국(金官國) 수로왕이 연로하
고 지식이 많다 하여 그를 불러 물었더니 수로가 다투는 땅을 음집벌
국에 속하였다…(音汁伐國與悉直谷國 爭疆詣王請決 王難之謂 金官國首露王
年老多智識召問之 首露立議以 所爭之地屬音汁伐國…)"

위의 기사들은 불과 수년 간격으로 출현한 만큼 '가야'와 '금관국'
은 별개의 정치체라고 여겨진다. 특히 금관국은 초기신라에게 호의적
인 대상인 반면 가야는 적대적인 나라로서 엄연히 구분이 된다. 수로
왕이 다스리는 금관국은 김해 금관가야가 분명하다. 그렇다면 초기신
라가 '가야'라고 지칭한 적대세력은 어느 나라일까? 초기신라의 남쪽
경계는 울산의 태화강 정도에 그쳤다고 여겨진다. 그랬던 만큼 경주
신라는 낙동강 서쪽에 위치한 김해의 금관국과는 직접적으로 접경하
지 않았다고 여겨진다. 경주신라와 김해 사이에 또 다른 소국이 존재
하였다는 말이다. 경주와 김해 사이에 위치하면서 초기신라와 수시로

적대관계
협력관계

신라
가야
금관국

신라 초기 소국 관계(삼국사기 기록)

다투는 '남쪽의 적대국 가야'의 소재지로는 남울산·부산광역시 외에는 상정하기 힘들다.

원교근공(遠交近攻)은 동서 고금을 막론하고 거의 대부분의 국제관계에서 관찰되는 일종의 외교법칙이다. 원교근공의 원리에서 볼 때 초기신라와 국경을 접하지 않고 있던 김해 금관국은 협력의 대상이 될 수 있는 반면 국경을 접한 가야와는 갈등이 잦게 마련이다. 지경이 경주 인근에 머물렀던 파사이사금 시절에 가야를 남방의 적대세력으로, 김해 금관국을 협력대상으로 언급하고 있는 신라본기 기록들은 그래서 신뢰성이 높다고 하겠다.

그렇게 보면 가야는 '최초왜' '최초임나'와 지리적으로 겹쳐진다. 즉 초기신라가 가야적(加耶賊)이라고 지칭한 세력은 곧 최초왜이자 임나의 또 다른 표현으로 여기는 것이다. 그런데 어째서 왜와 임나가 아닌 가야라는 또 다른 국명이 출현한 것일까? 신라인의 관념상 변화를 감안하면 충분히 이해가 된다.

신라가 나라꼴을 갖춰나가던 초기의 기록들을 보면 가장 많이 접촉한 외부세력은 '왜'이다. 개인이든 국가이든 가까운 상대와의 접촉이 잦게 마련이다. 경주와 북울산 일대를 기반으로 한 초기신라가 가장 먼저, 또 가장 빈번하게 접촉할 대상은 동해남부의 해상세력이었을 것이다. 소금 등 해변의 산물을 획득하고 멀리 떨어진 지역과의 해상교류를 위해서 경주신라는 동해로 진출할 필요성이 다분하였다. 그러니 동해쪽 세력과 자주 접촉하게 마련이었고 갈등 또한 많았을 것이다.

거듭 말하지만 초기신라는 동해변의 이질적인 정치세력을 '왜'라고 불렀던 것 같다. 결국 삼국사기 신라본기 초기에 등재된 왜 관련 기사들은 경주신라가 동해안의 해상세력과 접촉하고 갈등한 내용들로 사료된다. 관련 기록은 한동안 신라왕실 내에서 '왜'와의 접촉사례로 고스란히 전승되었을 것이다. 그런데 기록이 후대로 전승되는 와중에 문제가 생겼다. 신라인의 머릿속 관념에서 '왜'의 의미가 크게 달라진 때문이다. 최초의 왜는 경주에서 멀지 않은 동해안을 뜻하였으나 점차 남해안을 거쳐 일본열도를 지칭하는 단어로 변모하였다.(왜 인식의 변화에 대해서는 7장에서 충분히 다뤘다.) 초기신라와 수없이 갈등하였던 동해남부 지역, 즉 남울산·부산 일대가 신라지경에 포함되면서 왜 땅에서 이탈된 것이다.

예전에는 왜로 불렸던 남울산·부산세력을 지칭할 단어가 마땅치 않게 된 상황에서, 훗날의 신라왕실이 과거사를 정리할 때 일부 전승에 대해서는 가야라는 지명으로 대체하였던 모양이다. 즉 초기왜와 초기신라 사이의 수많은 접촉 기록 가운데 해상을 통한 침탈은 열도인의 소행이라고 착각해 '왜의 침공'으로 그대로 남겨둔 반면, 마두성(馬頭城)과 남비(南鄙 남쪽국경) 등 육로를 통한 접촉은 '열도왜'의 소행이 될 수 없다는 관념에서 침공세력을 '가야'로 바꿨다고 짐작된다. 그 결과 초기의 경주신라가 남울산·부산·대마도 세력과 접촉한 전승기록 가운데 해상을 통한 접촉은 대부분 '왜'의 소행으로 남게 된 반면 육지를 통한 접촉 가운데 일부는 '가야'로 대체된 것이다. 위에서 적시한

파사이사금 시절, 가야와의 전쟁기사들이 그에 해당된다.

특히 남울산·부산 일대는 AD 4세기까지 범(汎)가야의 영역으로 간주되니 '가야적(加耶賊)'이 완전히 틀린 표현은 아닌 셈이다. 남울산·부산 지역이 일찌감치 신라에 포함됐을 것으로 보는 학자도 있지만 토기와 무구류 등을 근거로 부산지역은 4세기 이전까지 범(汎)가야 영역으로 보는 의견이 우세하다. 양산만 하더라도 450년 이후에는 신라 영역이 분명하지만 그 이전에는 가야설과 신라설이 엇갈릴 정도이다. 내륙인 양산은 논란이 있을 수 있지만 해안지역인 부산은 4세기 이전까지는 신라가 아닌 가야영역으로 간주된다. 부산 복천동의 가야고분은 한때 이곳에 금관가야와 대등한 수준의 군사강국이 존재하고 있었음을 시사한다.

남울산·부산 일대에 자리잡았던 세력은 스스로를 '임나'라고 자칭하였다고 여겨진다. 앞서 언급했듯이 '임나'는 임의 나라〈主國 주국〉, 본국, 중심국의 의미를 담고 있는 미칭(美稱)이다. 스스로를 미칭으로 부르는 것은 자연스럽다. 그런데 인접한 신라는 임나의 의미를 정확히 알고 있었다. 신라로서는 '미운 왜놈들'을 미칭으로 불러줄 이유가 없고 그럴 생각도 없었다. 남울산·부산에 사는 사람들은 스스로를 '임나'라고 이름 붙였지만 신라는 결코 임나라고 부르지 않았다. 처음에는 '왜'라고 적다가 왜의 지리적 개념과 지칭 대상이 달라진 이후에는 '가야'로 기록했다고 짐작된다.

결과적으로 BC 1세기~AD 1세기 단계에서 임나는 곧 가야이고 왜인 것이다. 최초임나=초기가야=초기왜라는 등식이 성립한다는 뜻이니 3개의 이름은 동일한 대상(동해남부 지역)을 지칭하는 다른 명칭이었다고 할 수 있다. 최초임나를 당당하게 해석하면 초기가야이고 초기왜라는 것이 필자의 주장이다. 광개토대왕 비문에 출현하는 임나(가라)는 왜가 아니고 왜와 연합한 세력일 뿐이라고 풀이하는 것은 왜(倭)라는 한 글자를 배척해 보려는 (눈물겹지만)헛된 노력이다. 신라인의 인식체계에서 '임나=왜'라는 등식은 짧게는 AD 2세기, 길게 보면 AD 4세기까지 이어진 듯하다.

"본국에서 물 건너 땅으로"…일본에서 격하된 임나

한(韓)이나 가라(加羅), 왜(倭) 등과 마찬가지로 임나는 시간의 흐름과 함께 그 의미와 주체에 많은 변화가 생겼다. BC 1세기경 최초단계의 임나와 AD 6세기의 임나는 엄연히 다르며 한반도에서 말하는 임나와 일본에서 생각하는 임나도 차이가 있음을 염두에 두어야 한다. 찬찬히 살펴보자.

한반도에서 가장 먼저 일본열도로 건너간 사람들의 고향은 대한해협을 마주하는 동해남부 해변으로 보아야 합리적이다. 그런데 열도로 진출한 초기, 남울산·부산 출신 이민1세대에게 예전 고향은 외국이 아니다. 그러므로 '신라'나 '백제'처럼 국호를 붙여 부를 이유가 없다. 원래 살던 땅은 본국(本國)이니 자신들의 고유어로 '임나'라고 부르는 것이 자연스럽다. 애초의 임나는 특정지역이나 국가를 지칭하는 고유명사가 아니라 고향·본국을 뜻하는 고대한국어의 보통명사였다는 풀이이다. 가장 먼저 열도로 간 사람들의 고향을 뜻하는 단어로 '임나'가 출현하였다고 본다면 최초임나는 열도와 가장 가까운 동해남부로 간주해야 합리적이다.

그런데 앞(p235)의 ⑤기사처럼 임나(imna)를 미마나(mimana)로 훈독하면 그 무게가 달라진다. 미마나가 무슨 뜻인지에 대해서는 숭신천황의 이름에서 유래했다는 등의 여러 설이 분분하다. 필자는 고대한국어로 '미=물〈水〉' '마=마주하다' '나=나라, 땅'으로 보아서 '물(바다)을 마주보는 땅'이란 뜻의 합성어로 풀이해 본다. 즉 '대한해협 반대편에 위치한 땅'이라는 지명이 되는 것이다. 본국·맹주국·중심국이 아니라 '물 건너 땅'으로 그 무게가 추락한 셈이다. 이는 열도인들이 가야(임나)를 더 이상 본국으로 대접하지 않는다는 의미인데, 한왜연합국이었던 숭신왜국에서 열도쪽의 위상이 임나를 능가하고 있음을 상징한다. 가야·왜 연합왕조의 중심세력이 열도로 건너간 이후 잔류세력인 임나를 격하하는 현상이라고 하겠다.(필자가 한왜연합왕국으로 간주하는 숭신왜국에 대해서는 본서 11장과 『한일 고대사의 재건축②』와 『한일 고대사의 재건축③』에서 본격적으로 서술한다.)

⑤의 일본서기 수인(垂仁)조 기사는 열도에서 임나를 '미마나'라고 훈독하며 본국으로서의 의미를 제거한 사실을 말해준다. 임나라는 단어의 무게를 일본열도에서 의도적으로 삭감시킨 것이다. 숭신천황의 이름 어간성(御間城)을 열도식으로 읽으면 '미마기(mimaki)'가 된다고 한다. 이를 따서 임나의 국호를 미마나(彌摩那)로 삼았다는 일본서기 수인천황조의 설명은 전후관계를 뒤집은 견강부회이다. 오히려 숭신천황이 임나(=미마나) 출신이기에 '미마기'라는 이름을 얻었다는 방증으로 해석해야 옳다.

대신 미마나가 지칭하는 범위는 남울산·부산 일대에서 가야권역 전체로 확장되었다. ⑥의 '총칭하여 임나라고 부른다〈總稱 任那〉'가 그 사실을 말해준다. 임나(미마나)가 남울산·부산이라는 좁은 지역을 지칭하던 데서 가야권역 전체를 의미하는 단어로 사용되기 시작했다는 의미가 된다. 이는 남울산·부산의 최초임나인 말고도 범(汎)가야권 출신이 대거 열도로 건너간 데 따른 당연한 의미확장으로 풀이된다.

농경화의 진전에 따라 김해와 함안, 밀양, 진주, 합천, 고령 등지에서도 수많은 농민들이 일본열도로 향하였을 것이다. 소국간 전쟁이 격화되면서 패배집단이 늘어난 탓과 함께 해인족의 농민포로 사냥도 상당한 몫을 점했을 것으로 4장에서 언급하였다. 이들이 일본에서 말하는 야요이농경민이 된다. 야요이농경민은 영남 남부, 즉 가야권 출신이 가장 많았다고 알려져 있다.

어쨌든 다양한 경로로 열도로 건너간 김해의 금관가야나 함안의 아라가야, 고령의 대가야, 합천의 다라가야 사람들이 자신의 출신지를 언급할 때 특정소국명을 내세우지 않고 '임나'를 사용하면서 변화가 생겨났다. 열도에서 만난 여러 가야소국 출신끼리 '나는 금관가야인, 너는 안라인, 그는 다라인'이라고 시시콜콜히 구분하지 않고 '임나 출신'이라는 지역적 동류의식을 갖게 됐다는 말이다.

이는 인간세상에서 흔히 볼 수 있는 자연스런 현상이다. 예를 들어보자. 서울에서 만난 시골출신들은 "고향이 어디요?"라는 질문을 받으면 경상도나 전라도, 충청도 출신이라고 대답할 것이다. 조금 상세히 말한다면 진주, 전주, 공주 등으로 답변하게 된다. 그런데 미국에서 같은 질문을 받으면 "나는 코리아에서 왔소."라고 답변하는 것이 당연하다. 한국의 지방체제를 모르는 외국출신에게 경상도나 전라도, 진주나 전주 운운하는 것은 바보스런 대답이 되기 때문이다. '외국에 나가면 애국자가 된다'는 말이 나온 배경도 잘 헤아려보면 개인이 평가받는 준거기준이 국가단위로 확장되기 때문으로 설명될 수 있다.

최초임나(남울산·부산)의 직속 후예가 아닌 금관국이나 아라국, 다라국 출신들도 일본열도에서 '범(汎)가야 출신'이라는 귀속의식을 지녔고 가야땅을 총칭하는 단어로 '임나'를 수용하였다는 말이다. 즉 열도에 건너간 가야권 출신들에게 '준거기준이 되는 고향땅'은 특정소국인 가라·아라·다라가 아니라 '가야 전체'로 인식되었고 본국·고국의 뜻을 지닌 대표용어로 굳어져 있던 '임나'를 수용한 것이다. 그 결과 임나의 지칭범위가 자연스럽게 가야권 전체로 확장되었다는 설명이다. 물론 임나의 지칭범위가 동해남부에서 전체가야로 확대된 과정은 단기간이 아니라 수백 년에 걸쳐 서서히 진행됐을 것이다.

어쨌든 임나가 가야전체를 의미하는 단어로 변모했다는 것은 '일본열도나 신라, 백제 등과 구분되는 특정지역'으로서 가야땅의 정체성이 확립됐음을 말한다. 일본서기를 보면 AD 4세기 후반으로 보정되는 신공(神功) 49년(369)의 가야·호남 평정기사에는 임나라는 표현은 없고 가라·안라·다라·탁순 등 7개의 개별 국호만 발견된다. 반면 5세기 후반인 웅략천황 기사에는 임나국사(任那國司)·임나왕(任那王) 등 임나가 들어간 용어가 확인되는데, 이후 가야권역 전체를 지칭할 때는 임나라고 적고 있고 가라(加羅), 또는 안라(安羅) 등은 특정소국을 지칭할 경우에만 쓴다.

"본국이자 맹주국"…가야권에서 격상된 임나

가야땅에서 계속 살아간 현지인들에게 임나의 의미는 더욱 각별하였다. 가야 현지인들은 규슈와 혼슈 일원에서 생겨난 소국들에 대해 '우리가 임나'라는 우월의식을 피력하였을 것이다. 한반도에 위치한 가야가 본국, 중심국이고 열도에 터전을 잡은 새로운 집단은 분국(分國), 주변이라는 생각이다. 결국 한반도에서 임나라는 용어는 '지방이나 분국과 대비되는 중앙 또는 본국'의 개념으로 출발한 것이다.

그런데 세월의 흐름과 함께 가야지역 내부에서도 임나의 의미와 활용 양상이 달라진다. 가야권역에서 임나는 점차 남울산·부산을 의미하는 지리적 용어에서 맹주국을 지칭하는 정치적 용어로 바뀌어 나간 듯하다. 거듭 말하지만 최초의 임나는 남울산·부산지역의 별칭이자 미칭이었다. 진한(신라)인들이 '왜'라고 비하했던 지역이다. 이곳은 신라의 팽창에 따라 정치적으로 몰락하였고 가야권역 대표의 위치를 상실하였다. 세월은 무섭게 흘러갔고 임나라는 단어는 점차 '맹주국'의 의미로 널리 회자되었다. 동시에 임나의 주체에 변화가 생겼다. 김해지역에 자리잡은 금관가야가 임나임을 자처하는 시점이 온 것이다.

①기사의 광개토대왕 비문에 출현하는 '임나가라'라는 표현은 매우 중요한 대목이다. 비문의 '임나가라'에서 '임나'는 국명이 아니라 '가라국'의 정치적 위상을 수식하는 관형사로 쓰인 경우이다. 임나가라에서의 임나는 본가야의 '본'이나 금관가야의 '금관'에 비견된다고 하겠다. 임나가라에서 관형사로 쓰인 '임나' 역시 고대한국어로 풀이하여야 한다. 한문으로는 그 의미가 분명하지 않기 때문이다. 혹자는 '맡

길 임(任)'자에 주목하여 '맡긴 땅, 맡겨둔 땅'이나 '봉토(封土)·봉지(封地)' 등으로 풀이하기도 하는데[66] 필자는 동의하지 않는다. 만약 그랬다면 '임(任)'만 의미가 담긴 한자(漢字)로 쓰고 '나(那)'는 의미없는 글자로 조립했다는 말인데 자연스럽지 못하다. 봉토·봉지의 의미를 담고자 했다면 임나라는 말보다 임지(任地)·임국(任國) 등으로 적는 것이 자연스럽다. '땅 지(地)'나 '나라 국(國)'은 결코 어려운 한자가 아니고 상용글자이기에 그러하다.

광개토대왕 비문에 출현한 '임나가라'가 금관가야의 별칭인지 부산지역 소국명인지를 놓고서도 학계 의견이 엇갈린다. 금관가야가 어느 순간부터 임나가라로 자칭하는 것이 분명해 보이지만 그 구체적인 시점은 특정할 수 없기 때문이다. 비문의 임나가라가 금관가야의 별칭이냐 부산 인근의 소국명이냐에 따라 '종발성(從拔城)'의 위치도 달라지게 된다. 여기서 ③의 진경대사탑 비문에 나오는 "그 선조는 임나왕족 초발성지이다.(其先任那王族草拔聖枝)"라는 구절을 다시 살펴보자. 초발성지를 액면대로 해석하면 "그 선조는 임나왕족으로 풀에서 성스러운 가지를 뽑았다."가 되는데 의미가 통하지 않는다. 오히려 초발(草拔)이 종발(從拔)과 음가가 통하는 점에 착안하여 임나가라의 수도로 보면 문맥이 자연스럽다. 종발(從拔) 내지 초발(草拔)의 정확한 의미는 파악하기 힘들지만 발(拔)은 '어떤 벌판'을 뜻하는 음차라고 짐작된다. 누런색 벼가 익어가는 '황금바다'의 의미를 지닌 김해(金海) 벌판의 어

---

66. 주보돈, 가야사 새로 읽기, 주류성, 2017, pp142~148. 서동인, 미완의 제국 가야, 주류성, 2017, p216.

원이 아닐까 여기는 것이다. 이렇게 보면 진경대사탑 비문은 "그 선조는 임나왕족, 즉 초발의 성지(聖枝 성스러운 일족이라는 뜻)이다."라고 매끄럽게 해석된다. 특히 금관가야 수장층의 무덤인 김해 대성동고분이 5세기 초부터 규모가 축소되는 점을 감안하면 AD 400년 괴멸적 타격을 받은 세력은 금관가야로 짐작된다. 따라서 광개토대왕 비문의 '임나가라'는 부산의 소국이 아니라 금관가야를 의미한다는 학계의 다수설에 필자도 동의한다.

임나가 가라(금관가야)와 구분되는 소국의 국호라는 ④, ⑦의 기록과 ①의 '임나가라'에서 확인되는 '임나'는 그 성격이 확연히 다르다. AD 400년 즈음의 가야권역에서 임나의 의미에 큰 변화가 생겼음을 보여주는 명백한 증거이다. 필자는 광개토대왕 비문의 '임나'는 본국·맹주국·중심국을 뜻하는 정치적 관형사로 해석한다. 본가야(本加耶)라는 금관가야의 별칭이 곧 임나가야를 뜻한다고 판단한다. 고대한국어 '임나'를 한자로는 '본(本)' 내지 '본국(本國)'으로 표현한 것이다. AD 479년 가라국 하지왕(荷知王)은 중국 남제(南齊)에 조공하고 '보국장군 본국왕(輔國將軍 本國王)'이라는 왕호를 받는데, 본국왕은 '임나왕(任那王)'을 순수 한문투로 표현한 것이라고 필자는 풀이한다.(하지왕이 금관가야 국왕인지 대가야 국왕인지를 두고 의견이 팽팽하다. 필자는 금관가야라고 풀이한다. 이 점에 대해서는 11장 '숨겨진 존재, 임나일본부 파견주체'에서 상세히 다룰 예정이다.)

대성동고분의 규모와 부장품을 볼 때 금관가야의 실력은 동래 복천동고분을 조성한 부산지역 소국(최초임나)을 압도한다. 김해 금관가야는 AD 400년 이전의 어느 시기부터 '임나'라는 단어의 독점권을 주장하며 '임나가라'라는 별칭을 내걸었다고 생각된다. 즉 금관가야는 부산지역이나 함안, 합천, 진주, 고령 등지에 자리잡은 가야소국들과 규슈 등지의 여러 분국들에 대해 스스로를 임나, 즉 본국이라고 주지시키며 주도권을 확립해 나갔다고 여겨진다.

지금까지 언급한 내용들을 정리해 보겠다. 고대한국어로 임나는 본국·고국·맹주국 등의 의미를 지닌 단어였다. 애초에는 남울산·부산 일대에서 일본열도로 건너간 사람들이 자신들이 살던 고향땅을 지칭하는 단어로 시작되었다. 그러나 시간이 흐르면서 열도의 정치세력은 임나를 '물 건너 땅'이란 의미를 지닌 '미마나'로 객관화시키는 대신, 규정범위는 가야권 전체를 뜻하는 지명으로 확장되었다. 반면 가야권역에서 임나는 남울산·부산 일대를 뜻하는 지명에서 본국·맹주국을 뜻하는 정치적 용어로 바뀌어나갔다. 그 결과 임나는 남울산·부산 일대를 지칭하던 데서 금관가야로 소유권이 넘어갔고, 금관가야는 맹주국임을 과시하는 차원에서 '임나가라'라는 별칭을 내세웠다고 여겨진다.

한마디로 한반도와 일본열도 두 지역에서, 또 시대흐름에 따라 각기 다른 의미로 임나라는 용어가 어지럽게 사용된 것이다. 그동안 한일 사학계는 지역별, 시대별로 다르게 활용된 임나의 의미를 구분해서 파악하지 못한 결과 필요 이상의 혼란을 겪은 셈이다. 지역별, 시대별로 의미상의 변화양태를 정리해 본 결과 임나의 실체는 보다 선명하게 포착된 셈이다.

10장
임나일본부(任那日本府)의
실체

 한일 고대사에서 가장 큰 갈등 요인은 '임나일본부(任那日本府)'이다. 이 다섯 글자 때문에 한일 간에 '고대사 백년전쟁'이 벌어졌고 나아가 한일 간 협력과 우애의 길마저 가로막혀 있다고 해도 과언이 아니다. 한일 고대사가 대체로 그러하지만 특히 임나문제는 '일본 공격, 한국 수비' 양상이 뚜렷하다. 일본서기에 야마토조정이 '임나일본부'라는 이름으로 한반도 남부를 지배했다고 기록돼 있으니 일본측은 이를 사실(史實)로 해석하며 공세적인 입장인 반면, 한국 역사학계는 날조 또는 과장왜곡이라고 방어하면서 이를 증명하기 위해 많은 애를 써왔다.

 임나일본부설을 극복하기 위한 한국 역사학계의 대응은 애처로울 정도로 눈물겹다. 열도 삼한분국설, 백제군사령부설(百濟軍司令部說), 안라왜신관설(安羅倭臣館說)에 이어 임나 규슈소재설, 임나 대마도설 같은 과감한 논리도 개발하였다. 그러나 반일(反日)에선 동일하지만 이병선의 '임나 대마도설'을 취하면 천관우의 '백제군사령부설'은 황당무계한 주장이 되는 등 서로 모순되는 논리가 난무하였다.

한국 학자 상당수는 임나일본부의 존재 자체를 부정하지만, 현재 한일 역사학계에서는 '임나일본부가 아주 짧은 기간, 지역적으로는 안라(함안)일대에만 존재했다'는 정도로 어정쩡한 타협이 이뤄진 상태이다. 하지만 고고학적 또는 문헌학상 새로운 변수가 생기게 되면 타협은 언제든지 무효화될 수 있다. 폭발력이 강한 임나일본부의 실체는 무엇인가? 이제 그 깊은 수렁으로 빠져들 차례이다.

임나일본부(任那日本府)의 등장

임나일본부 논쟁에서 핵심은 '임나'라는 지역명칭보다 '일본부(日本府)'라는 기관 명칭이다. 일본부라는 기구가 정말로 존재했는지를 놓고 한일 간 역사전쟁이 벌어졌기 때문이다. 일본부라는 이름은 일본서기 웅략천황기에 처음으로 등장한다. 신라가 고구려와 전쟁을 하다 밀리자 임나의 '일본부'에 도움을 요청했다는 내용이다. 신라와 고구려 간의 전쟁이 동화처럼 기술돼 있으니 역사적 사실로 받아들이기는 어렵지만 일본부라는 용어가 첫 출현하는 대목임을 감안해 인내심을 갖고 관련 기록을 살펴보자.

〈웅략 8년(AD 464) 2월〉

"천황이 즉위한 이래 신라국이 배반하여 조공을 바치지 않은 지가 8년이 되었다. 그리고는 천황의 마음을 두려워하여 고구려와 수호하였다. 이 때문에 고구려왕이 정병 100인을 보내 신라를 지키게 하였다…(중략)…신라왕이 고구려가 거짓으로 지켜주는 것을 알고 사자를 보내 국인들에게 달려가 '사람들이여 가내(家內)에 기르는 수탉을 죽여라'라고 알리게 하였다. 사람들이 그 뜻을 알고 국내에 있는 고구려인을 모두 죽였다. 그때 한 고구려인이 틈을 타 탈출하여 자기 나라에 도망쳐서 모두 상세하게 말하였다. 고구려왕이 즉시 군사를 일으켜 축족류성(筑足流城)에 주둔하였다. 가무하여 음악소리를 내니 신라왕은 밤에 고구려군이 사방에서 가무하는 것을 듣고 적이 모두 신라 땅에 들어온 줄 알았다. 그래서 임나왕에게 사람을 보내 '고구려왕이 우리나라를 정벌하였다. 이때를 당하여 우리나라는 매달려 있는 깃발과 같다. 나라의 위태로움은 누란의 위기보다 더하다. 명의 장단도 헤아릴 수 없다. 엎드려 일본부(日本府)의 장군들에 도움을 청한다'라고 말하였다. 이 때문에 임나왕은 선신반구(膳臣斑鳩), 길비신소리(吉備臣小梨), 난파길사적목자(難波吉士赤目子)에 권하여 가서 신라를 도와주게 하였다.(自天皇卽位 至于是歲 新羅國背誕 苞苴不入 於今八年 而大懼中國之心 脩好於高麗 由是 高麗王 遣精兵一百人 守新羅…(중략)…新羅王乃知高麗僞守 遣使馳告國人曰 '人殺家內所養鷄之雄者' 國人知意 盡殺國內所有高麗人 惟有遣高麗一人 乘間得脫 逃入其國 皆具爲說之 高麗王卽發軍兵 屯聚筑足流城 遂歌儛興樂 於是 新羅王 夜聞高麗軍四面歌儛 知賊盡入新羅地 乃使人於任那王曰 '高麗王征伐我國 當此之時 若綴旒然 國之危殆 過於累卵 命之脩短 太所不計 伏請救於日本府行軍元師等' 由是 任那王勸膳臣斑鳩.吉備臣小梨.難波吉士赤目子 往救新羅.)"67

---

67. 전용신 역, 일본서기, 일지사, 2006, pp 242~243.

위에서 보듯 '일본부(日本府)'라는 표현이 나온다. 이전에는 없던 기관 명칭이 느닷없이 출현한 것이다. 임나에 왜의 장군들이 소속된 군사령부가 존재하고 있는 것처럼 기술하고 있다. 5세기 후반 웅략기에 첫 출현한 일본부는 한동안 사라졌다가 6세기 초반인 계체 3년(AD 509)에 관련기사가 이어진다.

〈계체 3년(AD 509) 2월〉

"사자를 백제에 보냈다.〈백제본기에서 이르길 (사자의 이름은)구라마치지ｊ미(久羅麻致支彌)이며 일본에서 왔다고 하였다. 신원 미상이다.〉 임나의 일본현읍에 있는 백제의 백성 중 도망쳐온 자와 호적이 끊어진 지 3,4대 되는 자를 찾아내어 백제에 옮겨 호적에 올리게 하였다.(遣使于百濟〈百濟本記云 久羅麻致支彌 從日本來 未詳也〉括出在任那日本縣邑 百濟百姓 浮逃絶貫 三四世者 並遷百濟附貫也)"[68]

다른 대목들도 문제가 있지만 특히 위의 기사는 '임나의 일본현읍(在任那日本縣邑)'이란 표현을 사용하여 가야(임나)를 열도의 왜땅〈倭地〉처럼 묘사하는 '악성 왜곡'이기에 즉각 반박하지 않을 수 없다. 결론부터 말한다면 이 기사는 그 자체로 모순이다. 가야(임나)로 도주한 지 3,4대 흐른 백성까지 찾아내어 백제로 송환했다는 것은 백제에게 절대 유리한 내용이다.(고대국가의 국력 척도는 세금을 내고 노역을 제공할 백성이 얼마나 많으냐에 달려 있었다.) 즉 일본〈왜〉이 백제에 사자를 파

---

68. 위의 책, p288.

견하면서까지 도주해 온 백제인들을 송환토록 할 이유가 없다. 정상적인 경우라면 백제가 돌려달라고 해도 송환해 주지 말아야 한다. 결국 위의 기사는 고대국가의 작동원리와 모순된다는 점에서 사실관계를 정반대로 왜곡하고 있음을 스스로 노정하였다. 기록에 나오는 것처럼 이 기사의 원전은 백제본기가 분명한데, 실상은 백제가 6세기 초반에 가야를 압박하여 자국 백성을 송환해 간 사건으로 보아야 한다. 백제가 6세기 초, 가야의 뒷배이던 숭신왜국(야마토조정과 구분되는 가야계 왜왕조를 말한다. 숭신왜국의 의미는 이어지는 11장 '숨겨진 존재 임나일본부 파견주체'와 『한일 고대사의 재건축②』, 『한일 고대사의 재건축③』에서 집중적으로 서술한다.)이 약화되는 상황을 활용하여 임나사현과 기문·대사 등 가야 영토를 잇따라 탈취하는데 위의 기사는 땅을 잠식하기에 앞서 사람을 빼앗아 간 사건을 적시한 내용이다. 그런데 일본서기는 '일본현읍'이란 표현으로 가야를 왜의 일부처럼 슬쩍 왜곡한 다음 왜국은 도주해온 백제인을 일일이 조사해서 백제에 넘겨준 너그러운 나라로 이중왜곡을 한 것이다. 그러나 외교상식에 반하는 내용을 기술한 탓에 일본서기의 왜곡상은 저절로 드러나게 되었다.

임나일본부 기사는 6세기 중반인 흠명천황(欽命天皇) 조에 집중적으로 쏟아진다. 흠명 2년(AD 541) 4월 안라, 가라, 다라 등 가야제국의 수장급들이 임나일본부 길비신(任那日本府 吉備臣)과 함께 백제로 가서 천황의 조서를 들었다는 기사가 나온다.

〈흠명 2년(AD 541) 4월〉

"안라의 차한기 이탄해·대불손·구취유리 등과 가라의 상수위 고전해와 졸마의 한기와 산반해의 한기 아들과 다라의 하한기 이타와 사이기 한기의 아들, 자타의 한기 등이 임나일본부 길비신과 백제에 가서 (천황의)조서를 같이 들었다. 백제의 성명왕이 임나의 한기들에게 '일본의 천황이 조칙한 바는 오로지 임나를 재건하라는 것이다. 지금 어떤 계책으로 임나를 재건할 것인가, 각기 충성을 다하여 천황의 마음을 펼치도록 하여야 할 것이다'라고 말하였다.(安羅次旱岐夷呑奚. 大不孫. 久取柔利 加羅上首位古殿奚 卒麻旱岐 散半奚旱岐兒 多羅下旱岐夷他 斯二岐旱岐兒 子他旱岐等 與任那日本府吉備臣 往赴百濟 俱聽詔書 百濟聖明王謂任那旱岐等言 日本天皇所詔者 全以復建任那 今用何策 起建任那 盍各盡忠 奉展聖懷.)"[69]

AD 541년이면 신라가 532년에 금관가야를 합병한 데 이어 나머지 가야국들을 흡수하기 위해 공세적으로 나가던 시기이다. 그래서 왜국의 관심은 '임나 재건'에 있었고 이른바 '천황의 조칙'도 임나 재건 대책을 세우라는 내용이다. 이 대목에서 임나일본부의 관료인 길비신이 가야제국의 수장, 백제 성왕과 함께 행동하는 존재로 묘사돼 있다.

흠명 4년(AD 543) 11월 기사에는 "백제에 조하여 임나의 하한에 있는 백제의 군령(郡令), 성주(城主)는 일본부에 귀속시키라고 하였다.(詔百濟曰 在任那之下韓 百濟郡令城主 宜附日本府)"고 기술하여[70] 일본부가 총독부와 같은 굳건한 기관이라는 분위기마저 느껴지게 썼다.

---

69. 위의 책, pp317~318.
70. 위의 책, pp321~322.

이듬해 흠명 5년(AD 544) 정월에는 "백제국이 사신을 보내 임나의 집사와 일본부의 집사를 불렀다.(百濟國遣使 召任那執事與日本府執事)"라고 하여 일본부에 체계적인 직제가 있음을 시사한다. 또 임나 집사와 일본부 집사가 임나를 함께 통치하는데 아무래도 일본부 집사가 실세라는 느낌이 든다.

이어지는 3월 기사에는 "백제가⋯표문을 올려⋯무릇 임나는 안라를 형으로 알고 있습니다. 따라서 그 뜻을 따릅니다. 안라인은 일본부를 하늘처럼 알고 있습니다. 오직 그 뜻을 따를 뿐입니다.(百濟⋯上表曰⋯夫任那者 以安羅爲兄 唯從其意 安羅人者 以日本府爲天 唯從其意.)"라고 하여[71] 일본부가 임나인들에게 '하늘'같은 존재라고 격상시키고 있다.

임나일본부 관련 기사는 대략 이런 정도지만 한일 간에 격렬한 논쟁을 불러일으키기에 충분하였다. 일본부는 무엇인가? 가야(임나)땅에 일본부와 일본현읍(日本縣邑)이 진짜로 존재하였는가? 필자는 이 글에서 임나일본부설을 새삼 소개할 생각은 없다. 지나칠 정도로 상세하게 다뤄진 주제이기 때문이다. 다만 임나일본부가 가야와 어떤 관련성을 맺고 있는지? 그 운영주체는 누구였는지? 그 본질적인 역할은 무엇인지? 등을 적시해 나갈 생각이다.

임나일본부를 둘러싼 한일 역사전쟁

임나일본부설은 수없이 언급된 주제인 만큼 그 과정을 입 아프게

---

71. 위의 책, pp325~327.

쓰에마스 야스카즈와 임나흥망사

재론할 이유는 없다. 여기서는 그동안의 논쟁에 대한 이해를 돕고 문제점을 반박하기 위해 한정된 내용만 정리한다. 일본에서 임나 연구는 에도시대 국학자(國學者)들로부터 비롯되었는데 일본서기의 기록을 무비판적으로 추종한 것이 특징이다. 메이지시대 이후 칸 마사토모(管政友), 쓰다 소오기치(津田左右吉), 이마니시 류(今西龍), 아유가이 후사노신(鮎貝房之進) 등 황국사관론자들이 뒤를 이었다. 이들의 학문적 성과(?)를 집대성한 책이 1949년 쓰에마스 야스카즈(末松保和)가 발간한 '임나흥망사(任那興亡史)'이다. 그 내용은 대략 다음과 같다.

첫째, 삼국지 왜인전 서두의 문구로 보아 왜는 3세기 중엽에 이미 변진구야국(弁辰狗邪國)을 점유하였고 왜왕은 그 중계지를 통해 삼한에 통제력을 미치고 있었다.

둘째, 일본서기 신공황후(神功皇后) 49년 조의 가야 7국 및 4읍 평정기사로 보아 369년 당시 왜는 지금의 경상남북도 대부분을 평정하고 전라남북도와 충청남도 일부를 귀복시켜 임나지배체제를 성립시켰고 백제왕의 조공을 서약받았다.(일본서기에 따르면 신공황후는 중애천황 9년(AD 200, 보정하면 320년) 10월에 이미 신라를 정벌하여 신라왕 파사매금의 항복을 받고 조공약속을 받는다. 그런데 신공 49년(AD 369)에 신라를 또다시 격파하고 가야 7국을 정복하였으며, 군대를 서쪽으로 돌려 고해진과 남만의 침미다례를 무찌른 뒤 친절하게 백제에 선사한다. 그러자 백제 초고왕과 귀수왕자가 합류하였고 비리와 벽중, 포미지, 반고의 4읍이 스스로 항복하였다는 내용을 담고 있다.)

셋째, 광개토왕비문의 기사로 보아 왜는 400년을 전후해서 고구려군과 전쟁을 통해 임나를 공고히 하고 백제에 대한 복속관계를 강화하였다.

넷째, 송서(宋書) 왜국전에 나오는 왜 5왕의 작호로 보아 일본은 5세기에 외교적인 수단으로 왜·신라·임나·가라에 대한 영유권을 중국 남조로부터 인정받았으며 백제에 대한 지배까지 송나라로부터 인정받고자 하였다.

다섯째, 남제서(南齊書) 가라국전 및 일본서기 계체천황(繼體天皇) 때의 기사들로 보아 5세기 후반에 임나에 대한 왜국의 통제력이 약화되기 시작해 6세기 초반에는 백제에게 전라남북도 일대의 임나땅을 할양해 주었고 신라에게 남가라(南加羅) 등을 약탈당하기도 하면서 임나가 쇠퇴하였다.

여섯째, 일본서기 흠명천황(欽明天皇) 때의 기사들로 보아 540년대 이후 백제와 임나일본부가 임나의 부흥을 꾀했으나 결국 562년에 신라가 임나관가를 토멸함으로써 임나가 멸망하였다. 일곱째 그 뒤에도 일본은 임나 고지(故地)에 대한 연고권을 가져서 646년까지 신라에게 '임나의 조(調)'를 요구해 받아내었다.

쓰에마스는 왜왕권이 한반도의 임나지역을 정벌해 현지에 설치한 직할통치기관이 임나일본부이며 왜는 이를 기반으로 4세기 중엽부터 6세기 중엽까지 200년간 가야를 비롯해 백제·신라 등의 한반도 남부를 경영했다고 주장한다. 현재 일본에서는 임나일본부가 역사적 사실이라는 전제 하에 '쓰에마스의 그림'이 대부분의 역사교과서에 수록되어 있다. 쓰에마스의 임나흥망사는 '일본의 국가기원에 확고한 과학적 근거를 제공했다'는 평가를 받을 정도로 나름의 탄탄한 논리구조를 갖추고 있다. 특정분야에 평생을 바치기를 마다하지 않는 일본학자들의 연구(?)는 대체로 치밀하다. 따라서 어설프게 배척할 수준이 아니다. 쓰에마스 논리의 결정적인 허점은 '임나에 일본부를 설치한 정치체'와 관련한 부분에서 비롯된다. 쓰에마스는 일본부(日本府)를 파견한 권력주체를 기나이의 야마토정권으로 보고 있다. 그러나 일본부는 야마토조정이 아니라 다른 정치체로 보아야 마땅하다. 일본서기 흠명천황기에 출현한 일본부 관리들이 야마토조정의 국익과 배치되는 행보를 하는 것이 증거이다. 이 점은 『한일 고대사의 재건축③』에서 상세히 다룬다.

임나일본부설에 대한 일본사학계의 논리가 깊은 만큼이나 한국 역사학계의 반론 또한 날카로웠다. 한일 고대사전쟁의 핵심에 어울릴 정도의 논전(論戰)이라고 할 수 있다. 다만 일본측의 임나일본부설이 일본서기를 중심으로 나름의 일관성과 통일성을 갖추고 있다면 한국측 반론은 다양하고 복잡하고 비(非)일관적인 것이 특징이다. 여러 학자들이 서로 다른 각도에서 제각기 반론을 제기하다 보니 한국측의 시각이 한가지로 정리될 수 없었던 것이다. 한국 역사학계의 임나일본부설에 대한 반론을 종합하면 대략 다음과 같다.

첫째, 임나일본부가 존재했다는 시기(4세기~6세기)에 열도의 국명 자체가 '일본'이 아니었으며 임나일본부와 같은 형태를 경영할 수 있는 통일왕조가 없었다.

둘째, 가공(架空)인물의 기사인 신공황후기는 역사의 근거가 될 수 없다. 369년 신공황후가 신라를 깨뜨리고 가야 7국을 정복하여 임나를 설치했다는 일본서기 기사는 아예 존재하지도 않았던 일을 일어난 것처럼 꾸민 철저한 날조극이다.(학계에서는 369년 신공의 가야 7국 평정기사는 6세기의 사실을 반영한 것으로 받아들이는 견해가 대세를 이루고 있다. 6세기에 백제가 대가야의 기문·대사지역을 장악한 사건을 왜의 출병으로 윤문한 것으로 본다.)[72]

셋째, 이른바 임나일본부는 군사지배기관이 아니라 상인들이 출입하던 상역관(商易館)이었다.

넷째, 광개토대왕 비문에 대한 일본측 해석은 그 자체가 잘못되었다.(재일 역사학자 이진희의 '광개토대왕 비문 변조설'이 대표적인 사례이다.)

다섯째, 신라와 가야에 출몰한 왜의 정체는 당시에는 존재하지도 않았던 야마도왕조의 군대가 아니라 규슈에만 머물던 규슈왜였다.[73]

지금은 일본학계에서도 임나일본부설을 노골적으로 내세우는 학자는 거의 없다. 그 결과 한국학자 가운데 일부는 임나일본부설은 이제 염려하지 않아도 된다며 느슨한 반응을 보이는 경우가 더러 있다. 그러나 임나일본부설은 죽지 않았다. 오히려 교묘하게 진화했을 뿐이다. 김현구의 지적은 그래서 타당하다.

---

72. 김현구, 고대 한일교섭사의 제문제, 일지사, 2009, p27.
73. 승천석, 고대 동북아시아의 여명, 백림, 2003, p185.

"일부 한국학계에서는 일본학자가 임나일본부라는 기구나 한반도 남부에 대한 직접지배를 비판 부정하자 이것을 야마토 정권의 한반도 남부 경영에 대한 부정으로 오인하는 경향이 있다. 따라서 임나문제는 끝났다는 인식이 없지 않다. 그러나 일본학계에서는 출선기관(出先機關)으로서의 임나일본부는 부정하지만 일본서기, 삼국사기, 송서, 광개토대왕 비문 등에 보이는 왜의 한반도 남부에서의 활약이 야마토 정권의 의지와 무관하다고 생각하는 사람은 없다."[74]

'재백제일본왕인(在百濟日本王人)'에서 얻는 통찰

1669년에 필사된 가장 오래된 일본서기에 일본부(日本府)에 대한 주석이 붙어 있다는 사실이 근자에 밝혀졌다. "일본부의 본래 명칭은 야마토〈倭〉의 미코토모치〈御事持〉"라는 내용이다. 여기서 중요한 것은 미코토모치, 즉 어사지(御事持)이다. 어(御)는 군주를 의미하고 사(事)는 업무, 지(持)는 사람·관리를 말한다. 결국 어사지는 '왕의 일을 돕는 관리'이니 곧 '왕이 보낸 사신(使臣)'을 뜻한다고 하겠다.

고쿠가쿠인(國學院)대학의 가야사연구가인 스즈키 야스타미(鈴木靖民) 교수의 풀이도 중요하다. 우선 '임나일본부'라는 용어부터 문제가 있다고 본다. 일본이라는 단어는 올려 잡아도 7세기 후반에 등장하였기에 임나가 존재하던 시절에는 일본이라는 표현이 없었다. '임나'와 '일본부'는 붙여 쓸 수 없다는 뜻이다. 임나일본부는 틀린 말이고 굳이

---

74. 김현구, 고대 한일교섭사 연구의 제문제, 일지사, 2009, pp14~15.

쓴다면 '임나왜부(任那倭府)'라고 해야 옳다는 것이다. 아울러 스즈키는 '임나왜부'를 야마토정권이 임나를 지배하는 기관이나 정치적 조직이 아니라 외교사절로 보았다. 즉 '야마토의 미코토모치'라고 하던 것을 일본서기가 편찬된 8세기에 '일본부'로 개칭했다는 것이 스즈키의 논리라고 하겠다.

이런 맥락에서 최근에는 일본부를 '왜신관(倭臣館)'이라는 대체용어로 부르기도 한다. 일본서기 흠명 15년(AD 554) 12월조에 나오는 재안라제왜신(在安羅諸倭臣)이란 표현에서 비롯한 단어이다. '안라에 있는 여러 왜국신하'라는 뜻이니 일본부의 실제적 성격을 설명하는 용어로 주목받고 있다. 이럴 경우 일본부는 '왜국 사신단'으로 풀이될 수 있다.

그런데 필자는 재안라제왜신보다도 일본부의 성격을 더 정확히 보여주는 용어를 찾은 듯하다. '재백제일본왕인(在百濟日本王人)'이라는 표현이다. 일본서기 흠명 11년(AD 551) 4월조에 나오는 기록이다.

〈흠명 11년(AD 551) 4월〉
"백제에 있는 일본의 왕인(王人)이 돌아가려고 하였다. 백제의 성명왕이 왕인에게 말하기를 '임나의 일은 칙언을 듣고 굳게 지키겠다.'하였다.(在百濟日本王人 方欲還之 百濟王聖明 謂王人曰 任那之事 奉勅堅守)"

재백제일본왕인(在百濟日本王人)에서 왕인(王人)은 왕명을 받아 일하는 관리를 말한다. '왕의 일을 돕는 관리'라는 어사지(御事持)와 그 의미가 동일하다. 왕인은 곧 어사지의 한문식 표현이자 원전(原典)으로 여겨진다. 그렇다! 일본왕인(日本王人)은 곧 일본부(日本府)인 것이다. 재백제일본왕인이 하는 일은 일본왕의 의사를 전달하는 등 백제 성명왕과 외교사안을 논의하는 외교관이 확실하다.

나는 (임나)일본부의 실체를 규명하겠다는 지금까지의 수많은 연구자들이 '재안라제왜신'이란 표현은 주목하면서 '재백제일본왕인'이라는 문구는 왜 소홀히 취급하였는지 선뜻 이해되지 않는다. 재백제일본왕인이 존재한다는 것은 재임나일본왕인(在任那日本王人)이 활동하였을 것이란 자연스런 통찰을 제공하기 때문이다. 필자의 소결론은 이러하다.

"재백제일본왕인에 비춰보면 임나일본부는 곧 재임나일본왕인(在任那日本王人)을 말한다고 판단된다. 임나에 파견돼 외교활동을 벌이던 왜국의 왕인(王人)이니, 열도식 표현으로 미코토모치〈御事持〉였다."

재백제일본왕인이란 문구가 증언하는 내용은 무시할 수 없는 무게를 지니고 있다. 임나일본부란 왜왕을 위해 임나(가야)지역에서 활동하던 외교관이라는 튼튼한 방증으로 볼 수 있기 때문이다.

"임나일본부는 외교관이 활동하던 대사관"

임나일본부의 실체와 관련한 한일 논쟁을 한마디로 정리하면 '일본부는 총독부냐 대사관이냐?' 하는 것이 된다. 과거 일본학자들은 식민지를 다스리던 총독부라는 인식을 갖고 있었다. 일본서기는 임나를

'천황의 관가(官家)' 또는 '미이거(彌移居)'라고 쓰고 있다. 미이거는 원래 '궁궐'에서 유래된 말로 '천황 소유의 영지(領地)'라는 의미이다. 일본학자들은 임나(가야)는 야마토왜국의 해외영토이며 일본부는 미이거를 관할하는 출선기관(出先機關)이라고 간주하였다. 이른바 남선경영설(南鮮經營說)의 시각에서 볼 때 일본부는 해외식민지를 통치하는 총독부였던 것이다.

그러나 '임나 총독부설'은 일본제국주의의 조선 지배를 정당화하기 위한 목적으로 임나일본부를 오독(誤讀)하고 역사를 오용(誤用)했다는 비난을 받기에 충분하다. 요즘에는 이런 주장을 공개적으로 하는 학자는 일본에서도 거의 없다. 그렇다고 일본의 학자들이 '임나 총독부설'이라고 할 남선경영설을 완전히 접은 것은 결코 아니다. 왜국이 가야(임나)를 비롯한 한반도 남부에서 수시로 군사작전을 펼치는 등 강력한 영향력을 행사하였고, 임나일본부는 왜의 우월한 입지를 보여주는 방증으로 해석하고 있다. 즉 왜가 한반도 남부를 직접지배한 것은 아니지만 5~6세기 한반도에 강한 영향력을 갖고 있었다는 시각까지 포기한 것은 아니라는 뜻이다.

그러나 임나일본부는 조선총독부 같은 식민통치 기구가 전혀 아니었다. 거듭 말하지만 사신단이나 외교기관으로 보아야 마땅하다. 문헌상의 증거로서 일본서기 흠명 15년(AD 554) 조의 '재안라제왜신(在安羅諸倭臣)'이란 표현과 '재백제일본왕인(在百濟日本王人)'이란 용어를 제시한다. 재안라제왜신(在安羅諸倭臣)은 일본부의 성격을 정확히 규정한 대목이다. 임나일본부는 '안라에 머물고 있는 왜국사신단'이며 임나제국의 요청과 협력을 받아서 활동한 외교기관이 그 실상임을 증명해 준다. 아울러 앞서 언급한 재백제일본왕인이라는 용어의 함축적 의미를 임나에 적용하면, 임나일본부는 왜국왕이 임나에 파견한 왕인(王人)이니 외교사절단이 분명하다고 판단된다. 가야(임나)를 왜의 정복지나 해외영토에 비유하고 일본부를 총독처럼 간주하는 출선기관설은 분명 지나치다.

다만 '임나일본부'라고 기재된 왜국의 왕인(王人)은 일시적 방문이 아니라 수년씩 장기간 체류하는 것은 인정된다. 상주(常住)사신단이자 임나에서 급료를 받는 재지(在地)관료 같은 존재였다는 말이다. 당대의 해상교통 능력을 감안할 때 한번 부임한 외교관이 장기간 체류하는 것은 당연한 선택일 것이다. 아울러 임나일본부가 상업적 분야보다는 정치적·군사적 활동에 치중하고 있는 것 또한 사실이다. 전쟁이 일상인 고대시절이다 보니 왜신관은 외교사절의 역할에다 왜·가야 연합군의 지휘부 기능도 일부 담당했다고 여겨진다. 가야권보다 국토가 넓고 인구가 많았을 4세기 말~6세기 초의 열도왕조가 가야소국들보다 군사적으로 우월한 위치에 있었음을 인정할 수 있다.(기나이의 야마토조정은 6세기 전반까지는 한반도에 군대를 보낼 능력이 없었다. 임나일본부를 파견한 정치체는 야마토조정과 구분되는 왕조, 구체적으로는 '숭신왜'라는 것이 필자의 판단이다. 이에 대해서는 이어지는 11장 '숨겨진 존재 임나일본부 파견주체'와 『한일 고대사의 재건축③』에서 상세히 언급한다.) 따라서 임나일본부를 현대식으로 비유하면 '주한미대사관 겸 한미연합사' 정도로 볼 여지는 있다.

가야(임나)에 주재하는 열도 정치체의 외교기관으로서 '임나일본부'가 존재했다면 반대로 열도에 주재하는 가야의 외교기관도 있었을 것으로 볼 수 있다. 가칭 '왜가야부(倭加耶府)' 내지 '일본임나부(日本任那府)'이다. 특별한 증거가 있어서가 아니라 외교는 상대적이고 쌍방향적이라는 일반론에 근거한 추론이다. 문헌상으로도 작은 단서가 포착된다. 일본서기 수인천황기의 소나갈질지(蘇那曷叱智) 또는 도노아아라사등(都怒我阿羅斯等) 기사가 그것이다. 소나갈질지 내지 도노아아라사등은 열도를 방문한 지 3~5년 만에 본국으로 귀국하는 것으로 돼 있는데 그동안 마냥 놀고먹지는 않았을 것이다. 가야의 왕자나 고위직이 일본에서 3~5년씩 체류한 것이 사실이라면 특정업무로 단기간 방문한 사신이라기보다 가야국을 위해 장기적이고 체계적인 외교활동을 한 것으로 해석해야 합리적이다.(일본서기 수인기는 도노아아라사등이 '일본에 귀화하였다'고 기록하면서도 3년이 지난 뒤에 '몹시 귀국하기를 바란다'고 하여 귀화설을 스스로 부정하고 있다. 아라사등은 외교활동을 위해 열도를 찾은 것이 분명하다.) 소나갈질지 내지 도노아아라사등이 열도에서 수년씩 체류하는 동안 활동한 근거지가 있었을 것이니 가칭 '왜가야부'였을 것이란 추정이다. 다만 소나갈질지나 아라사등이 수인천황 재위기에 본국으로 귀국한 이후 가야인의 열도 내 외교활동은 한동안 확인되지 않는다. 응신천황 7년 조에 "고구려인·백제인·임나인·신라인이 같이 내조하였다."는 기사가 있을 뿐이다. 따라서 '왜가야부'가 존재했을 개연성을 상정하더라도 얼마나 오랫동안 지속됐을지는 판단하기 어렵다.

어쨌든 임나일본부를 외교기관으로 파악한다고 할 때, 새로운 의문이 제기된다. 가야(임나)에 왕인(王人)을 파견하여 외교활동을 벌이도록 만든 권력주체가 누구냐 하는 점이다. 당연히 왜국이라고? 당시 일본의 정치질서는 그렇게 단순하지 않았다. 이제는 당대 일본열도의 상황을 알아볼 순서가 되었다.

11장
'숨겨진 존재'
임나일본부 파견주체

　　임나일본부와 관련된 당대 한반도와 일본열도의 국제정치 동학(動學)을 소상히 들여다보면 '숨겨진 정치체'의 그림자가 느껴진다. 구체적으로는 숭신왕조의 존재감이 드러난다. 일본의 주류사학계는 AD 3세기 이후 야마토(大和)조정이 기나이를 중심으로 열도의 리더십을 굳건히 확립했다는 시각을 갖고 있지만 국내 학자들은 6세기까지도 일본은 소국병립 단계였다고 간주한다.

　　필자의 가설은 조금 다르다. 우선 AD 4세기 후반경 가야에서 발진한 숭신왕조가 일본에서 전국적인 리더십을 일단 확립하였다는 데는 동의한다. 하지만 5세기 후반경 백제계 응신왕조(이 왕조가 야마토조정으로 이어진다고 본다.)가 성립하면서 숭신왕조와 패권다툼을 벌였으며 그 결과 6세기 초반까지의 일본은 통일된 정치체의 리더십 휘하에 있지 않았다고 여긴다. 즉 5~6세기의 열도는 패권경쟁이 치열하게 진행되고 있던 시기라고 판단한다. 가야 출신 숭신왕조와 백제 출신 응신왕조의 대결이다. 숭신왕조가 먼저 출현하였고 응신왕조가 나중에 성립되는데 두 왕조는 한동안 공존하며 치열한 경쟁과 갈등을 벌였다고 여긴다.(숭신왕조와 응신왕조의 패권경쟁은 『한일 고대사의 재건축③』-열도의 내전과 영산강 전방후원분의 비밀의 핵심주제이다. 상세한 내용은 『한일 고대사의 재건축③』에서 다룬다.)

이런 맥락에서 임나일본부와 관련한 여러 사건을 일본서기에 '기록한 주체'와 실제로 임나일본부를 '파견한 권력체'는 다르다는 것이 필자의 소견이다. 임나일본부와 관련한 역사기록의 주체는 야마토의 응신왕조이지만 임나일본부를 파견한 주체는 따로 있다고 보아야 합리적으로 이해된다. 가야에서 활동하던 일본부의 행동양태가 응신계 야마토조정의 이익과 부합하지 않는 것이 결정적인 증거이다.

AD 6세기 백제-왜-일본부 간의 삼각갈등

일본서기의 편찬원칙 탓이지만 임나일본부 관련 기사는 백제가 왜의 지시를 받고 움직이는 부용국처럼 묘사돼 있다. 이런 역사왜곡을 잘 걸러내고 진상만 건져보면 임나일본부의 실체가 보다 선명해진다. 임나 기사가 가장 많이 출현하는 AD 6세기에 왜와 백제, 일본부라는 세 개의 축이 따로 놀고 있다는 사실이 중요하다. 백제와 일본부, 왜와 일본부, 왜와 백제 사이의 삼각갈등이 포착되고 있다. 갈등이 표출되는 틈새를 통해 역사의 진상에 다가갈 수 있을 것이다.

먼저 백제와 일본부 간의 갈등부터 알아보자. 백제는 수시로 일본부의 관리들을 비난하고 있다. 일본서기에 출현하는 일본부의 대표적인 인물은 이나사(移那斯 에나시), 마도(麻都 마츠), 하내직(河內直 가와

치노 아타히), 길비신(吉備臣 기비노오미), 인지미(印支彌 이키미), 허세신(許勢臣 코세노오미), 적신(的臣 이쿠하노오미) 등인데 일본서기는 '임나를 망치는 자들'이라는 백제의 혹평을 그대로 전재하고 있다. 흠명 2년(AD 541) 7월조 기사에서 백제는 안라에 있는 '일본부'가 신라와 같은 편임을 증언하고 있다.

〈흠명 2년(AD 541) 7월〉
"백제는 안라일본부가 신라와 더불어 모의한다는 말을 듣고 전부나솔 비리막고, 나솔 선문, 중부나솔 목협미순, 기신나솔 미마사 등을 안라에 파견하여 신라에 간 임나의 집사를 소환하여 임나를 세울 것을 도모하게 하였다. 따로 안라일본부의 하내직이 계략을 신라에 내통한 것을 심하게 꾸짖었다.(百濟聞安羅日本府與新羅通計 遣前部奈率鼻利莫古奈率宣文 中部奈率木劦眯淳 紀臣奈率彌麻沙等 使于安羅 召到新羅任那執事 謨建任那 別以 安羅日本府河內直 通計新羅 深責罵之)"[75]

흠명 5년(AD 544) 3월에도 백제는 일본부의 고위직들이 적대세력인 신라를 편들고 있다고 공격한다.

〈흠명 5년(AD 544) 3월〉
"지금 적신, 길비신, 하내직들은 이나사, 마도가 시키는 대로 할 뿐입니다. 이나사, 마도는 신분이 낮은 미천한 자이지만 일본부의 정사를

---

75. 전용신 역, 일본서기, 일지사, 2006, pp319~320.

마음대로 하고 있습니다. 또 임나 집사를 붙들어 두고 사신을 보내지 않았습니다…(중략)…만일 둘(이나사와 마도)이 안라에 있어 나쁜 짓을 많이 하면 임나를 세울 수 없으며 해서(海西)의 여러 나라도 반드시 말을 듣지 않을 것입니다. 이 두 사람을 본국(왜국)으로 불러 주십시오…(중략)…좌로마도는 비록 가야여인의 소생이지만 지위가 대련(大連)입니다. 일본의 집사들과 교제하며 귀한 반열에 끼었습니다. 그런데도 지금은 신라 나마(奈麻)의 관을 쓰고 있습니다. 그 마음이 신라에 복종하고 있다는 것은 타인도 쉽게 알 수 있는 바입니다.(今的臣吉備臣河內直等 咸從移那斯麻都指撝而已 移那斯麻都雖是小家微者 專擅日本府之政 又制任那障而勿遣… 假使二人在於安羅多行奸佞 任那難建海西諸國必不獲事 伏請移此二人… 佐魯麻都雖是韓腹位居大連廁日本執事之間 入榮班貴盛之例 而今反着新羅奈麻禮冠 即身心歸附於他易照)"[76]

위의 기사에 나오는 마도(麻都)와 좌로마도(佐魯麻都)는 동일인이다. 좌로(佐魯)는 관직명이다. 백제 성왕은 흠명 5년(AD 544) 11월 기사에서도 일본부 관리들을 거듭 공격하였다. 이 정도면 쉴 새 없는 공격이라고 할 수 있는데, 백제와 임나일본부는 적대적인 관계라고 해도 크게 틀리지 않는다.

〈흠명 5년(AD 544) 11월〉

"…또 길비신, 하내직, 이나사, 마도가 아직 임나에 있다면 비록 천황

---

76. 위의 책, pp325~328.

이 임나를 재건하라고 조(詔)하더라도 안 될 것이다. 청컨대 이 4명을 본국에 돌아가게 하여야 한다.(又吉備臣 河內直 移那斯 麻都 猶在任那國者 天皇雖詔建成任那 不可得也 請移此四人 各遣還其本邑)"[77]

왜국과 일본부 간의 사이도 정상적이지 않다. 왜국이 지시하고 일본부가 따르는 관계가 아니다. 일본서기가 백제의 입을 빌어 길비신(吉備臣)과 하내직(河內直), 이나사(移那斯), 마도(麻都) 등 임나일본부의 관리들에 대한 비난을 그대로 적시한 것은 왜와 일본부 간의 갈등상을 보여주는 대목이다. 일본서기를 아무리 꼼꼼히 살펴보아도 임나일본부가 왜국의 국가정책을 제대로 봉행하는 장면을 도대체 찾을 수가 없다. 일본부 관리들의 행동양태는 몰지각한 공직자의 개인적 일탈이 아니다. 백제·왜국과 정치적 노선 차이를 충분히 드러내고 있는 것이다. 그러므로 '일본부'라는 명칭에 함몰될 까닭이 없다. 임나일본부의 실질적인 행태를 감안하면 '임나 반(反)일본부' 내지 '임나 비(非)일본부'라는 이름이 더 적절하다.

임나일본부라는 제목을 통해 임나가 왜의 영토인 것처럼 왜곡하고 있지만 실제 구체적인 사건들은 날조하기 힘든 법이다. 일본서기에 나오는 '임나일본부'는 하나같이 제멋대로 행동하는 말썽꾸러기들이다. 일본부의 관리들은 왜국과 공동보조를 맞추기는커녕 적대세력인 신라·고구려와 더 친밀하다. 앞서 언급한 것처럼 일본부 소속인 좌로마도(佐魯麻都)가 신라의 나마(奈麻) 벼슬을 받은 것이 대표적인 사

---

77. 위의 책, pp329~330.

례이다. 아래의 흠명 9년(AD 548) 4월 기사를 보면 백제는 "일본부가 고구려에 밀사를 보내 백제를 공격하도록 부추겼다."는 고구려 포로의 증언을 왜에 전달하였지만 왜국은 '일본부의 행위에 대해 상심하고 있다'는 반응뿐이었다.

〈흠명 9년(AD 548) 4월〉

"백제가 중부간솔 약엽례 등을 보내 주상하길 '…그러나 마진성(馬津城)의 싸움에서 (고구려)포로가 말하기를 안라국과 일본부가 권하여 친 것이 원인이라고 말합니다. 상황으로 보아 그럴듯하다고 생각됩니다. 그래서 그 말을 상세히 밝히려고 (안라와 일본부를)3번이나 불러도 오지 않습니다. 이를 깊이 마음에 두고 있습니다…'라고 하였다. (천황이) 조칙을 내려 '…일본부와 안라가 이웃의 재난을 구하지 않는 것은 짐이 상심하는 바이다. 또 고구려에 밀사를 보냈다는 것은 믿을 수 없는 일이다…원컨대 왕은 옷깃을 열고 허리띠를 풀어 조용히 안심하여 깊이 의심하고 두려워하지 말라…'라고 말하였다.(四月 百濟遣中部杆率掠葉禮等奏曰 '…然馬津城之役 虜謂之曰 由安羅國與日本府 招來勸罰 以事准況 實當相似 然三廻欲審其言遣召而並不來 故深勞念…' 詔曰 '…日本府與安羅不救隣難 亦朕所疾也 又復密使于高麗者 不可信也…願王開襟緩帶 恬然自安勿深疑懼')"[78]

백제는 길비신과 하내직, 이나사, 마도 등 일본부의 주요인물을 왜

---

78. 위의 책, pp333~334.

로 소환하라고 수차례 요구했지만 소용이 없었다. 왜국은 '일본부'를 징치하거나 소환하지 않는다. 벌을 줄 수도 없고 소환하지도 못한다는 표현이 적절해 보인다. 그 이유는 뭘까? '일본서기를 편찬한 왜국'이 일본부 관리들을 파견한 정치체가 아니기 때문이다. 이 점은 뒤에서 상세히 언급한다.

임나를 둘러싼 왜와 백제의 갈등도 발견된다. 왜국은 백제에 대하여 임나(가야)에서 손을 떼라고 압박하고 있다. 즉 백제가 임나하한에 진출하여 설치한 군령(郡領)·성주(城主) 등을 일본부에 넘겨주라고 요구한다.

〈흠명 4년(AD 543) 11월〉
"진수련(津守連)을 보내어 백제에 조(詔)하여 '임나의 하한〈任那之下韓〉에 있는 백제의 군령(郡領)·성주(城主)는 일본부에 귀속하라'고 하였다…백제 성명왕(聖明王 백제 성왕)이…여러 신하에게 차례로 '어떻게 할까?'라고 물었다. 세 좌평(佐平) 등이 '하한에 있는 우리(백제)의 군령·성주 등을 내보내면 안 됩니다…'라고 대답하였다.(遣津守連 詔百濟曰 在任那之下韓 百濟郡領城主宜附日本府…聖明王…歷問諸臣 當復何如…三佐平 等答曰 在下韓之 我郡領城主 不可出之…)"[79]

그러나 백제는 왜의 요구를 수용하지 않는다. 다만 백제와 왜 사이의 갈등은 조정가능한 수준으로 기술돼 있다. 동맹국 내부에서 이견

---

79. 위의 책, pp321~322.

이 표출된 정도이다. 백제와 일본부, 왜와 일본부 사이의 큰 이격(離隔)에 비교하면 결정적인 대립은 아닌 셈이다. 백제와 왜 사이의 갈등이 표출된 것은 그만한 이유가 있고 의미도 있다. 이 부분은 12장에서 소상히 다룰 예정이다.

삼각갈등이 증언하는 '일본부 파견주체'

삼각갈등의 이면에 역사의 진실이 담겨져 있을 것이다. 특히 백제와 임나일본부, 왜와 임나일본부 간의 갈등상은 임나일본부가 백제·왜와 공동운명체가 아님을 암시한다. 임나일본부가 '일본서기를 편찬한 왜국'의 국익과 정반대되는 활동을 공공연히 벌이는 양상은 흥미롭기까지 하다. 여기서 임나일본부의 비밀을 알 수 있으니 그들을 파견한 권력주체가 따로 있다는 뜻이다. 임나일본부가 소속된 정치체는 '일본서기를 펴낸 야마토왜국'이 아니다. 필자는 일본부를 파견한 정치체를 숭신왜국(숭신왕조라는 용어와 병용한다.)이라고 간주한다.

숭신왕조는 4세기 후반, 가야에서 발진하여 열도를 정복한 정치체로서 5세기 후반까지는 전국적인 리더십을 확립하고 있었다고 여긴다. 그러다가 5세기 후반, 모종의 정치사변으로 백제계 응신왕조가 성장하면서 숭신왜국은 관할범위가 규슈와 혼슈극서부(極西部)로 축소되었다가 6세기 전반에 소멸한다고 본다. 백제계 응신왜국(야마토조정)과 가야 출신 숭신왜국 사이의 경쟁과 갈등의 역사는 『한일 고대사의 재건축③』의 핵심주제이지만, 임나일본부의 실체를 파악하고 이해의 편의를 돕기 위해서는 이 대목에서도 일부 언급이 불가피하다.

임나일본부의 파견주체를 파악하는 작업에서 핵심은 시기문제이다. 일본서기에서 임나일본부 관련 기사는 흠명 2년(AD 541)에서 흠명 13년(AD 552) 사이에 집중적으로 생산된다. 그런데 시간을 조금 거슬러 보면 숭신왕조와 응신왕조가 충돌한 AD 527~528년의 '반정(磐井 이와이) 전쟁'이 있다. 반정의 전쟁에서 숭신왜국은 패배하였고 소멸의 길로 접어들었다. 마지막 순간, 일본열도의 서부에 위치하며 기나이의 야마토조정과 팽팽히 대치했던 숭신왕조가 몰락하면서 열도와 한반도 남부의 정치질서는 급변하였다. 당장 반정의 전쟁 직후인 AD 532년 신라는 금관가야를 합병한다.

이처럼 숭신왜국(숭신왕조)이 몰락하고 응신왕조(야마토조정)가 열도의 패권을 쥐게 된 시기부터 임나일본부 관련 기록들이 대거 출현하고 있다는 말이다. 숭신왜국이 건재하던 시절 응신왜국은 한반도 문제에 관여할 능력이 없었다. 가야(임나) 문제는 응신왜국, 즉 야마토조정의 한계 밖에 있었던 것이다. 반정의 전쟁 이전 시기에 임나일본부 문제가 일본서기에 (거의)출현하지 않는 것은 야마토왜의 관심사가 아니었기 때문이다.

그런데 527~528년 반정의 전쟁으로 숭신왕조가 소멸한 이후에는 사정이 바뀌었으니, 가야(임나)를 둘러싼 국제정치가 야마토조정의 관찰범위에 포함된 것이다. 이제 임나 문제는 야마토조정, 응신왜국의 본격적인 군국대사(軍國大事)가 되었다. 이런 사실에서 역으로 파악할 수 있는 진실은 반정(磐井)의 전쟁 이전, 한반도에 '일본부라고 표현된 외교관'을 파견한 권력주체는 야마토조정이 아니라는 점이다. 거듭 말하지만 필자는 숭신왜국으로 본다.

반정의 전쟁으로 자신들을 파견한 숭신왜국이 몰락하면서 임나일본부 관리들은 '패닉'에 빠졌을 것이다. 이들은 이제 새로운 정치환경에 부응하여 생존을 도모해야 할 입장이다. 일본부에서 활동해온 관리들은 기본적으로 숭신왕조의 구관(舊官)이다. 대세를 좇아 야마토조정(응신왜국)에 부응한 인물도 없지 않았겠지만 대다수의 일본부 관료와 무장들은 야마토조정의 지시나 명령에 따를 생각이 없다.

응신왜국과 한통속인 백제도 대안이 될 수 없다. 가야와 숭신왜국이 연합을 이뤘다면 백제는 응신왜국과 사실상 한 몸이었다. 그러므로 숭신왕조가 파견한 '일본부 관리'의 입장에서 백제는 적국이 된다.(이 점은 『한일 고대사의 재건축③』에서 상세히 언급한다.) 금관가야가 신라에 합병되고 나머지 소국들의 입지마저 흔들리는 상황에서 자신들을 파견한 숭신왜국이 소멸하자 차라리 신라와 손잡기를 희망하였던 것이다. 6세기 중반 임나일본부의 관료들이 야마토조정의 국익과 무관하게, 때로는 정반대로 움직이는 현상은 이렇게 설명된다.

거듭 말하지만 일본부 관리들의 '이상한 행보'는 애당초 응신왜국의 적국, 즉 숭신왜국이 일본부를 설치했기 때문이라고 보면 순탄하게 이해할 수 있다. '일본부의 왜신(倭臣)들이 국익에 부합되지 않은 행위를 하고 있다'는 일본서기의 잇단 지적은 일본부 관리들이 응신왕조 출신이 아님을 거듭 시사한다. 이나사, 마도, 하내직, 길비신, 적신 등 임나일본부의 관리들을 파견한 정치체는 AD 540년대에는 사실상 소멸된 나라, 숭신왜국이었다는 것이 필자의 설명이다.

아울러 가야(임나)에 숭신왜국의 상주사신단이 존재하였다는 것은 양국 사이가 그만큼 밀접하였다는 증거이다. 고대사회에서 찾아보기 힘든 상주사신단의 존재는 가야와 숭신왜국이 사실상의 연합왕국이라는 방증이다. '대사관 겸 연합군사령부' 기능을 하였던 일본부는 가야와 숭신왜국의 공동이익을 위해 출범하였고 가야·숭신왜국 연합을 단단히 묶는 '끈'의 역할을 하였던 것이다.

일본부의 시작은 AD 4세기 후반, 가야를 정복한 기마민족이 열도로 건너가던 시절로 거슬러 올라갈 수 있을 것이다. 기마민족의 수장급이 바다 반대편 규슈로 향할 즈음 가야지역에 연락기관의 필요성이 생겼을 것이다. 구체적으로는 대성동고분을 조영했던 기마민족(필자는 모용선비라고 본다. 이 점에 대해서는 『한일 고대사의 재건축②』에서 상세히 다룰 예정이다.)의 후예가 대한해협을 건너면서 본토(가야)에 자신들의 목소리와 이익을 대변할 장치를 마련했다는 말이다. 일본부의 관리들은 가야와 언어가 통하던 규슈(筑紫)나 기비(吉備) 출신(열도 출신이므로 '왜인'으로 불렸을 것이다.)으로 구성되었을 것이고 그 본래적 역할은 숭신왜국과 가야(임나) 제국(諸國) 간의 연계성·정치적 협력을 강화하는 것이었다.

훗날 (응신왜국의 후예인)야마토왕조가 편찬한 일본서기에 의해 '임나일본부'라는 호도된 이름으로 기술된 '가야 주재 숭신왜국대사관'은 가야의 여러 소국들이 결정적인 사안에서 하나의 목소리를 내도록 설득·강제하는 역할을 수행하였다고 짐작된다. 숭신왜국이 존재하던 4세기 후반~6세기 초반까지 일본부는 군사외교 활동에 주력한 것 같은데 필요시 가야와 열도의 병사가 연합하여 한반도 남부에서 작전을 펼쳤다고 생각된다.

가야(임나)와 일본부 파견주체, 협력과 갈등관계

공동운명체나 다름없었던 가야(임나)와 숭신왜국, 두 세력은 대외적으로는 연합왕국처럼 긴밀한 관계를 유지하면서도 상호간에는 소소한 갈등과 경쟁양상도 띠었다고 여겨진다. 열도에서 새로운 왕조를 개창한 것으로 여겨지는 숭신천황의 이름이 '미마기'였다는 기록과 가라 하지왕이 '본국왕(本國王)'이라는 왕호를 얻었다는 사실이 결정적인 양대 단서가 된다.

세월은 유수처럼 흘러갔고 가야와 숭신왕조의 관계도 많이 달라진다. 가야땅에 본적을 두었던 사람은 사라지고 이주 3세, 4세가 열도의 주역이 되면서 '임나'에 대한 시각도 바뀌었다. AD 4세기 후반, 숭신 집단이 해협을 넘을 당시에 가야권역의 지배권은 예컨대 형제 등 가까운 사람에게 맡겼을 것이다. 하지만 세대가 내려가면서 형제는 4촌이 되고 또다시 6촌, 8촌으로 멀어진다. 바다를 사이에 두고 만난 적도 없는 '먼 친척' 간의 유대감은 옅어지게 마련이다. 애초에는 연합왕국처럼 운용됐을 것으로 짐작되지만 중간에 대한해협이 위치한 만큼 가야-숭신왜 양측 소통에 지장이 적지 않았을 것이다. 이 같은 애로를 극복하기 위해 준비한 연락기구·대변기관이 바로 '임나일본부'라고 추정한다. 비록 일본부가 존재하여도 가야와 숭신왜국은 육지로 연접되지 않았기에 완벽한 일국체제를 구축하기란 불가능하였을 것이다. 그런 만큼 한반도 쪽 가야소국들은 상당 부분 독립적으로 기능하였고 자치권도 폭넓게 누렸다고 생각된다. 일본서기는 가야(임나)를 '천황의 관가(官家)'라고 하여 속국처럼 왜곡하고 있지만 실제로는 대등한

동맹관계였다. 흠명 32년(AD 571) 4月, 태자에게 전한 천황의 유언
이 이를 암시한다.(흠명은 응신왜국의 군주이지만, 임나(가야)를 재건하
여 숭신왕조 시절과 같은 관계를 구축하기를 희망했던 만큼 아래의 유언
은 충분히 가능하다.)

〈흠명 32년(AD 571) 4월〉

"짐은 병이 중하다. 후사는 너에게 맡긴다. 너는 반드시 신라를 쳐서
임나를 세워라. (왜와 임나가)옛날과 같이 화합하여 다시 부부와 같은
사이가 된다면 죽어도 한이 없겠다.(朕疾甚 以後事屬汝 汝須打新羅 封建
任那 更造夫婦 惟如舊日 死無恨之)"[80]

일본서기 편찬자들은 군주의 유언은 제대로 왜곡하지 못하고 대체
로 사실에 부합되게 기술한 모양이다. 이런 실수대목에서 가야와 열
도 정치체 관계의 실체가 드러난다. 부부(夫婦) 사이는 본국-속국 관
계가 될 수 없다. 가야(임나)가 진짜 속국이었다면 흠명의 유언은 부자
(父子)관계나 군신(君臣)관계로 표현하였을 것이다.

하지만 백제와 신라라는 강적에 둘러싸인 만큼 가야소국들은 군사
적으로 숭신왜국의 지원을 받아야 했고 외교군사적으로 숭신왕조의 권
위를 상당 부분 수용했을 것으로 짐작된다. 동맹관계이지만 세력이 큰
숭신왜국의 위상이 더 높고 주도적이었다고 보는 것이 합리적이다.

가야권역은 최후의 순간까지 금관가야, 대가야, 아라가야로 3분된

---

80. 위의 책, pp353~354.

상태였다. 가야가 통일국가를 형성하지 못한 것은 덩치가 비슷했다는 이유를 들기도 하지만 필자는 실질적인 정치중심이 '외부'에 존재한 탓으로 풀이해 본다. 구체적으로는 숭신왜국의 영향력이 상당 부분 작용했을 것으로 짐작한다. 숭신왜는 가야권역이 하나로 통합될 경우 독립해 나갈 것을 염려하여 '3분할 정책'을 유지하였을 수 있다. 덩치가 커지고 힘이 강해지면 고분고분하지 않는 것이 세상사의 이치이다. 가야권역의 통합을 저지하고 분할상태를 유지하는 실무도 '가야 주재 숭신왜국대사관(임나일본부)'의 중요한 책무 중 하나였을 수 있다.

기마민족의 열도 진출 이후 국력이나 위상 면에서 열도의 숭신왕조가 가야를 능가하는 강국이 되면서부터 가야(임나)는 '본국(本國)'으로서의 의미가 퇴색해갔다. 가야를 정복했던 기마민족의 수장급이 열도로 옮겨가서 이룩한 숭신왜국은 자신들이 연합왕국의 중심이라는 의식을 하게 되었고 가야를 하위동맹 정도로 여기는 상황으로 바뀐 듯하다. 임나(任那)는 애당초 고향·본국을 뜻하는 보통명사였으나 점차 가야권역의 별칭처럼 사용되었고 종국적으로는 '물 건너 땅'이라는 지역명으로 격하되었다. 가야를 숭신천황의 이름인 '미마기'를 따서 미마나로 부르기 시작했다는 수인천황 조의 기록은 전후관계를 뒤바꾼 설명이기는 하지만, 열도에 자리잡은 정치체가 가야(임나)에 대해 우월의식을 지니게 됐음을 암시한다. 이는 역으로 숭신왜국과의 관계에서 가야 현지인들이 스트레스를 받았을 것임을 시사한다.

가야는 신라와 백제라는 적대세력을 의식해 숭신왜국과 기본적으로 협력관계였지만 사람사는 세상에 어느 정도의 갈등은 불가피하다.

열도의 왜국이 가야를 수하처럼 대하지는 않았다고 해도, 강하고 우월한 존재가 된 만큼 가야제국 입장에서는 섭섭함과 스트레스가 없었을 리 없다. 가야땅에서 계속 거주하던 사람들이 숭신왜국의 리더십을 100% 추종했다고 보기는 어렵다. 숭신왕조와 협력하면서도 가야 나름의 독자적인 발전을 모색했을 것이 틀림없다. 자존심 없는 사람이 없듯이 어떤 정치세력이든 타자와의 관계에서 주도적인 위치, 최소한 대등한 위상을 획득하고자 하는 욕망을 갖게 마련이다. 그 흔적이 가라국 하지왕(荷知王)의 견사조공 기록이다. AD 479년 중국 강남의 남제(南齊)에 사신을 보내어 조공을 바친 가라 하지왕은 '보국장군 본국왕(輔國將軍 本國王)'이라는 왕호를 얻는다. 가야국이 중국의 역사서에 입전(立傳)되기는 이 사례가 유일하다.

하지왕에 대해 현대 사학계에서는 고령의 대가야국(반파국) 가실왕(嘉悉王)일 가능성이 높다고 보고 있다. 그러나 일찍이 정약용은 "수로왕의 자손에는 좌지왕(坐知王), 질지왕(銍知王), 겸지왕(鉗知王)이 있는데 하지(荷知)는 이 삼지(三知)의 하나라고 했으니 그 연대로 보아 질지왕이 틀림없다."라고 하였다. 필자는 현재 사학계보다는 정약용의 해석에 동의한다. 우선 시기적으로 일치한다. 삼국유사 왕력에 이런 내용이 나온다.

"제8대 질지왕(銍知王) 김질(金銍)이라고도 한다. 아버지는 취희왕(吹希王)이다. 어머니는 인덕(仁德)이다. 신묘년(AD 451년)에 즉위하여 36년 동안 다스렸다.(第八 銍知王 一云金銍 父吹希 母仁德 辛卯立 治三十六年)"

하지왕이 남제에 사절을 보낸 AD 479년은 질지왕 즉위 29년에 해당한다. 30년 가까이 군주로 재위하며 국내에서 강력한 권위를 구축한 질지왕이 나라의 미래를 위해 중국에 사절단을 보냈다고 해석하면 앞뒤가 맞아 떨어진다. 필자는 하지와 질지가 같은 이름이라고 간주한다. 참고로 이름 끝에 붙는 '지(知, 智, 支)'는 삼한에서 존칭으로 쓰인 접미사라고 할 때 하지와 질지에서 실제 의미를 가진 부분은 '하'와 '질'이다. 그런데 하지의 '짐질 하(荷)'는 질지의 '질'과 뜻이 통한다. 지금 한국인들은 한자를 읽을 때 음독(音讀)만 사용하지만 신라향가에서 보듯 고대에는 음독과 훈독(訓讀)을 함께 썼다.(일본에서는 지금도 음독과 훈독을 모두 사용한다.) 즉 '父母'를 음독하면 '부모'지만 훈독하면 '어버이'가 된다. 이런 맥락에서 '荷'는 음독으로는 '하'이지만 훈독을 하면 '질'로 읽게 마련이다.(질지(銍知)의 질(銍)은 옥편에도 잘 나오지 않는 희귀한 한자로서, 의미가 담긴 글자가 아니라 훈독을 위해 소릿값을 차용한 글자로 여겨진다.) 즉 '하'와 '질'은 '짐을 지다'라는 의미를 가진 같은 글자라는 말이다. 변진(변한)과 진한의 언어·풍습이 같다는 삼국지 기록에서 보듯이 가야어와 신라어는 사실상 동일언어였다. 가야·신라어가 현대한국어의 기본이 된 점을 감안할 때 '짐을 지다'와 같은 기초동사는 현재까지 변함없이 이어졌다고 여겨진다. 결론적으로, 시기로 판단하거나 이름으로 보거나 '하지왕'은 금관가야 '질지왕'으로 해석하는 것이 자연스럽다.

AD 400년 광개토대왕의 남정 이후 금관가야는 쇠퇴하고 대가야가 가야권역의 맹주국이 되었다는 것이 사학계의 공통된 분석이라고 할 때, 질지왕은 금관가야의 건재함을 홍보할 목적에서 머나먼 남제로

사절단을 보냈다고 해석된다. 비록 약해졌다고 해도 금관가야의 오랜 항해역사로 볼 때 사절단을 남중국으로 보낼 정도의 실력은 충분했을 것이다.

하지왕이 '본국왕(本國王)'을 칭한 까닭은?

하지왕이 금관가야 질지왕이냐 대가야 가실왕이냐 하는 것보다 더 중요한 것은 하지왕이 '본국왕(本國王)'이라는 칭호를 희망했다는 사실이다. 고구려나 백제, 왜국 등의 왕은 모두 고위장군 계급장에 이어 자국의 국명을 붙인 왕호를 제수받았다. 즉 정동대장군 고구려왕, 진동대장군 백제왕, 안동대장군 왜국왕 등이 그 사례이다. 그런데 가라 하지왕은 '보국장군 가라왕'이 아니라 '보국장군 본국왕'이란 왕호를 받았으니 특이하다. 하지왕은 왜(why) 가라왕이 아니고 본국왕이란 작호(爵號)를 원했을까?

본국왕이라는 특이한 작호는 남제(南齊)가 마음대로 붙인 것이 아니다. 당시의 조공책봉체제에서 장군 계급장은 책봉주체인 중국이 해당국의 위상과 국력, 전통 등을 감안해 부여하는 반면 왕호는 '오랑캐'의 의견을 청취해 웬만하면 그들이 원하는 대로 주었다. 남제로서는 만리 밖의 소국 군주가 사절단을 보내 조공을 바치고서는 "본국왕이라는 왕호를 희망합니다."라고 하니 굳이 거절할 이유가 없다. 거듭 말하거니와 '본국(本國)'은 고대한국어인 '임나(任那)'의 한문식 표현이 확실하다.

도대체 본국이 무슨 의미를 갖고 있기에 하지는 '가라국왕'이 아니라 '본국왕'을 요청했을까? 하지왕이 스스로의 나라를 본국이라고 주장한 데는 그만한 이유가 있을 것이다. 여기에 임나의 비밀이 숨겨져 있다. 필자는 가야의 왕실과 주민·관리들이 여전히 임나, 즉 본국으로 불리고 싶어 했다는 증거로 간주한다.

현재도 마찬가지지만 본국은 주변국, 속령, 분국에 비해 중심국가라는 의미이다. 가라가 본국임을 내세우고자 했을 때에는 속령, 식민지, 분국이라고 상정되는 상대를 의식했다는 의미이다. 즉 속령이, 분국이, 주변국이 '본국'인 금관가야를 홀대하는데 상당한 스트레스를 받고 있음을 암시한다. 속령이나 주변국이 성장하여 옛 중심국을 위협하거나 무시하는 현실을 타개하기 위한 목적에서 하지왕은 머나먼 남제로 배를 띄웠고 '본국왕(=임나왕)'이라는 타이틀을 획득한 것이다. 이와 관련해 열도에서 가야를 임나라고 부르지 않고 '미마나'라고 바꿔 불렀다는 기록을 다시 상기할 필요가 있다. 이 대목에서 우리는 본국왕, 즉 임나왕이라는 칭호를 국제적으로 공인받고자 갈구했던 가야 사람들의 원념을 읽을 수 있다.

하지왕은 자신들의 나라가 임나이며 본국임을 가야연맹 제국과 숭신왕조에 선전하기 위해 남제로 사절단을 보냈던 것이다. "우리 금관가야가 여전히 본국(=임나)이다." 하지왕은 이렇게 외치고 싶었던 것이다. 고령의 대가야나 숭신왜 입장에서는 도발적인 행보로 느껴졌을 수도 있겠지만 하지왕은 '가라가 본국'임을 천명하기 위해 작심하고 일을 벌였다고 풀이된다. 그런데 하지가 남제에 견사조공하고 본국왕의 왕호를 얻은 479년이란 시기에도 중요한 의미가 담겨 있다. 필자는 AD 477년, 일본열도의 숭신왕조가 수도인 기나이에서 축출되는 중대한 정치적 사건이 발생했다고 판단한다. 그로부터 불과 2년 후에 가라의 독자외교행적이 확인된 것은 정치환경의 변화를 반영하여 나름의 홀로서기를 시도했던 하지왕의 결단으로 해석된다.(477년에 일어난 열도의 정치적 사건은 『한일 고대사의 재건축③』 7장에서 집중적으로 다룬다.)

본국검법(本國劍法)과 가야(임나)

전통무예 가운데 해동검도(海東劍道)라는 게 있는데 일본식 검도에 대비해 한국식 검도를 의미한다. 해동검도에서 쓰는 검술을 본국검법(本國劍法)이라고 부른다. 여기서 '본국(本國)'이란 신라를 뜻한다고 한다. 그런데 신라가 자국을 본국이라고 칭한 사례는 찾아보기 힘들다. 신라는 스스로를 '신국(神國)'이라고 즐겨 표현하였을 뿐이다. 그래서 필자는 본국검법의 본국이 사실은 가야의 '임나'에서 유래한 단어라고 짐작한다. 가야금이 신라음악의 기초를 이룬 것처럼 가야의 검법이 신라검법에 포함되면서 본국검법이란 단어가 생겼다고 추정하는 것이다. 쇠를 잘 다루고 좋은 칼을 만들었던 가야에서 검법이 발달하는 것은 정한 이치이다. 가야의 검법은 열도에도 전해져 일본검도의 기초가 되었을 개연성이 다분하다. 이처럼 임나의 한자식 표현인 '본국'은 다양한 방면에서 살아남아 후대로 전해졌다고 하겠다.

12장
가야(임나)의 몰락이
증언하는 역사

　임나일본부설의 진실은 관련 기사들을 당시의 국제정세와 결부지어 분석하면 저절로 드러날 것이다. 특히 가야(임나)가 몰락하는 과정에 얽힌 한반도와 일본열도 각 정치체의 반응을 살펴보면 진상을 포착하기가 더 용이하다. 거듭 말하거니와 임나일본부 관련기사는 가야의 멸망기에 집중적으로 등장하여 진실을 증언한다.

　'반(反)일본부'로 기능하는 일본부의 관료들...임나일본부설을 강력히 주장하는 일본학자들도 관련기사의 모순에 적잖은 스트레스를 받았을 것이다. 임나일본부가 왜(일본)의 요구에 제대로 부응하지 못하거나 아예 거꾸로 활동하는 양태가 고스란히 전해지고 있기 때문이다. 이 같은 모순은 임나일본부의 본질이 가려져 있기 때문에 빚어진 현상이다. 진실을 숨겨온 베일을 걷어내면 진상은 백일하에 드러난다. 숭신왜국이라는 정치체를 제외하고서는 임나일본부의 진실에 접근할 수 없다.

　숭신왜국, 숭신왕조 이야기는 『한일 고대사의 재건축③』의 핵심주제이므로 그 본질적인 모습은 '재건축③'에서 다루기로 한다. 이번 대목에서는 AD 6세기 초반까지 일본열도의 정치질서는 숭신왕조와 응신왕조가 대치하고 있었으며 임나일본부는 숭신왜국과의 관계에서 비롯됐다는 정도까지 이해하면 족하다. 가야와 숭신왜국을 이어주던 끈이 임나일본부였으며 훗날 일본부의 권리를 응신계 야마토조정이 승계하려는 과정에서 백제와 왜, 임나 간의 노정된 갈등상이 일본서기의 기록인 것이다. 가야(임나)의 몰락사부터 재조명함으로써 숨겨진 실체에 접근할 계획이다.

AD 6세기 가야(임나)의 몰락사

가야(임나)는 하루아침에 망하지 않았다. 가야가 소멸하는 과정은 구슬프고 안타깝고 서늘하고 처절하다. 인간에 비유하면 자연스런 노화로 죽음에 이르거나 갑작스런 사고사가 아니다. 시간을 두고 살이 찢겨가며 오랫동안 고통을 느끼면서 천천히 숨을 거둔 역사이다. 신라와 백제는 동과 서에서 가야(임나)의 살을 파먹었다. 인간에 비유하면 수많은 칼질로 살을 도려내는 책형(磔刑)으로 최후를 맞은 명나라의 군사영웅 원숭환(袁崇煥)의 스토리와 유사하다. 소멸의 과정이 길고 아팠기에 가야인들이 겪은 고통은 더욱 컸고 비극의 여운은 한반도와 열도의 역사에 오랫동안 전해졌다.

AD 6세기가 시작되자마자 가야(임나)의 비극은 시작되었다. 미리 말하자면 가야(임나)의 몰락은 배후이자 동맹인 숭신왜국의 몰락과 밀접한 관련을 맺고 있다. 시간대별로 여러 사건이 이어지고 있지만 3단계로 분류할 수 있다. 1단계는 대가야를 중심으로 한 가야(임나)가 서부영토를 백제에 탈취당하는 시기이다. 이 기간 동안 임나는 백제와 왜에 극히 적대적인 특징을 보여준다. AD 514~515년 '반파의 전쟁'이 대표적인 사례이다. 2단계는 신라가 금관가야를 합병한 이후 가야(임나)에 대한 압박을 강화하는 기간이다. 신라에 밀린 가야(임나)소국들은 안라를 중심으로 외교적인 노력으로 난국을 타개하고자 시도한다. 그러나 안라 등 가야(임나) 제국(諸國)의 희망과 달리 백제는 자신들의 영토적 야심을 드러내고 있어 양측 갈등이 심화된다. 이 시기의 왜는 별다른 영향력을 발휘하지 못하고 있다. 3단계는 다시 대가야가 중심이 된 시기이다. 가야는 백제의 부용세력으로 전락하여 고구려·신라 전역에 동원되는 따분한 처지이다. 그러다가 백제-신라 전쟁에서 백제왕(성왕)이 전사하는 등 크게 패하면서 가야(임나)는 신라에 합병돼 멸망한다. 구체적인 과정을 들여다보면 가야(임나)가 겪었던 처절한 멸망사가 파노라마처럼 그려진다. 역사서에 기록된 중요사건들을 시간 순으로 나열해 본다.

백제의 가야(임나)영토 탈취 단계

- AD 512년 임나사현을 백제에 빼앗김
- AD 513년 11월 기문(己汶)·대사(滯沙)를 백제에 빼앗김
- AD 514~515년 반파(伴跛)의 전쟁
- AD 527~528년 숭신왜국 '반정(磐井)의 전쟁' 패배
- AD 529년 3월 다사진(多沙津 =대사)의 백제영유 확정

신라의 공세와 가야독립 추구 기간

- AD 529년 임나부흥을 위한 '안라(安羅) 고당회의(高堂會議)'
- AD 529년 신라장군 이사부 금관가야 일대 4촌(四村) 공략
- AD 532년 신라 법흥왕, 금관가야 합병
- AD 540년경 임나하한의 백제 편입(군령성주 설치)
- AD 540년 7월 신라 법흥왕 사망, 진흥왕 즉위
- AD 541년 3월 신라장군 이사부, 병부령(兵部令)에 오름
- AD 541년 4월 임나재건 위한 1차 사비회의
- AD 544년 11월 임나재건 위한 2차 사비회의
- AD 548년 1월 안라·일본부, 고구려에 백제공격 권유 밀사 파견

대가야의 백제 부용과 멸망기

- AD 551년 백제-신라 연합군, 고구려 공격 한강유역 탈취
- AD 554년 백제-신라 전쟁, 백제 성왕 전사
- AD 562년 대가야 멸망

AD 6세기의 가야(임나) 역사는 백제와 신라에게 영토를 지속적으로 탈취당하여 멸망으로 이어지는 과정에 다름 아니다. 백제는 AD 512년 임나사현, 이듬해 기문·대사를 빼앗았고 540년경에는 임나하한을 차지하였다. 가야의 서부권역을 백제가 먹은 셈이다. 신라는 AD 529년 금관가야 주변을 공취한 다음 532년 금관가야를, 562년에는 대가야를 흡수하였다. 가야의 동부권역은 신라가 차지한 것이다.

가야(임나)의 몰락과정을 살펴보면 병이 들어 스스로 약화되었다기

보다는 국제정치가 깊숙이 작용하였음이 포착된다. 특히 숭신왜국이 AD 527~528년 반정(磐井)의 전쟁에서 패배하면서 일본열도에서 패권을 상실한 사건이 결정적이다. 숭신왜국이 몰락한 이후 가야(임나)는 빠르게 소멸의 과정을 밟았다. 532년 신라가 금관가야를 합병하였고, 540경에는 백제가 임나하한을 장악하였다. 외로이 버티던 대가야도 562년 멸망하면서 가야(임나)라는 이름은 온전히 사라졌다. 가야(임나)의 멸망은 신라나 백제에 비해 국력이 약했다는 원초적 한계도 작용하였지만 무엇보다 규슈를 최후의 기반으로 하였던 숭신왕조가 몰락한 이후 기댈 곳이 없어졌다는 국제정치적 불리함 탓이라고 여겨진다.

백제의 임나영토 탈취와 응신왜국 역할

가야는 흔히 신라에 멸망당하는 것으로 알고 있지만 실제로는 백제가 먼저 가야를 침탈하였다. 임나사현과 기문·대사를 삼킨 것이 대표적인 사례이다.

① 〈계체천황(繼體天皇) 6년(AD 512) 12월〉백제의 임나사현 차지

"12월 백제가 사신을 보내어 조를 올렸다. 따로 표를 올려 임나국의 상다리(上哆唎), 하다리(下哆唎), 사타(娑陀), 모루(牟婁)의 사현을 청하였다. 다리국수(哆唎國守)인 수적신압산(穗積臣押山)이 상주하여 '이 사현은 백제와 가깝게 이웃해 있고 일본에서 멀리 떨어져 있습니다. 조석으로 통행하기 쉽고 닭과 개의 주인도 (어느 쪽 닭과 개의 소리인지를) 구별하기가 어려울 정도입니다. 지금 백제에게 주어 한 나라로 만들

면 보전의 책이 이보다 나은 것이 없을 것입니다.'…대반대련금촌(大伴大連金村)이 상세하게 이 말을 들어 계책을 상주하였다. 이에 물부대련추록화(物部大連麁鹿火)를 칙을 전할 사신으로 정하였다…선물과 칙의 요지를 주어 표를 올린대로 임나사현을 주었다…(冬十二月 百濟遣使貢調 別表請任那國 上哆唎下哆唎娑陀牟婁 四縣 哆唎國守穗積臣押山奏曰 此四縣 近連百濟遠隔日本 旦暮易通鷄犬難別 今賜百濟合爲同國 固存之策無以過此…大伴大連金村具得是言同謨而奏 迺以物部大連麁鹿火宛宣勅使…付賜物幷制旨 依表賜任那四縣)"[81]

"상다리(上哆唎), 하다리(下哆唎), 사타(娑陀), 모루(牟婁) 등 임나의 4개현을 백제가 청하여 왜가 양도하였다."는 일본서기의 기록은 믿기 어렵지만 이때 백제가 가야(임나)의 4개 현을 차지한 것은 신뢰할 수 있다. 실상은 왜의 할양이 아니라 백제가 힘으로 확보하였을 임나사현은 당연히 백제와 인접한 곳에 상정된다. 임나사현은 지방조직, 즉 4개의 '현(縣)'으로 표현돼 있지만 '다리국수(哆唎國守)'란 직제명이 암시하듯 독자성을 지닌 소국들이었을 수도 있다.

임나사현의 위치를 놓고 입 가진 연구자마다 제각기 무수한 의견들을 쏟아냈다. 이걸 정리하는 데도 한참 시간이 걸릴 지경이다. 예컨대 다리(哆唎)는 영산강 동안지방, 사타는 전남 구례군, 모루는 전남 서부지방이라는 설 등이 제시되었다. 최근에는 여수와 순천, 광양 지역으로 보는 해석이 유력하다. 사타(娑陀)를 순천의 백제시대 지명인 사평

---

81. 전용신 역, 일본서기, 일지사, 2006, pp289~290.

(沙平)으로, 모루(牟婁)를 광양의 옛 지명인 마로(馬老)라고 간주하면 상다리(上哆唎)와 하다리(下哆唎)는 인접지역인 여수로 비정된다. 다리가 왜 여수반도인지에 대한 뚜렷한 설명은 없고 순천·광양의 인근이니 여수로 간주하는 논리인 것 같다. 그런데 상다리와 하다리를 상치리와 하치리로 읽어야 한다는 주장도 있다.[82] '哆'는 '벌벌 떨 다'와 '입 벌릴 치' 두 가지로 발음되는데 왜 '치'로만 읽어야 하는지는 의문이다. 다수설에 따라 상다리, 하다리라고 발음할 경우 '다리'라는 지명이

여수 부근 지도

도출된 이유는 뭘까? 여수의 지세가 '사람의 다리〈脚〉'를 연상시키는 두 개의 반도라는 사실을 감안해본다. 순천의 높은 산정에서 남쪽을 바라보던 사람들이 여수반도에 '다리'라는 지명을 붙였을 수 있다. 어쨌든 임나사현 할양기사는 순천과 광양, 여수 등 가야의 극서(極西)지역이 백제의 차지가 되었음을 시사한다.(참고로 김성호는 하다리는 부산 하단(下端 옛 초량), 상다리는 부산 상단(上端), 모루는 부산 모라동(毛羅洞), 사타는 모라동 건너편인 사덕(沙德)에 비정하였다.[83] 그러나 임나사현을 부산 일대로 보는 김성호의 논리는 동의하기 어렵다. "이 사현은 백제와 가깝게 이웃해 있고 일본에서 멀리 떨어져 있습니다."는 일본

82. 승천석, 백제의 장외사 곤지의 아스까베왕국, 책사랑, 2009, p242.
83. 김성호, 비류백제와 일본의 국가기원, 지문사, 1982, p281.

서기의 기사와 정면으로 배치되기 때문이다. 부산은 오히려 백제와는 멀고 일본과는 가까운 곳이다.) 4개 현을 상실한 이후 가야(임나)의 국세는 그만큼 약화됐겠지만 문제는 그게 끝이 아니었다는 사실이다. 백제는 곧이어 기문(己汶)과 대사(帶沙)의 땅을 장악하였다.

②〈계체천황(繼體天皇) 7년(AD 513) 11월〉백제의 기문·대사 공략

"11월, 조정에서 백제의 저미문귀장군, 사라의 문득지, 안라의 신이해 및 분파위좌, 반파의 기전해 및 죽문지 등을 나란히 세우고 은칙을 내렸다. 기문·대사를 백제에 주었다. 이달에 반파국이 즙지를 보내 진귀한 보물을 바치고 기문의 땅을 달라고 하였다. 그러나 끝내 주지 않았다.(十一月, 於朝庭 引列百濟姐彌文貴將軍 斯羅汶得至 安羅辛已奚及賁巴委佐 伴跛旣殿奚及竹汶至等 奉宣恩勅 以己汶滯沙賜百濟國 是月 伴跛國遣戢支獻珍寶 乞己汶之地 而終不賜)"[84]

③〈계체천황(繼體天皇) 10년(AD 516) 9월〉백제의 기문 장악 완료

"9월, 백제가 주리즉차(州利卽次) 장군을 보냈는데 물부련(物部連)과 같이 와서 기문(己汶)의 땅을 준 것을 감사하였다.(秋九月 百濟遣州利卽次將軍 副物部連來 謝賜己汶之地)"[85]

④〈계체천황(繼體天皇) 23년(AD 529) 3월〉백제 다사진 장악 완료

"백제왕이 하다리국수(下哆唎國守) 수적압산신(穗積押山臣)에게 말하기

---

84. 전용신 역, 일본서기, 일지사, 2006, p292.
85. 위의 책, pp294~295.

를 '…가라의 다사진(多沙津)을 신이 조공하는 길로 하겠습니다.'라고 하였다. 이를 압산신(押山臣)이 전하여 (천황에게)상주하였다. 이달 물부이세련부근(物部伊勢連父根) 길사로(吉士老) 등을 보내 항구(多沙津=滯沙津 대사진)를 백제에 주었다. 이에 가라왕이 칙사에게 '이 항구는 관가를 둔 이래 신이 조공할 때 기항하는 항구입니다. 어째서 쉽게 이웃 나라에 주십니까. 원래의 지정하여 주신 경계를 침범하는 것입니다'라고 말하였다. 칙사 부근(父根) 등이 이로 인하여 눈앞에서 (다사진을 백제에)주는 것이 어려워서 대도(大島 남해도로 추정됨)로 물러갔다. 따로 녹사(錄史 문서기록원)를 보내 부여(扶余 백제)에게 주었다. 이 때문에 가라가 신라와 같이 일본을 원망하였다.(百濟王謂下哆唎國守穗積押山臣曰…以加羅多沙津 爲臣朝貢津路 是以 押山臣爲請聞奏 是月 遣物部伊勢連父根吉士老等 以津賜百濟王 於是 加羅王謂勅使云 此津 從置官家以來 爲臣朝貢津涉 安得輒改賜隣國 違元所封限地 勅使父根等 因斯 難以面賜 却還大嶋 別遣錄史 果賜扶余 由是 加羅結儻新羅 生怨日本)"[86]

기문과 대사의 위치비정을 놓고서도 확립된 의견은 없다. 다만 6세기 초 한반도 남부의 정치형세를 감안할 때 유력하기는 호남 동부이다. 기문은 전라북도 장수와 운봉(남원시), 대사는 경상남도 하동 일대로 비정되고 있다.(삼국사기 악지(樂志)에 나오는 '우륵(于勒)의 12곡명'은 가야소국들의 국호로 추정되는데 상기물(上奇物)과 하기물(下奇物)이 있다. 기물(奇物)은 우리말 '긴물'과 발음이 통하는데 긴물을 한자로 표현

---

86. 위의 책, pp297~298.

하면 장수(長水)가 된다. 그래서 기문(己汶) 또는 기물(奇物)을 전라북도 장수와 연결짓는 의견이 많다.) 호남 동부지방이 상당 기간 대가야의 영역이었다는 것은 최근 고고학계의 정설이다. 대가야계 유물이 쏟아져 나오는 전북 남원시 아영면 두락리와 월산리, 장수군 동촌리, 전남 순천시 운평리 등지는 강력한 재지세력이 형성돼 있었음을 알 수 있다.

여기서 중요한 지리정보가 도출되니, 백제가 가야의 영역에서 먼저 임나사현을 떼어낸 다음 기문과 대사를 차지하는 '순서'이다. 임나사현과 기문·대사의 위치를 조금 더 선명하게 비정할 수 있는 대목이다. 즉 임나사현은 6세기 초 백제와 국경을 접한 가야(임나)의 극서(極西)였기에 먼저 떨어져 나갔고 기문과 대사는 그 다음 서부지구였다고 짐작된다. 백제의 대략적인 가야(임나) 공략루트가 드러난다.

임나사현과 대사·기문의 땅을 왜가 백제에 양보했다는 기사 자체는 사실이 아니다. 자국의 영토를 외국에 순순히 넘겨주는 나라는 존재

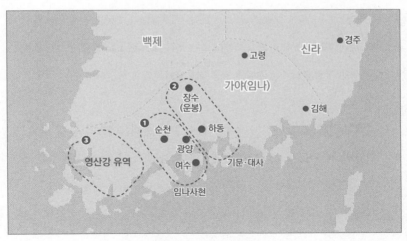

임나사현과 기문·대사 추정도

할 수 없다. 일본서기 계체천황 조의 '임나사현과 기문·대사 백제 할양' 기사는 어떤 경위로 백제가 가야를 압박해 그 영토를 빼앗았음을 보여주는 대목으로 해석된다. 백제의 영토탈취에 가야(임나)의 반발은 당연하였다. 514년에 일어난 '반파(伴跛)의 전쟁'이다. 백제의 침공에 견디다 못한 반파국(伴跛國)이 대항한 것이다. 반파국의 실체를 놓고 설들이 분분하지만 대체로 고령의 대가야로 추정된다.

⑤ 〈계체천황(繼體天皇) 8년(AD 514) 3월〉 반파(伴跛)의 전쟁 시작

"삼월에 반파(伴跛)가 자탄(子呑)과 대사(滯沙)에 성을 쌓아 만해(滿奚)와 연결하고 봉수와 군수창고를 설치해 일본에 대비하였다. 또 이열비(爾列比)와 마수비(麻須比)에 성을 쌓고 마차해(麻且奚), 추봉(推封)에 연결하였다. 군사와 병기를 모아서 신라를 핍박하였다. 남녀를 약취하고 촌읍을 약탈하였다. 흉적이 가는 곳에 남는 것이 드물었다. 포학사치하고 괴롭히고 침략하고 살상하는 것이 매우 많았다. 상세히 기록할 수가 없었다.(三月 伴跛築城 於子呑滯沙 而連滿奚 置烽候邸閣 以備日本 復築城於爾列比麻須比 以綑麻且奚推封 聚士卒兵器 以逼新羅 馭略子女 剝掠村邑 凶勢所加 罕有遺類 夫暴虐奢侈 惱害侵凌 誅殺尤多 不可詳載)"[87]

⑥ 〈계체천황(繼體天皇) 9년(AD 515) 2월〉 반파(伴跛)의 전쟁 계속

"이달에 사도도(沙都嶋 거제도)에 이르러 반파인이 (일본에)원한을 품고 강한 것을 믿고 포악한 일을 마음대로 한다는 소문을 들었다. 그래서

---

87. 위의 책, pp293~294.

물부련(物部連)이 수군 5백 명을 거느리고 대사강(帶沙江 섬진강)으로 직행하였다. 문귀장군(文貴將軍)은 신라를 경유하여 (백제로)귀국하였다. 4월, 물부련이 대사강에 머문 지 엿새째, 반파가 군사를 일으켜 나아가 공격하였다. 옷을 벗기고 물건을 빼앗고 장막을 모두 불태웠다. 물부련 등은 두려워 도망하였다. 근근해 목숨을 보전하여 문모라(汶慕羅 섬이름인데 남해도로 추정)에 도망하였다.(是月 到于沙都嶋 傳聞伴跛人 懷恨銜毒 恃强縱虐 故物部連率舟師五百 直詣帶沙江 文貴將軍自新羅去 夏四月 物部連 於帶沙江停住六日 伴跛興師往伐 逼脫衣裳 劫掠所齎 盡燒帷幕 物部連 等 怖畏逃遁 僅存身命 泊汶慕羅)"[88]

'반파의 전쟁' 결과에 대한 기록은 없다. 하지만 반파의 영역인 기문과 대사(다사)지역이 종국적으로 백제의 땅이 된다는 점에서 반파국이 패배한 것은 확실하다. 임나사현과 기문과 대사를 빼앗긴 데 반발하여 일으킨 반파의 전쟁은 백제·왜연합에 패배하였고(백제와 연합한 왜는 응신왜국이다.) 기문 등지는 백제 차지가 되었다는 뜻이 된다. 반파의 전쟁에서 패배함으로써 가야(임나)는 백제의 침공을 저지하지 못하는 고단한 처지로 몰린다.

백제의 임나사현과 기문·대사지역에 대한 장악은 하루아침에 이뤄진 간단한 문제가 아니었다. 백제와 가야는 물론이고 신라와 일본열도의 정치체까지 얽힌 복잡한 정치동학의 결과라고 보아야 마땅하다. AD 5세기 후반~6세기 초반 50여 년간, 일본열도는 숭신왜국과 응신

88. 위의 책, p294.

왜국 양대세력으로 분할돼 있었다는 것이 필자의 소견이다. 백제와 응신왜 연합이 한 축이었고 가야(임나)와 숭신왜가 다른 축을 이루고 있었다고 본다.(상세한 내용은 『한일 고대사의 재건축③』에서 다룬다.) 백제와 응신왜국 사이에는 가야·숭신왜국의 영토를 분해하여 각자의 영역을 넓혀 가도록 상호협력하자는 약속(명시적일 수도 있고 묵시적일 수도 있다.)이 있었다고 판단한다. 그런 약조를 기반으로 백제는 응신 왕조의 협력을 받아 임나사현과 기문·대사지역을 차지한다.

응신왕조는 가야(임나)의 배후이자 동맹이던 숭신왜국을 압박하여 한반도에 눈길을 돌리지 못하게 방해함으로써 백제를 지원하였다고 짐작된다. 가야 땅을 확보한 대가로 백제는 응신왕조가 희망하는 무엇인가를 제공하였을 것이다. 일본서기는 이 과정을 생략하고 마음씨 좋은 왜국이 백제에 영토를 선물한 것처럼 윤색(潤色)한 것이다. 6세기 초, 백제가 응신왜국, 즉 야마토조정의 직간접적인 도움을 받아 가야·숭신왜 연합을 압박하였고, 그 결과 임나사현과 기문·대사지역을 확보하였는데 일본서기는 마치 왜의 영토를 백제에 선물한 것처럼 왜곡했다는 것이 정확한 풀이이다.

숭신왜국의 몰락과 신라의 가야 합병

반파의 전쟁이 끝나고 10여년이 흐른 AD 527년에는 숭신왜국과 응신왜국이 정면으로 충돌하니 '반정(磐井 이와이)의 전쟁'이다. 일본 서기는 '반정의 난'으로 기록하고 있지만 사실은 열도의 패권을 두고 격돌한 대규모 전쟁이다. 514년 반파(伴跛)의 전쟁과 527년 반정의 전쟁은 무관하지 않다. 서로 연결된 전쟁이란 뜻이다. 백제와 응신왜를 한 축으로, 가야(임나)와 숭신왜를 다른 축으로 하는 4개의 정치체가 반도와 열도에서 두 개의 전선을 형성하며 싸운 셈이다. 백제·응신왜국 연합과 가야·숭신왜국 연합의 대결이었다. 가야와 숭신왕조는 한반도와 열도에서 제각기 밀리는 처지였던 만큼 상대를 지원하기가 여의치 않았을 것으로 여겨진다.

파급효과는 반파의 전쟁보다 반정의 전쟁이 훨씬 더 컸다. 일본서기에 따르면 반정의 전쟁은 야마토조정이 신라 침공을 준비하면서 비롯된다. 응신왜국은 신라에게 파괴된 남가라(南加羅)와 녹기탄(喙己呑)을 재건하기 위해 근강모야신(近江毛野臣 오우미노오미케누)이 이끄는 6만의 군대로 신라를 공격하고자 하였다. 이를 안 신라는 규슈〈筑紫〉의 지배자인 반정(磐井 이와이)에게 뇌물을 보내 왜의 군대를 막아달라고 요청했다.(당시 왜가 6만의 대군을 동원해 신라를 공격하려 했다는 일본서기의 기록은 신뢰하기 힘들다. 반정이 신라의 뇌물을 받았다는 것도 폄하하기 위한 분식일 것이다. 즉 응신왕조와 숭신왕조 간의 패권충돌이라는 '반정의 전쟁' 본질을 왜곡한 것이다.) 일본서기는 반정이 AD 527년에 '반란'을 일으켰다고 기록하고 있지만 사실은 응신왜국이 숭신왕조의 최후 거점인 규슈를 침공하여 전쟁이 발발하였다고 여겨진다. 응신왕조의 계체천황은 물부추록화(物部麁鹿火 모노노베노아라카이)가 이끄는 평정군을 규슈에 파견하였고 이듬해인 528년 11월 현재의 후쿠오카 지역인 '미이군〈御井郡〉'에서 벌어진 전투에서 승리하여 이른바 '반정의 난'을 진압하였다. 왜곡이 있음을 감안하며 일본서기 기록을 살펴보자.

⑦ 〈계체천황(繼體天皇) 21년(AD 527) 6월〉반정(磐井)의 전쟁 시작

"이때 축자국조(築紫國造 국조란 '구니노미야스코'로 훈독되는 지방관을 말하는데, 여기서는 군주였던 반정을 낮춘 표현이다.) 반정(磐井 이와이) 이 반역할 것을 음모하였으나 유예하여 몇 해를 지냈다. 일이 성공하기 어려울 것을 두려워하고 항상 틈을 엿보았다. 신라가 이를 알고 몰래 뇌물을 반정에게 보내어 모야신의 군대를 막으라고 하였다. 이때에 반정이 화국(火國 규슈 서쪽의 나가사키)과 풍국(豊國 규슈 동쪽의 오이타)의 두 나라에 세력을 펼쳐서 직무를 집행하지 못하게 하였다. 밖으로는 해로를 차단하여 고구려, 백제, 신라, 임나 등이 해마다 공물을 보내는 배를 가로막고 안으로는 임나에 보낸 모야신의 군대를 차단하였다… 천황이 대반대련금촌(大伴大連金村), 물부대련추록화(部大連麁鹿火), 허세대신남인(許勢大臣男人) 등에 조하여 '축자의 반정이 모반하여 서융의 땅과 연락하고 있다. 이제 누가 장군이 되겠는가?'라고 물었다. 대반대련 등이 '정직인용하고 군사의 일에 능통하기를 추록화의 위에 설 자가 없습니다'라고 대답하였다. 천황이 좋다고 하였다.(於是 築紫國造磐井 陰謀叛逆 猶豫經年 恐事難成 恒伺間隙 新羅知是 密行貨賂于磐井所 而勸防謁毛野軍 於是 磐井掩據火豊二國 勿使修職 外邀海路 誘致高麗百濟新羅任那等國年貢職船 內遮遣任那毛野臣軍…天皇詔大伴大連金村物部大連麁鹿火許勢大臣男人等曰 築紫磐井反掩 有西戎之地 今誰可將者 大伴大連等僉曰 正直仁勇通於兵事 今無出於麁鹿火右 天皇曰 可)"[89]

_____

89. 위의 책, pp295~296.

⑧ 〈계체천황(繼體天皇) 21년(AD 527) 8월〉반정(磐井)의 전쟁 계속

"(천황이)조칙을 내리길, 아 대련이여. 반정이 복종하지 않는다. 그대는 가서 치라고 말하였다. 물부추록화대련(物部麁鹿火大連)이 재배하여 '아, 반정은 서융의 교활한 자입니다. 냇물이 험한 것을 등지고 조정에 승복하지 않습니다. 산이 험한 것에 의지하여 난을 일으켰습니다. 덕에 반하고 도에 어긋납니다. 남을 얕보고 저만 잘났다고 합니다…(중략)…어찌 삼가 치지 않겠습니까'라고 하였다…(중략)…천황이 친히 부월을 잡아 대련에게 주며 '장문이동(長門以東 혼슈를 의미함)은 짐이 다스리고 축자이서(築紫以西 규슈를 의미함)는 그대가 다스려라. 상벌을 마음대로 행하여라. 자주 주하여 번거롭게 하지 말라'고 하였다.(詔曰 咨 大連 惟茲磐井弗率 汝徂征 物部麁鹿火大連再拜言 嗟 夫磐井西戎之奸猾 負川阻而不庭 憑山峻而稱亂 敗德反道 侮嫚自賢…能不恭伐…天皇親操斧鉞 授大連曰 長門以東朕制之 築紫以西汝制之 專行賞罰 勿煩頻奏)"[90]

⑨ 〈계체천황(繼體天皇) 22년(AD 528) 11월〉반정(磐井)의 패배

"대장군 물부대련추록화(物部大連麁鹿火)가 친히 적장 반정(磐井)과 축자의 어정군(御井郡 미이군)에서 교전하였다. (양군의)깃발과 북이 마주보고 티끌이 상접하였다. 결정적인 기회가 두 진영 간에 생겨나는 가운데 (서로가)죽을 곳을 피하지 않았다.(치열한 전투과정을 묘사함) 드디어 반정을 베고 결과로 경계를 정하였다.(大將軍物部大連麁鹿火 親與賊帥磐井 交戰於築紫御井郡 旗鼓相望埃塵相接 決機兩陣之間 不避萬死之地 遂斬

---

90. 위의 책, pp296~297.

磐井 果定疆場)"[91]

1년 이상 소요된 반정(磐井)의 전쟁에서 응신왜국이 승리하여 마침내 숭신왜국을 타멸하는 데 성공하였다. ⑧기사에서 응신왜국의 계체천황이 자신은 장문이동(長門以東), 즉 혼슈를 차지하고 축자이서(築紫以西)는 추록화가 다스리라고 한 것은 이때까지의 응신왜와 숭신왜 영역을 개략적으로 시사하는 대목이다. 천황이 혼슈만 차지하여도 만족스럽다는 의미인데, 이 말은 혼슈서부가 반정의 전쟁 당시에 숭신왕조의 영역이었음을 암시한다. 그래서 숭신왜국의 영토를 나누는 과정에서 동쪽인 혼슈 쪽은 천황이 갖고 서부인 축자(규슈)는 추록화가 갖게 되면 적절한 분배가 되는 셈이다.(이에 대한 자세한 내용은 『한일 고대사의 재건축③』 8장에 나온다.)

어쨌든 백제·응신왜국 연합은 527~528년 반정의 전쟁에서 승리하며 숭신왕조를 사실상 타멸하였다. 이어 가야 영역까지 삼키려 시도하였지만 엉뚱하게도 신라가 532년에 금관가야를 합병하면서 헛물만 켰다. "가죽이 없으면 털이 붙을 곳이 없다.(皮盡而毛無所)"는 말처럼, 금관가야는 숭신왜국이라는 배후가 사라져 기댈 곳이 없어지자 백제·응신왜국 연합의 공격을 피해 신라에 투항한 것이다. '왕이 남쪽을 순시하였다'는 삼국사기 법흥왕조 기사는 법흥왕이 위기에 처한 금관가야 구형왕을 만나 유리한 항복조건을 제시하였음을 암시한다.

---

91. 위의 책, p297.

⑩ 〈삼국사기 신라본기 법흥왕 19년(AD 532)조〉신라, 금관가야 합병

"10대 구해왕에 이르러 양나라 중대통 4년, 신라 법흥왕 19년(AD 532년)에 백성들을 이끌고 와서 항복하였다.(至十世仇亥王 以梁中大通四年 新羅法興王十九年 率百姓來降)"

금관가야가 사라진 뒤에는 안라를 중심으로 '가야권 독립'을 위한 외교전을 열심히 펼치지만 국력의 뒷받침 없이 성공하기 힘들었다. 순망치한(脣亡齒寒)...입술이 사라지면 이가 시린 법이다. 가야권의 큰 집, 본가야를 자처하던 금관가야가 멸망하면서 안라와 소가야 등 여타 소국들은 순식간에 따분한 처지가 되고 말았다. 신라는 물론이고 백제도 이빨을 드러내기 시작하였다. 백제는 신라의 가야공략에 맞서 임나하한을 장악하며(임나하한이 어디인지, 백제가 임나하한을 장악한 것이 갖는 의미에 대해서는 『한일 고대사의 재건축③』 11장에서 상세히 다룬다.) 가야(임나) 영토를 계속 파먹기 시작하였다.

⑪ 〈흠명천황(欽明天皇) 2년(AD 541) 7월〉백제의 임나하한 확보 확인

"백제는 기신나솔(紀臣奈率) 미마사(彌麻沙), 중부나솔(中部奈率) 기련(己連)을 보내어 하한·임나의 정사〈下韓·任那之政〉를 보고하고 아울러 표를 올렸다.(百濟遣 紀臣奈率彌麻沙中部奈率己連 來奏下韓任那之政 幷上表之)"[92]

---

92. 위의 책, p321.

⑫ 〈흠명천황(欽明天皇) 4년(AD 543) 11월〉임나하한에 대한 왜의 관심

"진수련(津守連)을 보내어 백제에 조하여 '임나의 하한〈任那之下韓〉에 있는 백제의 군령(郡令), 성주(城主)는 일본부에 귀속하라'고 하였다…(중략)…세 사람의 (백제)좌평(佐平)들이 '하한(下韓)에 있는 우리 군령, 성주 등을 내보내면 안 됩니다. 나라를 세우는 일은 빨리 조칙을 듣는 것이 옳습니다'라고 답하였다.(遣津守連 詔百濟曰 在任那之下韓 百濟郡令 城主 宜附日本府…三佐平等答曰 在下韓之 我郡令城主 不可出之 建國之事 宜 早聽聖勅)"[93]

위 ⑪, ⑫의 두 기사는 백제가 흠명 2년(AD 541) 이전에 임나하한으로 진출한 정황을 보여준다. 백제가 임나하한을 장악한 시기는 '반정의 전쟁'이 끝난 528년 즈음부터 540년에 이르는 기간으로 추정된다. 그 결과 가야(임나)는 점점 약화되어 빈사지경에 몰렸을 것이다.

5세기 후반 이후 백제와 응신왜는 각각 가야와 규슈라는 꿀단지를 차지하기 위해 단일국가처럼 긴밀히 협력하였다. 백제는 가야를 공략하고 응신왜국은 숭신왕조를 공격하는 방식이었다. 외곽에 위치한 데다 규모 면에서 광대했던 백제·응신왜 연합은 포위당한 형국인 가야·숭신왜 연합보다 유리하였다.

527~528년 반정(磐井)의 반란 토벌기사는 응신왜국이 숭신왜국을 타격하고 소멸시킨 역사를 비틀어 기술한 내용으로 여겨진다. '규슈의 추장 반정(磐井 이와이)이 야마토조정의 명령을 듣지 않고 신라

---

93. 위의 책, pp321~322.

와 공모하여 일으킨 반란'으로 왜곡하였지만 실제는 그 반대이다. 당시까지 일본열도 서부권에서 리더십을 유지하고 있던 숭신왕조를 응신왜국이 침공한 전쟁이다. 숭신왕조가 신라와 손을 잡는 최악의 상황을 감지하고 선제공격한 것으로 짐작된다. 반정의 전쟁에서 패배한 숭신왜국은 결정적 타격을 입어 급속히 소멸의 길을 걸었고, 가야(임나)에 대한 지원능력을 상실하였을 것이다.

정세변화를 재빨리 간파한 신라는 532년 사면초가에 빠진 금관가야 구형왕을 구워삶아 흡수합병하는 데 성공한다. 백제의 오랜 공세에다 지원세력인 숭신왜국을 상실한 금관가야로서는 신라와 합병하는 길 외에 다른 선택이 없었다. 열도의 숭신왜국도 백제·응신왜국 연합의 공격으로 별다른 대책없이 소멸의 길로 걸어갔다.

가야(임나)와 순망치한의 관계였던 숭신왜는 527~528년 '반정(磐井)의 전쟁' 패배에 이어 532년 금관가야, 562년 대가야의 멸망으로 연대세력이 사라지면서 소멸한다. 백제·응신왜국 연합의 공세에 숭신왜국 홀로 맞설 수 없었고 숙적 신라의 힘을 빌릴 수도 없었을 것이다. 숭신왜와 금관가야가 사라지면서 대가야는 고립무원 처지가 된다. 대가야는 신라와 결혼동맹을 맺는 등 고군분투하며 30년을 더 버티지만 오랫동안 성공하지는 못하였고 사면초가 상태에서 AD 562년 멸망한다.

⑬〈흠명천황(欽明天皇) 23년(AD 562) 1월〉신라, 대가야 합병

"신라는 임나의 관가를 쳐 없앴다.(新羅打滅任那官家)"[94]

---

94. 위의 책, pp347~348.

백제·응신왜국 연합은 가야·숭신왜 연합과의 오랜 전쟁 끝에 숭신 왕조를 타멸해 열도의 패권을 쥐는 데는 성공하였지만 가야권역의 핵심부를 신라에 빼앗기면서 절반의 승리에 그치게 된다. 가야(임나)와 순망치한의 관계였던 숭신왜는 527~528년 '반정의 전쟁'에서 패배하면서 결정적으로 몰락하였다. 532년 금관가야, 562년 대가야의 멸망과정에 숭신왜국의 존재감은 찾을 수 없으니 아마도 반정의 전쟁 이후 몰락한 것으로 판단된다.(규슈왕조설을 내세우는 연구자들은 규슈왕조의 왕통이 7세기까지 이어진다고 주장하지만 필자는 반정의 패전 이후 사라졌다고 본다.)

가야와 숭신왜가 모두 사라진 AD 562년 이후 백제·응신왜 연합은 약 100년간 신라를 가파르게 몰아붙였다. 응신왜국은 562년 대가야가 멸망한 이후 신라에 이른바 '임나의 조(調)'를 요구하였으니 자신들이 가야(임나)와 관련된 숭신왕조의 기득권을 모두 장악했다는 의지의 표현으로 여겨진다. 응신왜의 압박은 신라의 동남해안선 방어 부담을 키웠을 것이 틀림없다. 신라의 전선이 양분된 상황에서 백제는 신라의 서쪽을 쉴 새 없이 두들겨 여러 성과 주군(州郡)을 빼앗아 갔다. 특히 선덕여왕 11년(AD 642)에는 백제군이 합천 대야성을 비롯한 신라의 40여 성을 빼앗아가니 옛 가야땅 대부분이 백제 차지가 되었다.(이때 고구려도 신라공격에 가세하였다. 태종무열왕 2년(AD 655) 고구려와 백제·말갈 연합군이 신라의 북방을 공격하고 33개 성을 빼앗아 갔다.) 대가야 멸망 이후 100년이 신라에게는 가장 힘들고 위험한 시기였다. 그러나 '백년전쟁'은 신라가 대당(對唐)외교의 성공을 바탕으로 백제·응신왜 연합에 승리하면서 종결된다. 백제·응신왜 연합은 가야·숭신왜 연합에 대해서는 승리하였지만 신라의 탁월한 전략에는 적절히 손을 쓰지 못하고 패배하였다. 한반도 남부의 3대세력(백제·신라·가야)과 열도의 양대세력(숭신왜·응신왜)이 복잡하게 얽혔던 고차방정식은 한반도에서는 신라, 열도에서는 응신왕조의 최종승리로 결론이 난 셈이다.

백제-신라에 양분된 임나의 영역

한국 고대사지도를 보면 가야(임나)의 영역은 대체로 낙동강 서쪽의 영남지역으로 한정돼 있었다. 최근에는 전라북도 장수와 남원, 전라남도 순천과 광양, 여수까지 포함시키기도 하지만 지도에 표현하기는 아직까지 인색하다. 그러나 필자는 전성기 가야권의 영역은 더욱 넓었다고 본다. 호남동부는 물론이고 영산강유역까지 '가야 세력권'에 포함시켜야 한다고 본다.

일본 역사교과서에 나오는
이른바 '임나 영역도'

'임나는 야마토왜의 관가(官家)'였다고 주장하는 일본 황국사관론자들의 주장을 따르는 것은 아니지만 가야(임나)의 영역에 대해서는 일본의 지도를 참고할 필요가 있다. 가야(임나)의 영역을 지나치게 확장하고 있지만 전라남도 지역을 가야의 세력권에 포함시켜야 한다는 데

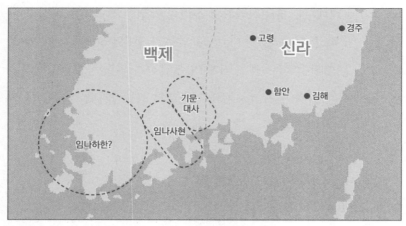

6세기 후반~7세기 백제·신라 영토

필자도 동의한다. 근년의 고고학적 발굴의 성과를 감안한 영역구분이다. 그런데 562년 대가야가 멸망한 이후 약 100년간 백제와 신라의 영토는 대체로 위의 지도와 같이 구획되었다.

이렇게 볼 경우 가야(임나)의 영역은 백제와 신라가 대체로 양분한 것으로 판단할 수 있다. 가야는 신라에 독점적으로 장악되었다는 상식과 달리 백제와 신라 양쪽으로 찢기며 소멸한 것이다. 소백산맥을 경계로 영남의 가야는 신라, 호남의 가야권역은 백제 차지가 된 셈이다.

호남방면의 가야(임나) 영역은 3단계에 걸쳐 백제의 영토로 바뀌었다고 여겨진다. 첫째는 임나사현의 장악이고 둘째는 기문·대사 영유이다. 그리고 셋째로는 임나하한(任那下韓)의 차지이다. 현재 국내의 고대사학계는 임나사현과 기문·대사를 호남동부와 하동 일대로 여긴다. 그리고 임나하한은 안라 등 경상남도로 비정하고 있다.

임나사현과 기문·대사에 대해서는 필자도 사학계 주류입장과 대체로 일치한다. 하지만 세 번째, 임나하한의 위치 만큼은 사학계 공식 의견과 사뭇 다르다. 앞 절에서 언급한 것처럼 '하한(下韓)'이란 표현은 AD 541년 처음으로 발견된다. 그런 점에서 임나하한은 530년대에 백제가 새로 차지한 영역임이 분명하다. 백제는 6세기 이후, 그때까지 독립적으로 존재하던 영산강세력을 완전 굴복시켰다. 백제가 6세기에 새로 확보한 영역은 아라가야 등 경상남도가 아니라 전라남도인데, 이 지역을 임나하한으로 표현한 듯하다.(하한(下韓)을 남한(南韓)으로 부르는 백제 성왕의 언급은 의미심장하다. 일본서기에서 5세기 이전의 한(韓)은 대체로 가라를 의미하지만 6세기 이후에는 백제를 말한다. 백제 성왕이 말하는 남한이란 '백제의 남쪽'이란 뜻이다. 부여(사비)를 수도로 한 '백제의 남쪽 땅'으로는 낙동강 서쪽의 영남권보다는 영산강유역이 더 부합한다.)

임나하한의 실체 문제는 『한일 고대사의 재건축③』의 3부에서 집중적으로 다루겠지만, 어쨌든 가야(임나)는 백제와 신라에 의해 영토를 빼앗기면서 마침내 소멸하였다. 그 과정에서 신라 못지않게 백제의 침탈이 컸다는 사실을 인식할 필요가 있다. 백제가 장악한 호남지방 상당부분은 원래 가야(임나)의 영토 내지 세력권이었다는 말이다.

백제-응신왜국 '뒤늦은 갈등'의 배경은?

가야의 영역이던 임나사현과 기문·대사를 백제가 차지하도록 열심히 돕던 왜가 '느닷없이' 백제와 갈등하는 양상이 일본서기에 출현한다. 11장 '숨겨진 존재 임나일본부 파견주체'에서 언급하였듯이 왜국은 백제가 가야영역에 진출하여 설치한 군령(郡領)·성주(城主) 등을 일본부에 넘겨주라고 요구한다.(일본서기 흠명 4년(AD 543) 11월 기사) 가야땅을 둘러싼 백제와 왜의 갈등을 노정한 대목인데, 실상은 일본열도의 패권을 장악한 응신왕조가 오랜 동맹국인 백제를 견제한 증거이다.(『한일 고대사의 재건축③』에서 상세히 다루지만, 응신왜는 5세기 초반 백제의 담로국으로 출발하였다는 것이 필자의 소견이다. 따라서 처음에는 백제가 절대적으로 우위에 있었지만 점차 응신왜국의 국력이 커지면서 6세기 중반 이후의 백제-왜 관계는 대등한 동맹으로 조정된다. 그러다가 7세기 중반, 백제의 처지가 고단해지면서 응신왜(야마토조정) 우위로 바뀌어 간다고 짐작한다.) 백제는 다소 당황했겠지만 왜의 요구를 끝내 수용하지 않는다.

〈흠명 4년(AD 543) 11월〉백제, 임나하한의 일본부 귀속 요구 배격

"진수련(津守連)을 보내어 백제에 조(詔)하여 '임나의 하한〈任那之下韓〉에 있는 백제의 군령(郡領)·성주(城主)는 일본부에 귀속하라'고 하였다…백제 성명왕(聖明王 성왕)이…여러 신하에게 차례로 '어떻게 할까?'라고 물었다. 세 좌평(佐平) 등이 '하한에 있는 우리(백제)의 군령·성주 등을 내보내면 안 됩니다…'라고 대답하였다.(遣津守連 詔百濟曰 在任那之下韓 百濟郡領城主宜附日本府…聖明王…歷問諸臣 當復何如…三佐平 等答曰 在下韓之 我郡領城主 不可出之…)"[95]

---

95. 위의 책, pp321~322.

백제와 왜 사이의 갈등이 표출된 이유는 뭘까? 응신왕조가 숭신왜국을 타멸시킨 뒤 정신을 차려 한반도 정세를 살펴보니 신라가 금관가야(南加羅)를 합병하였고 탁순(卓淳) 등 다른 가야 소국들도 신라에 넘어가고 있었다.(AD 540년경의 일이다.) 응신왜국(야마토조정)은 숭신왕조가 지녔던 제반 이권이 자신들에게 있다고 여겼다. '가야(임나)는 숭신왜국의 관가(官家)'라는 것이 응신왜국의 인식이었다. 응신왜국이 숭신왕조의 재산권을 챙기는 과정에서 임나부흥이라는 슬로건이 제시되었으니, 숭신왜국의 세력권이던 가야(임나)를 이제는 자신들의 영역에 포함시켜야 하겠다는 권리승계의식이 발동한 탓이라고 하겠다.

잘 협력하던 응신왜국이 백제에 '임나 재건'을 요구하는 것도 이런 맥락에서 이해된다. 응신왕조(야마토조정)가 규슈까지 전 열도를 합병한 만큼 과거 숭신왜국의 세력권은 모두 자신들이 차지하겠다는 야심이다. 신라는 물론이고 백제도 가야(임나)땅을 마음대로 삼켜서는 안 되며 응신왜의 영역으로 재건·존속시켜야 한다는 주장을 강력히 펼친다. "임나의 하한(下韓)에 있는 백제의 군령(郡令)·성주(城主)는 일본부에 귀속하라."는 흠명 4년(AD 543) 11월의 기사가 그 증거이다. 임나(가야) 재건을 위한 중심은 백제가 아니라 야마토조정의 지시에 따르는 '새로운 일본부'가 돼야 한다는 논리였다.

여기서 가야(임나)를 둘러싼 백제와 응신왜국의 입장 차이가 선명하게 드러난다. 당시 백제는 급하였다. 숭신왜라는 뒷배가 사라진 만큼 가야소국들은 이제 백제의 차지라고 여겼으나 신라가 발 빠르게 움직이고 있었다. 금관가야를 집어삼킨 신라가 나머지 가야제국을 흡수하기 전에 자신들이 합병할 심산이었다. 이런 기류를 읽은 응신왜국은 백제가 가야소국들을 삼키는 것 또한 반대하면서 '임나 재건'을 백제 측에 요구한 것이다.

응신왕조는 AD 5세기 초중반 백제의 담로소국으로 출발하였고 6세기 초반까지는 백제에 대해 을(乙)의 위치에 있었다고 짐작된다. 하지만 527년 반정(磐井)의 전쟁에서 승리하면서부터는 달라진다.(백제와 응신왜국의 관계는 『한일 고대사의 재건축③』에서 본격적으로 다룬다.) 예나 지금이나 국제관계는 국력을 정확히 반영한다. 숭신왜국을 합병하고 열도의 패권을 쥐게 된 응신왕조가 뒤늦게 백제에 '갑질'을 시작한 것이다. 6세기 초중반 응신왕조의 흠명천황은 백제계 후예라고 짐작되지만 당대의 백제왕실에게 국가이익까지 양보할 바보는 아니었다. 국가권력을 장악한 냉혈한들은 혈연에 연연하지 않는 법이니 친형제까지 예사로 죽인다. 같은 부여계인 고구려와 백제가 원수가 되어 쟁투한 사실은 국익 앞에서 혈연은 고려대상이 아니라는 냉혹한 실상을 잘 보여준다.

백제의 생각은 당연히 응신왜와 달랐다. 신라의 발 빠른 행보와 대가야의 강한 반발로 인해 백제가 가야(임나)를 전부 차지하기 어려운 상태에서 임나하한의 확보를 기정사실화하는 쪽으로 움직였다. 응신왕조(야마토조정)의 요구에 따라 영남쪽의 가야(임나)권역을 재건해 줄 생각은 처음부터 없었다. 백제 성왕이 일본 천황의 요구를 받아서 주도한 것으로 기술돼 있는 임나재건 행보가 실질적인 소득이 없이 지지부진하였던 이유는 이렇게 설명된다. 가야(임나) 재건에 신경을 쓰는 듯한 시늉만 했을 뿐 적극적으로 움직이지 않았던 성왕의 행보는 '소백산맥 동쪽의 가야땅은 어차피 먹지 못할 감'이라고 여겼던 백제의 정세판단의 결과였다고 하겠다.

백제는 가야 공략, 응신왜는 규슈 공격−『한일 고대사의 재건축③』일부 인용

가야(임나)가 몰락한 배경은 일본의 패권교체가 밀접한 연관성을 지니고 있다는 것이 필자의 소견이다. 특히 5세기 후반~6세기 초반 50여 년간, 열도의 동서(東西)를 기반으로 한 응신왜와 숭신왜의 대결에서 가야의 뒷배이던 숭신왕조가 패배한 것이 결정적이라고 본다. 숭신왕조는 가야에서 열도로 발진한 정치체로서 가야의 오랜 동맹이었다. 일본의 패권교체 과정은 『한일 고대사의 재건축③』의 핵심내용이지만 이 대목에서 제한적으로 언급한다면, 일본열도의 서쪽에 기반을 둔 숭신왕조는 가야(임나)와 연합관계였고 동쪽에 중심을 둔 응신왕조는 백제의 동맹군이었다고 판단한다.

6세기 초, 백제는 가야영역 침탈과 신라 견제라는 목적을 위해 기나이 응신왕조의 힘을 적극 활용한 것으로 보인다. 응신왜국 역시 백제의 힘을 빌려 숭신왕조를 타도하려는 의도였기에 양국의 배짱은 서로 맞았을 것이다. 일본서기에 따르면 백제는 임나사현 등 가야의 영향권에 있던 땅을 잇달아 공략해 차지한다. 관련 기사만 해도 최소 4차례 출현한다. 일본서기는 왜가 수시로 백제에 영토를 할양하는 마음씨 좋은 나라로 기술하고 있지만 사실일 리 없다. 백제는 왜의 땅을 선물받은 게 아니라 가야 땅을 빼앗은 것이다.

백제와 왜국 사이의 영토할양 기사는 일본의 패권경쟁이 시작되기 이전인 4세기 말부터 출현한다. 미리 말한다면 4세기 말~5세기 초반까지 백제가 접촉한 왜국은 가야에서 발진한 숭신왕조로서 5세기 중반 이후에 접촉하는 왜국(응신왕조)과는 다르다.(이 점은 『한일 고대사의 재건축③』5장에서 상세히 다루고 있다.) 4세기 말~5세기 초의 영토 논의는 숭신왕조가 가야에서 활동하던 시기에 백제와 협상한 내용이며, 6세기의 영토 논의는 백제가 가야영역을 침공한 내용으로 성격이 완전히 달라진다. 이런 점을 감안하여 백제와 왜국간의 영토할양 기사를 살펴보자. 먼저 신공황후 49년(AD 369년으로 보정)조의 기사이다.

① "…가라의 7국을 평정하였다. 이에 군대를 옮겨 서쪽으로 돌아 고해진(古奚津)에 이르러 남만(南蠻)의 침미다례를 도륙(屠戮)하여 백제에 내려주었다. 이에 백제왕 초고(肖古)와 왕자 귀수(貴須)가 군대를 이끌고 와서 모였다. 그때 비리(比利), 벽중(辟中), 포미지(布彌支), 반고(半古)의 4읍은 스스로 항복하였다. 이에 백제왕 부자와 황전별(荒田別)·목라근자(木羅斤資) 등이 함께 의류촌(意流村)에서 만나 기쁨을 나누었다."

응신(應神) 8년(AD 397년으로 보정)에는 백제기(百濟記)를 인용하여 백제가 5개 지역을 왜에 빼앗겼다고 기록하고 있다. 다음과 같다.

② "(백제)아화왕이 귀국(=왜)에 무례하여 침미다례(枕彌多禮), 현남(峴南), 지침(支侵), 곡나(谷那), 동한지지(東韓之地)를 빼앗겼다."

그러다가 응신 16년(AD 405년) 백제 아화왕(아신왕)이 타계하자 왜에 인질로 와있던 직지(直支)로 하여금 백제 왕위를 계승하게 하면서 '동한지지(東韓之地)를 주었다'고 적고 있다. 필자는 5세기 초반까지 백제가 접촉한 왜는 숭신왜국이라고 본다. 이어 100여년의 세월이 흐른 뒤, 계체천황(繼體天皇) 6년(AD 512) 12월조에 이른바 임나사현 할양기사가 출현한다.

③ "백제가 표문(表文)을 올려 임나국의 상다리(上哆唎), 하다리(下哆唎), 사타(娑陀), 모루(牟婁)의 사현(四懸)을 청하였다. 다리국수(哆唎國守)인 수적신압산(穗積臣押山)이 아뢰기를 '이 사현은 백제와 가깝게 이웃해 있고 일본에서 멀리 떨어져 있습니다. 조석으로 통행하기 쉽고 닭과 개의 주인도 구별하기가 어렵습니다. 지금 백제에게 주어 한 나라로 만들면 보전대책으로 이보다 나은 것이 없을 것입니다…(중략)…표를 올린대로 임나사현을 주었다."

이듬해인 계체 7년(AD 513) 11월에는 기문과 대사를 백제에 넘겼다는 기사가 나온다.

④ "기문(己汶)과 대사(帶沙)를 백제국에 주었다. 이달에 반파국이 즙지(戢支)를 보내 진보(珍寶)를 바치고 기문의 땅을 달라고 하였으나 끝내 주지 않았다."

백제는 호남동부(임나사현)와 섬진강유역(기문·대사)을 확보하였지만 더 이상의 진척은 없었다. 가야·숭신왜 연합의 강한 반발에다 신라의 견제로 인하여 나머지 가야소국들을 병합하는 데는 실패하였다. 반면 응신왜는 백제의 지원과 협공에 힘입어 527~528년 '반정(磐井)의 전쟁' 승리를 통해 규슈를 최후 거점으로 삼고 있던 숭신왕조를 타멸하고 열도의 패권을 장악하기에 이른다. 결과적으로 볼 때 백제·응신왜국 연합의 실질적 수혜자는 응신왕조였다고 하겠다.

'임나 기록'이 말하는 고사기와 일본서기의 편찬원칙

AD 712년에 편찬된 고사기(古事記)와 720년에 편찬된 일본서기(日本書紀)에서 결정적인 차이는 '임나 관련 기록'의 유무이다. 고사기에는 임나 기록이 전무한 데 반해 일본서기에는 일본부를 비롯하여 임나 관련 기술이 차고 넘친다. 불과 8년 차이로 저술된 두 역사서에서 이렇게 큰 차이가 생겨난 이유는 무엇일까?

임나 기록의 유무는 사실 간단한 문제가 아니다. 두 역사서의 편집원칙이 달라졌음을 알려주는 바로미터이다. 고사기는 철저히 야마토 조정을 중심에 두고 응신왜국이 경험한 역사를 기록한 책이다. 그러므로 응신왕조가 접촉하지 않았던 사실은 등재될 수 없다. 임나 관련 기록도 당연히 그러하다. 응신왜는 5세기 초반 백제의 담로소국으로 출발한 왕조로서 5세기 말에야 외교력을 가졌다고 사료된다. 하지만 6세기 초까지는 백제와 주로 접촉하였고 타국과의 외교는 백제의 지도하에 이뤄졌다고 짐작한다. 응신왜가 서쪽으로 영역을 확장한 이후에는 신라와 간헐적인 접촉은 가능했겠지만 가야 제국(諸國)과의 교류는 사실상 없었다고 여겨진다. 백제가 용납하지도 않았을 것이다.

응신왕조가 한반도의 사정에 구체적인 관심을 두기 시작한 것은 AD 527~528년 '반정(磐井)의 전쟁'에서 승리하여 일본열도의 패권을 완전장악한 이후의 일이다. 필자는 540년경, 임나하한(任那下韓)에 있는 백제의 군령·성주를 일본부에 귀속시키라는 요구를 하는 것이 응신왜국이 한반도 문제에 개입을 시도한 첫 사례라고 간주한다. 그때는 이미 가야(임나)가 신라와 백제에 의해 멸망하는 단계였다. 응신왜국과 가야(임나)가 병존한 시간은 30년 정도에 불과하였다. 밀도 있는 접촉을 하기에는 시간이 짧았다. 응신왜로서는 가야(임나)의 재건을 백제에 요청하는 정도에 그쳤을 뿐 '일본부'라는 외교기관을 통하여 가야 제국(諸國)과 교류하는 역사는 만들지 못하였다. 그 결과 고사기에는 임나일본부를 비롯하여 가야(임나)이야기가 기재될 여지가 사실상 없었다. 반면 일본서기는 숭신왕조의 역사도 필요한 부분은 응신왜국의 역사에 과감하게 포함한 책이다. 물론 숭신왕조라는 '계통이 다른 왕조'가 있었다는 흔적은 철저히 지워버리고 자신들의 행적으로 왜곡한 것이다.

어쨌든 8세기의 야마토조정이 천황가의 만세일계를 구축하기 위해 숭신왕조의 행적을 대거 수용한 결과, 숭신왜국이 가야를 중심으로 신라, 백제 등과 수백 년간 교류하고 접촉한 역사적 성과들이 일본서기에 풍성하게 담기게 되었다. 앞서 언급했듯이 임나일본부는 숭신왕조가 가야권과의 소통을 위해 마련한 외교기관이다. 그런데 일본부 파견주체(숭신왕조)를 숨긴 채 기술하다 보니 일본부가 왜국에 저항하는 등의 모호하고 이해되지 않는 점이 다수 발생한 것이다.

AD 712년, 야심차게 편찬한 고사기를 읽어본 천무천황(天武天皇)은 적잖이 실망했던 모양이다. 백제 외에 신라, 가야 등 한반도 제국과의 관련된 기사가 거의 담기지 않았기 때문이다. 그래서 즉시 새로운 역사서를 만들라고 지시했고 8년 후인 720년 일본서기가 출간된 것이다. '일본은 황제국'이라는 천하관을 구성하고자 했던 천무천황으로서는 "반도의 번국(藩國)들이 역대 천황에게 조공했다."는 내용이 절실하였기에 숭신왜국이 한반도와 접촉한 기록들을 응신왜국의 활동으로 왜곡해서 일본서기에 대거 포함시켰다고 추론된다. 숭신왕조 최후의 거점인 규슈를 합병하고 열도의 패권을 장악한 만큼 응신왜국은 숭신왕조의 역사에 대해서도 지적재산권이 있다고 자기합리화했던 셈이다.(일본서기 편찬의 사관과 그에 담긴 역사적 의미에 대해서는 『한일 고대사의 재건축③』 말미의 '시리즈 에필로그'에서 상세히 기술한다.)

일본서기의 가야(임나) 기사들은 왜곡이 많지만 그래도 소중하다. 상세하고 다양한 스토리가 담겨 있기 때문이다. 일부 왜곡을 근거로 모두를 부정할 필요는 없다. "일본서기는 모두 위작"이라고 결론내리고 무시하는 것은 '뒤늦은 독립운동'은 될지 모르지만 학문하는 태도라고 보기는 힘들다. 성장단계에서 꺾여버린 가야(임나)는 자국사를 남기지 못하였으나 일본서기의 편린들을 조합하여 소박하게라도 가야사를 재구축할 수 있게 된다.

왜(倭)와 임나(任那)의
수수께끼를 푸는 여정

『한일 고대사의 재건축①』은 마름모꼴 바다에 기대어 수천 년을 살아간 해변민의 숨겨진 정체와 그들이 한반도와 열도, 두 갈래로 나뉘어 적대시하게 된 역사를 되짚어 보는 여정이었다. ①권의 12개 장을 통해 나는 한일 고대사전쟁의 핵심소재가 된 왜(倭)와 임나(任那)의 감춰진 얼굴을 찾고자 시도하였다. 역사과정에서 생겨난 의문의 해답은 역사 그 자체에 숨어 있다는 것이 필자의 믿음이기 때문이다.

물론 고대사에서 진실을 추출하기란 쉬운 일이 아니다. 고대의 기록은 애매하고 모순되고 선후(先後)가 뒤죽박죽이어서 실체를 제대로 포착하기 어렵다. 육하원칙은 물론이고 보편적 상식마저 거역하기 일쑤인 '고대사의 기록'은 논리적 골격을 갖추지 못한 '유아기의 기억'과 유사하다. 유아의 흐릿한 기억에 대한 소설 속의 묘사는 고대사의 특징으로 그대로 적용하여도 무방하다.

"어린아이가 자기 주위의 정경을 어느 정도 논리성을 갖춘 것으로 목격하고 인식할 수 있으려면 적어도 세 살은 되어야 하는 모양이다. 그 이전 단계에서는 모든 정경이 이해 불가능한 카오스로 눈에 비칠 뿐, 세계는 묽은 죽처럼 흐물거리고 골격을 갖추지 못해 어디도 붙잡을 데가 없다. 그것은 뇌 속에 기억으로 형성되는 일 없이 그저 창밖을 스쳐 지나간다."[96]

그래서 고대사는 사료가 생산된 시대의 시각과 원념(願念), 정치적 필요성을 감안하되 모호한 기록 이면의 숨겨진 단서를 잡는 일이 무엇보다 중요하다. 나는 시대가 바뀌면 사람들의 머릿속 그림도 달라진다는 '동태적(動態的) 관점'을 진상추출의 핵심근거로 삼았다. 그렇다! 세상만물은 변화한다. 개인은 물론이고 국가나 민족도 시대흐름에 따라 달라진다. 역사 연구에도 이런 명제를 적용해 보면 진실에 보다 가까이 다가갈 수 있다는 것이 나의 지론이다. 왜와 임나의 실체에 대한 필자의 설명틀을 당혹스럽게 받아들이는 경우도 있을 것이다. 그러나 당혹스런 결과가 진실에 더 가까이 접근했다고 확신한다. 역사의 현실은 낭만적이지도, 자기만족적이지도 않고 엄혹한 법이다.

시대에 따라 달라진 왜와 임나

개인의 성명이나 족속명, 국명을 막론하고 이름 뒤의 실체는 시간

---

96. 무라카미 하루키(村上春樹), IQ84(1권), 문학동네, 2009, p33.

의 추이에 따라 달리 읽혀져야 한다. 특정 족속명이나 국가명은 시대별로 그 얼굴(주체)이 달라지는 가운데 과거의 이름이 후대에 재등장하기도 한다. 그러므로 특정시기를 묘사한 사서의 한 구절에 집착하여 역사를 재단하고 평가하는 것은 아둔하고 위험한 발상이다.

예컨대 한국(韓國)은 어떤 나라인가? 일본의 옛 사서에서 '한국'은 처음에는 가야권역을, 나중에는 주로 백제를 지칭하는 지명이었다. 근세에 들어서는 1897년 등장한 대한제국과 1919년의 대한민국 임시정부, 1948년 출범한 대한민국이 모두 한국으로 약칭된다. 그러나 휴전선 이북에서 출판된 문헌에서는 1948년 이후의 한국을 '남조선' 또는 '남조선 괴뢰'라고 표현하였다. 조선(朝鮮)에도 여러 종류가 있다. 단군왕검이 BC 2333년 아사달에 세웠다는 조선〈古朝鮮〉이 있는가 하면 AD 1392년 이성계가 건국한 조선은 1910년까지 500년 넘게 존재하였다. 1948년에는 김일성을 수상으로 한 조선민주주의인민공화국이 등장하였다. 역사과정에서 최소 3종의 조선이 확인되지만 시대에 따라 그 실체는 판이하게 달라진다. 1948년 이후 한반도 남부에서 출간된 문헌에서 '북한' 또는 '북괴'라고 지칭하는 대상은 곧 현대조선의 다른 이름이다.

고대의 국가명이나 지역명, 종족명도 마찬가지이다. 시간대에 따라 같은 국호(國號)가 전혀 다른 정치체를 의미하기도 하고 서로 다른 국호지만 사실은 동일한 국가의 이름일 수 있다는 점을 유념해야 한다. 이 책의 핵심소재인 왜와 임나 역시 그러하다. 역사의 흐름에 따라 그 의미와 적시대상에 적잖은 차이가 생겨났다.(이 글에서는 시대변화에 따른 국호-지명의 변화상을 자주 언급한다.) 최초의 왜·임나와 후대의 왜·임나는 일치하지 않는다. 그 차이를 제대로 포착하는 것이 고대사 연구의 핵심이다.

초기왜 활동상은 한일공동의 역사

'왜의 실체'는 한국과 일본의 사학자들 간에 깊은 반목과 갈등을 야기한 주제이다. 왜가 일본의 조상이란 것이 상식이다. 그런데 상식과 달리, 왜가 고대에 한반도 남부지역에서 활동하였음을 시사하는 단서가 적지 않다. 왜의 실체에 대한 본질적 질문은 오래전에 제기되었다. "왜는 애초부터 일본열도에만 있었는가 한반도에도 존재하였는가?" 이 문제에 대해서는 일본학자들이 일찌감치 파고들었다. 그들은 열도뿐만 아니라 한반도 남부 역시 왜인의 거주영역이고 활동영역이었다면서 한반도에 대한 역사적 권리를 주장해왔다. 반면 한국학자들은 왜는 일본열도를 지칭하는 단어로서 왜와 한반도의 관련성은 소규모 교류수준에 그쳤을 뿐 집단적 거주나 장기간 점유는 없었다고 반박해왔다.

한반도왜(韓半島倭)를 둘러싼 논란은 '한일 고대사 전쟁'의 핵심주제 가운데 하나였다. 한반도왜의 존재를 인정하는 것은 일제의 식민지배를 합리화하는 논리로 사용될 소지가 다분하였기 때문이다. 실제로 한반도왜 주장은 임나일본부(任那日本府說)설로 이어졌고 임나일본부설은 일본의 한반도 진출이 역사적 정당성을 지녔다는 논리를 제공하였다. 그런 만큼 국내의 많은 역사학자들은 비분강개한 입장으로 '한반도왜'를 거부해 왔다. '반도왜'의 가능성을 거론하는 것 자체가 일제의 침략논리에 부합하는 불순한 주장으로 치부돼 왔다.

'왜(倭) 문제'에 있어 한국역사학계는 다분히 수동적이고 방어적이다. 왜가 한반도 남부에서 활동하였음을 시사하는 기록이나 고고학적 발굴결과에 명확한 답변을 외면해 왔다. 그러나 거부가 능사는 아니다. DNA 연구 등 과학의 혁신적 발전에 따라 머잖아 인골·분묘 분야에서 결정적인 단서들이 쏟아져 나올 것이다. 한반도왜 문제는 피한다고 해서 끝날 일이 아니다. 이젠 정면으로 다뤄야 할 때가 되었다. 한반도왜를 정리하지 않는 한 한국고대사는 기둥 낡은 사상누각(沙上樓閣)이다. 툭 건드리기만 해도 무너져버릴 허약한 건축물이다. 그래서 '재건축'이 필요하다.

이제는 왜에 관한 시각을 180도 바꿔야 한다. 왜는 처음부터 한반도에 있었다. 아니 한반도에서 생겨나 일본열도로 확장된 존재이다.(한반도왜를 '일본열도 거주민이 해북(海北)으로 진출한 증거'라고 간주하는 일본학계의 논리와는 정반대이다. 필자가 말하는 한반도왜는 야마토왕조나 임나일본부설과 무관하다.) 왜(倭) 이야기의 결론을 말한다면 애당초 왜는 한반도 남부의 해인족이었고, 당연히 한민족의 일부였다는 것이다. 왜인이 한민족의 일파라는 것은 새로운 주장도 아니다. '고대 가야족이 세운 구주왕조(1987 대왕사)'에서 이종항 교수가 이미 강조하였다. 필자와 완전히 일치하는 가설은 아니지만 이 교수는 고대 왜인의 활동이 한민족과 같은 흐름에서 이어졌음을 여러 사례를 통해 충실히 논증하였다.

고대 왜인들이 남긴 인종적·문화적 유전자는 현재 한국인에게 면면히 이어지고 있다. 한국 역사학계가 '왜 문제'에서 소극적이거나 방어적일 이유는 없다. 왜에 대한 원초적 소유권이나 지적재산권은 한국사에 있다고 공세적으로 나아가야 한다. 한반도인들은 왜(倭)라는 글자에 대한 거부감과 적대감에 시각이 굴절되어 글자 뒷면의 진실을 통찰하지 못하고 있는 것이다. 왜는 오랜 세월 한반도인들에게 저주스런 단어였지만 긴 역사를 종적(縱的)으로 살펴보면 자기부정에 불과하다.

해상에 국경이 없던 시절 한반도와 일본열도는 동일한 역사무대였고 한인(韓人)과 왜인(倭人) 간의 인종적·민족적 구분은 희미하였다. 적어도 AD 6세기까지, 왜로 기록된 인간집단의 활동상은 한국사의 연구범위에 포함시켜야 마땅하다. '초기왜=일본'이 아니요 '왜인=일본인' 설(說)은 틀렸다. '왜는 곧 일본'이라는 고정관념이야말로 한일 고대사에 깊숙이 박혀있는 낡은 기둥이다. 재건축은 썩은 기둥을 뽑아내고 새로운 기둥을 세우는 일로부터 출발해야 할 것이다.

임나(任那)의 진실은?

왜의 실체를 알고 나면 임나(任那)의 진실에 대해서도 눈을 뜨게 된다. 왜와 임나에 관련된 기존의 설명틀은 도식적이고 정태적(靜態的)인 느낌이 다분하다. '세상만물은 변화한다'는 명제를 염두에 둔 채 고대 한일관계사의 주요 대목들을 고찰할 때에야 비로소 숨겨진 진상에 접근할 수 있다.

필자는 최초 단계에서는 왜와 임나가 동일한 대상이라고 파악하였다. 임나라는 단어의 개념화는 왜의 등장과 불가분의 관계이다. '왜'가

제3자가 붙인 멸칭(蔑稱)이라면 '임나'는 스스로 붙인 아름다운 이름, 즉 우호(優號)이다. 애당초 동일한 대상을 두고 서로 다른 이름을 붙인 것이 왜와 임나의 진실인 것이다. 그러나 세월이 흐르면서 왜와 임나는 지역적으로나 종족적으로 완전히 분기(分岐)된다. 달라진 이후에 생산된 문헌을 통해서는 그들의 출발이 동일했음을 절대로 파악할 수 없다. 지금껏 감춰져 있던 '초기왜'와 '최초임나'의 진상을 본문에서 필자 나름의 시각을 견지한 채 소상히 추적해 보았다.

『한일 고대사의 재건축①-왜와 임나의 진실』편의 핵심메시지는 초기왜와 최초임나는 한반도 동해남부의 해변에서 발생한 역사적 개념이라는 사실이다. '왜는 곧 일본이며 왜인의 역사는 일본사'라는 도식은 이젠 버려야 한다. 한국사가 최소 50%의 소유권, 지적재산권을 가지고 있다. 따라서 왜는 일사양용(一史兩用), 한일공동사로 다뤄야 한다.

왜와 임나는 지난 100여 년에 걸친 동북아 역사전쟁의 핵심주제였다. 이 문제에 대한 접근가능한 해답이 제시되지 않는 한 한일 간의 현재적 우호나 미래의 협력관계 구축은 요원한 일이다. '왜와 임나'는 고대사의 영역이면서도 현재와 미래의 문제인 것이다. 21세기 AI시대에도 한일 고대사가 살아 있는 활화산이자 생생한 현대사가 되는 이유이다. 왜가 일본사의 전유물이 아니라 한일공동사의 영역임을 자각할 때, 임나의 실체적 진실을 이해할 때 한일 역사전쟁은 비로소 '종전선언'을 모색할 수 있을 것이다. 왜와 임나의 감춰진 진면목을 찾아내야 하는 이유도 바로 여기에 있다. 그런 점에서 한일 두 나라의 국민들이 2000년 전, 과거로의 시간여행을 하는 것은 미래를 향한 의미 있는 발걸음이 된다.

참고문헌

KBS 역사스페셜. 2500년 전 한반도는 전쟁중이었다. 1999년 7월 17일 방영.

강봉룡. 『바닷길로 찾아가는 한국 고대사』, 경인문화사, 2016.

고노시 다카미쓰(神野志隆光). 『일본은 왜 일본인가』, 배관문·김병숙·이미령 옮김, 모시는사람들, 2019.

국립중앙박물관. 『요시노가리, 일본 속의 고대 한국』, 국립중앙박물관, 2007.

김부식. 『삼국사기 상(上)』, 이병도 역주, 을유문화사, 1997.

김상. 『삼한사의 재조명』, ㈜북스힐, 2004.

김성호. 『비류백제와 일본의 국가기원』, 지문사, 1984.

김성호. 『중국 진출 백제인의 해상활동 천오백년』, 맑은소리, 1996.

김운회. 『왜(倭) 한국인들의 이름』, 「김운회의 새로 쓰는 한일고대사〈45〉 우리의 이름 왜(Wa)②」, 프레시안, 2008.

김정배 편. 『한국고대사입문2』, 신서원, 2006.

김정학. 「가야경성신고(加耶境城新攷)」, 부산대학교논문집21, 1976.

김해시. 『김해 봉황동유적과 고대 동아시아』, 주류성, 2018.

김현구. 『고대 한일교섭사의 제문제』, 일지사, 2009.

네이버 지식백과.

로버트 M 어틀리. 『시팅불-인디언의 창과 방패』, 김옥수 옮김, 두레, 2001.

무라카미 하루키. 『IQ84(1권)』, 양윤옥 옮김, 문학동네, 2009.

문정창. 『일본상고사-한국사의 연장』, 백문당, 1970.

문화원형백과. 전통고기잡이, 한국콘텐츠진흥원, 2004.

박대제. 「삼한의 국읍과 구야국」, 인제대 가야문화연구소.

삼국지 위서 동이전(三國志 魏書 東夷傳).

삼국지 위서 오환선비동이전 한(韓)조.

승천석.『고대 동북아시아의 여명』, 백림, 2003.

승천석.『백제의 장외사 곤지의 아스까베왕국』, 책사랑, 2009.

신석열.「가야·신라시기 부산지역 대왜교류의 변화와 발전」, 부산광역시 시사편찬위원회, 2013.

아미노 요시히코.『일본의 역사를 새로 읽는다』, 임경택 옮김, 돌베개, 2015.

오세현.「과학칼럼 진주 대평인이 만든 야요이 문화」, 경남도민일보, 2018년 12월 14일자.

이덕일.『동아시아 고대사의 쟁점』, 만권당, 2019.

이병선.『일본을 바로 알자』, 아세아문화사, 2002.

이병선.『임나일본부는 대마도에 있었다』, 아세아문화사, 2006.

이봉하.『가야가 세우고 백제가 지배한 일본』, 보고사, 1998.

이시와타리 신이치로.『백제에서 건너간 일본 천황』, 안희탁 역, 지식여행, 2002.

이자와 모토히코.『역설의 일본사』, 고려원 1995.

이종기.『춤추는 신녀』, 동아일보사, 1997.

이종항.『고대가야족이 세운 구주왕조』, 대왕사, 1987.

이희근.『고대 한반도로 온 사람들』, 따비, 2018.

일연.『삼국유사 1권 기이(紀異) 탈해왕』, 최호 역해, 홍신문화사, 1995.

장한식.『오랑캐 홍타이지 천하를 얻다』, 산수야, 2018.

재레드 다이아몬드.『총균쇠』, 김진준 옮김, 문학사상사, 2013.

전용신.『일본서기』, 일지사, 2006.

井上秀雄 외.『고대 한일관계사의 이해—倭』, 김기섭 편역, 이론과실천, 1994.

정형진.『문화로 읽어낸 우리 고대사』, 휘즈북스, 2017.

최봉렬 편역.『일본인의 조상은 고대조선의 도래인이었다』, 일주문, 1989.

피터 자이한.『21세기 미국의 패권과 지정학』, 홍지수, 정훈 옮김, 김앤북스, 2018.

한국민족문화대백과, 한국학중앙연구원.

황영식.『맨눈으로 보는 일본』, 모티브, 2003.